まえがき

　本書は、2013年に刊行された日本公民教育学会編『テキストブック公民教育』を全面的に改訂したものである。「公民科教育法」や「社会科指導法」などの授業で、テキストとしてお使いいただけるように編集されている。また、現職の先生方には、日々の授業づくりの参考書として読んでいただけるものと考える。

　旧版が出版された2013年は、2009年告示の高等学校学習指導要領が年次進行で実施されはじめた年にあたる。『テキストブック公民教育』の刊行は、2008（小学校・中学校）・09年版学習指導要領への対応であった。

　あれから約10年、2017年に小学校・中学校、18年に高等学校の新しい学習指導要領が告示された。今回の改訂は、これを受けてである。

　この10年の間、国内外において様々な出来事があった。

　日本では、政権交代があった。2009年には裁判員制度がスタート、15年の公職選挙法改正では選挙権年齢が18歳に引き下げられた。また、2018年には民法が改正され、「年齢十八歳をもって、成年とする」（第4条）とされた。選挙権年齢は70年ぶり、成年年齢は約140年ぶりの引き下げである。

　国際的には、2015年、国連サミットで「持続可能な開発目標（SDGs）」が採択された。2016年には、イギリスが国民投票で欧州連合からの離脱を決め、18年には、TPP11協定が発効した。

　これら内外の環境変化に、公民教育は対応しなければならない。小学校第6学年の社会科で「我が国の政治の働き」の学習が冒頭に位置付けられるようになったこと、中学校公民的分野では「対立と合意、効率と公正」に加え、「分業と交換、希少性」「個人の尊重と法の支配、民主主義」「協調、持続可能性など」が着目する視点として示されたことは、その対応の1つであると考えられる。高等学校公民科に必履修の新科目「公共」が設けられたのも、そうである。

　本書が、時代のさまざまな要請に対応できる教員を育てる場で、広く活用していただけることを望んでいる。

　最後に、出版をお引き受けいただいた第一学習社に、あつく御礼申し上げます。

2019年12月

日本公民教育学会会長
栗原　久

目　次

まえがき ……………………………………………………………………… 1
目次 …………………………………………………………………………… 2

第1章　教育課程における公民教育 …………………………………… 5
　1　現代社会における公民教育の役割 ………………………………… 6
　2　学校における公民教育の目標 ……………………………………… 10
　3　日本における公民教育の歴史的展開 ……………………………… 14
　4　教育課程における公民教育の位置付け
　　（1）中学校社会科公民的分野の目標と内容 ……………………… 18
　　（2）高等学校公民科の目標と内容 ………………………………… 21
　　（3）小中高の一貫性と公民教育 …………………………………… 24
　　（4）公民教育と地理教育・歴史教育の関連 ……………………… 27
　　（5）公民教育と他教科・領域の関連 ……………………………… 30

第2章　中学校社会科公民的分野の年間指導計画と学習指導案の作成 ……… 33
　1　公民的分野の特質 …………………………………………………… 34
　2　公民的分野の年間指導計画の作成 ………………………………… 37
　3　学習指導案の作成事例
　　（1）私たちと現代社会
　　　ア　私たちが生きる現代社会と文化の特色 ……………………… 39
　　　イ　現代社会を捉える枠組み ……………………………………… 45
　　（2）私たちと経済
　　　ア　市場の働きと経済 ……………………………………………… 51
　　　イ　国民の生活と政府の役割 ……………………………………… 57
　　（3）私たちと政治
　　　ア　人間の尊重と日本国憲法の基本的原則 ……………………… 63
　　　イ　民主政治と政治参加 …………………………………………… 69
　　（4）私たちと国際社会の諸課題
　　　ア　世界平和と人類の福祉の増大 ………………………………… 75
　　　イ　よりよい社会を目指して ……………………………………… 81

第3章　高等学校公民科「公共」の年間指導計画と学習指導案の作成 ……… 87
　1　「公共」の特質 ……………………………………………………… 88
　2　「公共」の年間指導計画の作成 …………………………………… 91

    3　「公共」の学習指導案の作成事例
　　（1）公共の扉
　　　ア　公共的な空間を作る私たち ……………………………… 93
　　　イ　公共的な空間における人間としての在り方生き方 ……… 99
　　　ウ　公共的な空間における基本的原理 ……………………… 105
　　（2）自立した主体としてよりよい社会の形成に参画する私たち
　　　ア　法に関する内容について ………………………………… 111
　　　イ　政治に関する内容について ……………………………… 117
　　　ウ　経済に関する内容について ……………………………… 123
　　　エ　情報に関する内容について ……………………………… 129
　　（3）持続可能な社会づくりの主体となる私たち ……………… 135

第4章　高等学校公民科「倫理」の年間指導計画と学習指導案の作成 …… 141
　1　「倫理」の特質 ……………………………………………… 142
　2　「倫理」の年間指導計画の作成 …………………………… 145
　3　「倫理」の学習指導案の作成事例
　　（1）現代に生きる自己の課題と人間としての在り方生き方
　　　ア　人間としての在り方生き方の自覚 ……………………… 147
　　　イ　国際社会に生きる日本人としての自覚 ………………… 153
　　（2）現代の諸課題と倫理
　　　ア　自然や科学技術に関わる諸課題と倫理 ………………… 159
　　　イ　社会と文化に関わる諸課題と倫理 ……………………… 165

第5章　高等学校公民科「政治・経済」の年間指導計画と学習指導案の作成 … 171
　1　「政治・経済」の特質 ……………………………………… 172
　2　「政治・経済」の年間指導計画の作成 …………………… 175
　3　「政治・経済」の学習指導案の作成事例
　　（1）現代日本における政治・経済の諸課題
　　　ア　現代日本の政治・経済
　　　　①現代日本の政治 ……………………………………… 177
　　　　②現代日本の経済 ……………………………………… 183
　　　イ　現代日本における政治・経済の諸課題の探究 ………… 189
　　（2）グローバル化する国際社会の諸課題
　　　ア　現代の国際政治・経済
　　　　①現代の国際政治 ……………………………………… 195
　　　　②現代の国際経済 ……………………………………… 201

イ　グローバル化する国際社会の諸課題の探究 …………………… 207

第6章　公民教育における学習指導の工夫 …………………………… 213
　1　課題解決的な学習の展開 ………………………………………… 214
　2　教材の効果的な活用 ……………………………………………… 217
　3　主体的・対話的で深い学びの実現 ……………………………… 220
　4　討論授業の組織化 ………………………………………………… 223
　5　情報機器の活用 …………………………………………………… 226
　6　外部機関・団体との連携 ………………………………………… 229
　7　学習評価の工夫 …………………………………………………… 232

付録 ………………………………………………………………………… 235
　社会系教科（社会科・地理歴史科・公民科）の教科構造・時数等の変遷 … 236
　中学校公民的分野学習指導要領及び高等学校公民科学習指導要領 ………… 239
　執筆者一覧 ……………………………………………………………… 254

第1章
教育課程における公民教育

第1章　教育課程における公民教育

1　現代社会における公民教育の役割

(1)「予測が困難な」「厳しい挑戦の時代」

　2017年に明らかにされた「中学校学習指導要領解説　社会編」(「解説　社会編」)は、学習指導要領の「改訂の経緯」について説明した文章の冒頭、次のように述べる。「今の子供たちやこれから誕生する子供たちが、成人して社会で活躍する頃には、我が国は厳しい挑戦の時代を迎えていると予想される。生産年齢人口の減少、グローバル化の進展や絶え間ない技術革新等により、社会構造や雇用環境は大きく、また急速に変化しており、予測が困難な時代となっている」。

①「生産年齢人口の減少」

　「生産年齢人口の減少」によって、生産過程へ投入できる労働量が減少する。当然、これは経済成長にとってマイナスである。このマイナスを補うには、生産性の向上が必要である。そのためには、いっそうの規制緩和、雇用の流動化などの措置が必要になる。

　しかし、各種の規制を緩和すれば、これによって不利益を被る人が出る。農産物の輸入を自由化すれば、農家や農業に依存する地域が不利益を被る。解雇規制の緩和など雇用の流動化を促そうとする措置がとられた場合には、どのような不利益が、誰に生じるのか。また、その不利益の総和は、利益より大きいのか、小さいのか。予測は困難である。

　「生産年齢人口の減少」を補うには、外国人材を受け入れるという方法もある。実際、すでに、多くの外国人材が国内の労働現場にいる。では、より多くの外国人材を労働力として受け入れた場合、どのような影響が、職場だけではなく、地域社会に生じるのか。また、「共生」のために、私たちには何ができるのか。「厳しい挑戦」である。

②「グローバル化の進展」

　「大量の資本や人、商品、情報などが国境を越えて容易に移動することができるようになり、それに伴い国内外に変化が生じていること、各国の相互依存関係が強まっていること、共存のために相互協力が必要とされていること」。グローバル化について、「解説　社会編」はこのように説明する。

　資本や人が国境を越えて活発に移動すれば、資源配分が効率化する。先進国だけではなく、発展途上国にも経済成長が期待できる。人や情報がグローバルに交流すれば、新たな文化や技術が生まれる可能性が高まる。

　一方、グローバル化のデメリットを指摘することもできる。自由貿易によって、自国産業が衰退し、雇用が喪失する事例は多く見られる。グローバル化により、衣食などの文化が画一化し、地域的な多様性が失われる可能性もある。人の移動の活発化は、紛争の多発化の原因にもなっている。

確かに、学習指導要領が指摘するように、「現代日本の特色」の一つはグローバル化である。しかし、近年著しいのは、自国の産業を守るために高関税を課そうとするなど、むしろグローバル化に逆行するような動きである。
　いずれにせよ、情報技術や移動手段の発達によるグローバル化の進展と、これに抗しようとする動きから、今後の世界の有り様を予測するのは困難である。
③「絶え間ない技術革新」
　人工知能（ＡＩ）の急速な進化、生命科学の飛躍的な発展、自動運転技術の実用化など、技術革新はまさに絶え間ない。「解説　社会編」の「改訂の経緯」は、具体的に人工知能を取り上げ、「人工知能が自ら知識を概念的に理解し、思考し始めているとも言われ、雇用の在り方や学校において獲得する知識の意味にも大きな変化をもたらすのではないかとの予測も示されている」と指摘する。
　ＡＩの進化によって、社会には様々な影響がある。たとえば、「解説　社会編」が指摘している「雇用の在り方」である。すでに、ＡＩ、ロボットやセンサー、自動運転技術などの発達によって、必要とされなくなる職種が予測されている。たとえば、ＡＩとセンサー技術、現金を使用しない決済システムの普及によって、レジなしの無人店舗の営業が可能になる。労働力不足の解決策にはなるかもしれないが、レジ担当の仕事は減る。ＡＩによって、レントゲンやＣＴなどの画像からスピーディで正確な診断を行うことが可能になった。こうなると、医師の仕事や医学部での教育内容は変わらざるをえない。
　ＡＩが搭載された無人機や無人潜水艦が普及すれば、軍事バランスが変化するなど安全保障環境にも影響がある。ＡＩを使ったサイバー攻撃は、すでに現実的なものになっている。これによって、通信や電力供給などに深刻な混乱が生じる危険性がある。
　このように、ＡＩ技術の進歩・普及は、確実に社会を変える。しかし、その行方について予測するのは誰にとっても困難である。ましてや、これによってもたらされる負の側面への対応は、「厳しい挑戦」であるといってよい。

⑵即戦力としての18歳
　「予測困難な時代を迎える中で、選挙権年齢が引き下げられ、更に平成34（2022）年度からは成年年齢が18歳へと引き下げられることに伴い、高校生にとって政治や社会は一層身近なものとなるとともに、自ら考え、積極的に国家や社会の形成に参画する環境が整いつつある」。これは、2018年に公表された「高等学校学習指導要領解説　公民編」が、今次の「改訂の経緯」を述べた文章の一部である。
①18歳への選挙権年齢引き下げ
　2015年の公職選挙法等改正によって、選挙可能な年齢が18歳へ引き下げられた。世界の９割以上の国では18歳までに選挙権が認められているのであるから、これ

で世界標準になったということである。
　日本の場合、高齢者人口の割合が高く、彼（女）らの投票率が高かったこともあって、高齢者の意向を実現する政策が優先されがちであった。
　これに対し、若年層は人口が少ない上に投票に行かない。だから、この層に向けた政策を立案しても、当選にはつながらない。政治家は、当然、このように考える。その結果、若年層向けの政策は優先順位が低くなり、世代間格差といわれる状態が放置されてきた。
　この問題を解決するには、18・19歳を投票に参加させ、彼（女）らの意向が政策に反映されるようにしなければならない。選挙権年齢が引き下げられるようになった理由の一つである。
　では、どのようにしたら、若年の有権者は、自分の一票を確実に、効果的に行使できるのか。教育現場では、様々な取り組みが行われた。
　その効果もあったのであろう。2016年に行われた参議院議員通常選挙では、18歳の投票率が51.3％、19歳は42.3％であった。全体の投票率54.7％よりは低かったが、20代の投票率が30％代であったことから考えれば、良好な結果であった。
　ところが、翌17年に実施された衆議院議員総選挙では、19歳の投票率が33.3％に低下した。18歳の時には半分の人が投票に行ったのに、19歳になったら3分の1しか投票しなくなったのである。
　これには様々な理由が考えられるが、「自ら考え、積極的に国家や社会の形成に参画する」若い有権者の育成は「厳しい挑戦」的課題として残された。

②18歳への成年年齢の引き下げ
　2018年の民法改正により、成年年齢が18歳に引き下げられることになった。
　18歳になれば、就職している者がいる。大学等の学生であっても、バイトをしている者は多い。自分で稼いだお金（財産）なら、自分でどう使うか決めたいだろう。親権の一つに財産管理権があるが、成年年齢の引き下げにより、18歳になればこの親権に服することはなくなる。職業許可権も同様である。当然、18歳には、財産を管理する自由や自分の意思で職種を選べる自由が与えられる一方で、自己責任が問われることになる。
　成年年齢が引き下げられることにより、携帯電話の契約を結ぶ、クレジットカードを作る、高額商品を買うためにローンを組むなどが、18歳から親の同意なしでもできるようになる。一方、未成年者取消権は行使できなくなる。
　こうなると、彼（女）らが、様々な消費者トラブルに巻き込まれる危険性があるのは、予測困難なことではない。だからこそ、この危険性を少しでも回避するには、消費者教育のいっそうの充実が必要になる。では、限られた授業時間の中で、どのような内容を、どのような方法で学ばせれば、18歳までに「自立した消費者」になれるのか。「厳しい挑戦」である。

(3)「予測が困難な」「厳しい挑戦の時代」の公民教育

　将来予測が困難なのは、なにも「今の子供たちやこれから誕生する子供たちが、成人して社会で活躍する頃」だけではない。過去もそうであったし、現在もそうである。各時代に生きてきた人たちは、それぞれの時代からの「厳しい挑戦」を受けてきた。

　しかし、(1)(2)で述べたように、「今の子供たちやこれから誕生する子供たち」は、おそらく、これまでとは質的に異なる「厳しい挑戦」に対処しなければならない。しかも、その挑戦すべき課題が、どのようなものなのかについては、多くの場合、予測困難である。

　だとすれば、このような予測困難な時代の課題に「挑戦」するために、学校における公民教育は何をすべきなのか。ここでは、二つの方向性を指摘したい。

　一つは、公民（科）の授業を通して、いかなる時代でも、どのような文化的背景を持つ社会でも、また、解決すべき課題がどのようなものであっても役立つような、ジェネリック・スキルを身に付けさせることである。それは、たとえば、課題を発見する力や課題を解決するための計画力、協働的に課題解決するのに必要なコミュニケーション能力、情報を収集するための技能や情報を的確に分析する力などである。これらを、公民（科）固有の学習内容を通して習得させる。アクティブ・ラーニングを取り入れた授業は、ジェネリック・スキルの育成にもつながるはずである。

　もう一つは、より適確な予測を可能とするような公民（科）固有の「見方・考え方」を習得させ、活用させる授業である。確かに、社会はいつの時代でも予測困難である。しかし、たとえば、需給法則を理解していれば、「最低賃金が引き上げられた場合、労働市場にはどのような影響があるか」、より適確に予測できるようになる。「二大政党制になると、二つの政党の政策にはどのような変化が生じるか」についても、中位投票者定理を知っていれば、予測しやすい。このように、予測困難な時代における公民（科）の授業では、社会諸科学が明らかにしてきた「見方・考え方」を身に付けさせる必要がある。公民（科）固有の「見方・考え方」の習得は、予測困難な時代を生き抜く力になるはずである。

　いかなる時代の課題解決にも必要なジェネリック・スキルを習得させるとともに、公民（科）固有の「見方・考え方」を身に付けさせることによって、確かな「市民力」を18歳までに育成する。これを、「予測が困難な」「厳しい挑戦の時代」の公民教育の課題と考えたい。

（栗原　久）

2 学校における公民教育の目標

(1)公民教育の射程

　公民教育は間口の広い教育であり、その目指すべきところすなわち目的は、教育基本法第1条「教育は、人格の完成を目指し、平和で民主的な国家及び社会の形成者として必要な資質を備えた心身ともに健康な国民の育成を期して行われなければならない。」の規定そのものであるといっても過言ではないほどである。

　学校における公民教育に絞ってみたところでも、小学校社会科、中学校社会科公民的分野、高等学校公民科を中核的な指導場面としつつも、中学校社会科の他分野、高等学校地理歴史科といった社会系教科に加え、特別活動、特別の教科道徳、総合的な学習の時間（高等学校では総合的な探究の時間）など、学校教育のさまざまな教科等における学習が公民教育に関わっていると捉えられ、その間口の広さゆえに、教師一人一人の豊かな授業構想力、ないし教育課程編成力が問われ続けてきたといえるだろう。

　こうした中、人口減少社会の到来、グローバル化、人工知能（AI）の進化などといった日本および国際社会の変化に対応すべく2017、18(平成29、30)年に改訂告示された学習指導要領の小・中学校社会科、高等学校公民科では、従前よりその目標とされてきていた「公民的資質」および「公民としての資質」について、一貫して「公民としての資質・能力」の育成を目指すこととして整理され、さらに加えて地理歴史科の目標でも同様の表記が用いられることとなった。したがって、小・中・高等学校の社会系教科の目標は「公民としての資質・能力」を育成することである、と端的に説明できるようになった一方で、この目標を絵に描いた餅としないために、小・中・高等学校を見通して、何を、どのように指導していくことが妥当であり、適切かつ効果的なのか、公民教育に関わる研究者および実践者に問いが投げかけられている状況なのである。

(2)「公民的資質」および「公民としての資質」の含意
①「公民的資質」の含意

　そもそも「公民」、「公民的資質」といった概念がいつ、どのような社会的背景のもとで登場したのか、という点については別項に譲ることになる。また、現在まで引き継がれている「公民的資質」とはどのようなものであるか、という論点についても、これまで幾多の研究がなされてきているが、本稿では、議論の拡散を防ぐとともに初学者においても一定の理解が図られることを期待して学習指導要領の解説書に明記されてきた点に絞り、以下に列挙したい。

　2008(平成20)年版「小学校学習指導要領解説　社会編」では、「公民的資質」について、

・平和で民主的な国家及び社会の形成者としての自覚をもち、
・自他の人格を互いに尊重し合うこと、
・社会的義務や責任を果たそうとすること、
・社会生活の様々な場面で多面的に考えたり、公正に判断したりすること、といった「態度や能力」が示されおり、小学校においては、これらの基礎を養うこととされていた。そして、この「公民的資質」の含意は、中学校においても同様であるとされていたのである。

②「公民としての資質」の含意

　2009(平成21)年版「高等学校学習指導要領解説　公民編」では、「公民としての資質」について、
・現代の社会について探究しようとする意欲や態度、
・平和で民主的な国家・社会の有為な形成者として、社会についての広く深い理解力と健全な批判力とによって政治的教養を高めるとともに物心両面にわたる豊かな社会生活を築こうとする自主的な精神、
・真理と平和を希求する人間としての在り方生き方についての自覚、
・個人の尊厳を重んじ各人の個性を尊重しつつ自己の人格の完成に向かおうとする実践的意欲、を基盤とし、
・これらの上に立って、広く、自らの個性を伸長、発揮しつつ文化と福祉の向上、発展に貢献する能力と、平和で民主的な社会の実現、推進に向けて主体的に参加、協力する態度、
が示されており、高等学校においてこれらの力を養うこととされていた。

③「公民としての資質・能力」への継承・転換

　2017、18(平成29、30)年に改訂告示された学習指導要領に至るまでは、「公民的資質」の基礎は義務教育段階で育成しつつも、「公民的資質」そのものは育成すべき対象としては捉えられていなかった。これは、「資質」はおのずと涵養されるもの、またはすでに個人に備わっているものであって学校教育で育成する対象ではない、との考え方に基づき、これまで意図的に触れていなかったと捉えることもできよう。

　しかし、このたび全ての教科等の目標が「資質・能力」で整理される中で、「公民的資質」、また「公民としての資質」についても、直接的に育成することは困難であるにせよ、「知識及び技能」、「思考力、判断力、表現力等」および「学びに向かう力、人間性等」との三つの柱からなる資質・能力をそれぞれ、あるいは複合的に育成することを通してアプローチすることが可能ではないか、との方向へ考え方の転換がなされた。その帰結として、地理歴史科、公民科および社会科では「公民としての資質・能力」とその基礎の育成を目指すこととして整理されたと捉えることができるのである。

したがって、学校、とりわけ社会系教科における公民教育という射程から捉えた場合、多くの生徒が高等学校を卒業する、また成年年齢に達するとともに公職の選挙権を有することとなる満18歳の段階で「公民としての資質・能力」が一定程度育成されるためには、小・中・高等学校の社会系教科全体を通して意図的・系統的に「平和で民主的な国家及び社会の有為な形成者に必要な資質・能力」（公民科等の目標）、すなわち「公民としての資質・能力」を育成していくことが必要となるのであり、小・中学校社会科ではその基礎を育成することが求められているのである。

(3) 現代的な諸課題に対応して求められる資質・能力の育成に資する公民教育
　これからの公民教育は、現在の子供たちが生きる2030年、さらにその先の予測困難な社会の変化に主体的に関わり、自らの可能性を発揮し、よりよい社会と幸福な人生の創り手になるために必要な資質・能力の育成を担っている教育である、という点については論を待たないであろう。しかし、このような資質・能力の育成を社会系教科のみで請け負うことは困難であり、教科等横断的な学習、さらには学校以外の場も含めた多様な教育活動や生活経験の中で、次第に身に付いていくものといえる。2016(平成28)年12月の中央教育審議会答申「幼稚園、小学校、中学校、高等学校及び特別支援学校の学習指導要領等の改善及び必要な方策等について」（以下、「中教審答申」という。）に明記されているものだけでも、以下の七つがある。
・健康、安全・食に関する力
・主権者として求められる力
・新たな価値を生み出す豊かな創造性
・グローバル化の中で多様性を尊重するとともに、現在まで受け継がれてきた我が国固有の領土や歴史について理解し、伝統や文化を尊重しつつ、多様な他者と協働しながら目標に向かって挑戦する力
・地域や社会における産業の役割を理解し地域創生等に生かす力
・自然環境や資源の有限性等の中で持続可能な社会をつくる力
・豊かなスポーツライフを実現する力
　この七つの全てを学校における公民教育が担うというわけではなく、また逆に、ここに挙げられたもの以外にも、多くの現代的な諸課題に対応して求められる教育が考えられよう。社会系教科に加え、学級活動や児童会・生徒会活動などからなる特別活動をはじめとするさまざまな教科等を横断して、公民教育の目標の実現に必要な教育の内容を編成するとともに、その実施状況を評価して不断の改善を図ること、および必要な人的または物的な体制を確保、改善していくこと、すなわちカリキュラム・マネジメントを充実させていくことが、現在の学校および

一人一人の教師に期待されているのである。

(4)学校における公民教育の目標実現に向けて
①生きて働く「知識及び技能」の習得─何を理解しているか、何ができるか─
　知識に関しては、前述の中教審答申で「子供たちが学ぶ過程の中で、新しい知識が、既に持っている知識や経験と結び付けられることにより、各教科等における学習内容の本質的な理解に関わる主要な概念として習得され、そうした概念がさらに、社会生活において活用されるものとなることが重要である」と示されていることからも、いかに学習内容の深い理解につなげていき社会生活のさまざまな場面で活用できるようにしていくか、そのための学習指導の在り方の工夫が必要とされているといえるのである。また、技能に関しても、変化する状況や課題に応じて主体的に活用できる技能として習熟・熟達させていくことが大切である。
②未知の状況にも対応できる「思考力、判断力、表現力等」の育成─理解していること・できることをどう使うか─
　公民教育においては、従前から、習得した知識や技能を活用して「思考力、判断力、表現力等」を育成することが目指されている。これは、学校教育法第30条２項の「基礎的な知識及び技能を習得させるとともに、これらを活用して課題を解決するために必要な思考力、判断力、表現力その他の能力をはぐくみ、主体的に学習に取り組む態度を養うことに、特に意を用いなければならない。」との規定と軌を一にしているのだが、実際の授業場面においては、思考・判断・表現を通じてより深い理解に至る場合も当然に考えられる。単元という内容のまとまりの中で、課題を追究したり解決したりする活動を通して、現実社会の諸課題の解決に資する思考力、判断力、表現力等を身に付けていくことが期待される。
③学びを人生や社会に生かそうとする学びに向かう力、人間性等の涵養─どのように社会・世界と関わり、よりよい人生を送るか─
　学びに向かう力については、学校教育法の規定に則るとすれば、主体的に学習に取り組む態度を育成することであると換言できよう。これは、小・中・高等学校の全ての教科等で目指される事項であるが、公民教育の目標実現という観点から捉えるならば、ただ単に授業の中での学びを深めることにとどまらず、学習上の課題と社会的な課題がつながっている場合が多いことを踏まえ、主体的に社会的事象等に関わろうとする態度を育成することが肝要である。そしてその先に、これまでも、そしてこれからも公民教育の究極の目標であり続けるであろう「公民としての資質・能力」の全体的な育成が図られていくと捉えられるのである。

（樋口　雅夫）

3　日本における公民教育の歴史的展開

(1)戦前日本の公民教育
①近代学校制度創始期の公民的内容教授
　日本の近代学校制度は、1872年の学制に始まり、現在の公民教育にも含まれる経済や政治、法令に関する内容をもつ学科目の教育もこれと同時に始まった。ただし、それらの学科目は、翻訳洋書や法令集を教科書とし、教科書として指定された書物の記述内容それ自体の理解が目標になっていた。そのため、近代国家の建設に資する当時の政治・経済・法律に関する知識を教養として教授するにとどまったといえる。

②近代学校制度の確立と公民教育
　前述の諸学科目は、1886年の学校令制定に伴って廃止された。これによって、現在の公民教育に相当する内容をもつ学科目は消滅した。その一方で、1880年代後半以降、内閣制度や大日本帝国憲法、帝国議会など近代的な政治制度が日本に成立したことなどから、法律・制度や経済に関する教育に対する要求が増大したことを受けて、1901年に「法制及経済」が中学校第5学年に設置された。
　「法制及経済」は、国民の政治生活や経済生活のうえで必要な法律・制度や経済の事項についての認識形成自体を目標とした。教科書には条文や諸制度の抽象的な記述が多く、無味乾燥と評されていた。こうした限界をもちつつも、「法制及経済」は、1930年代初頭の公民科成立まで、中等教育諸学校に設置され続けた。

③戦前公民科の成立から戦時体制へ
　1920年代になると、公民科が実業補習学校で特設され、1924年の実業補習学校公民科教授要綱によって教科としての教授目標・内容が明確化されてきた。
　この時期には、中等教育の大衆化、国民の政治参加機会増大や、経済発展への対応、社会問題・思想問題への対処が重要課題となった。こうした社会的要請を受けて、1930年代初頭の中等教育諸学校における学校令の改正に伴って師範学校・中学校・高等女学校および実業学校で公民科が成立した。
　成立した公民科は「国民ノ政治生活経済生活並ニ社会生活ヲ完ウスルニ足ルベキ智徳ヲ涵養シ殊ニ遵法ノ精神ト共存共栄ノ本義トヲ会得セシメ公共ノ為ニ奉仕シ協同シテ事ニ当ルノ気風ヲ養ヒ以テ善良ナル立憲自治ノ民タルノ素地ヲ育成スル」[*1]ことを目標とした。また、内容としては、当時の日本における政治的・経済的・社会的諸機能を扱う空間的範囲を拡大しながら網羅している点が特徴的である。その一方で、法定された教授内容が絶対化される傾向もみられ、方法上の工夫に乏しかった点が限界としてあげられる。
　その後、戦前公民科は、1937年の教授要目改訂で日本臣民としての資質の育成を直接意図する学科目に変質し、1943年の国民科導入に伴って廃止された。

(2)社会科の成立期の中等公民教育
①敗戦直後の公民科の設置
　1945年に第二次世界大戦に敗れた直後から、日本側独自の教育刷新の取り組みが始まった。同年11月には公民教育刷新委員会が設置され、戦前・戦時中の修身に代わる新たな公民科を創設する議論が始まり、翌12月には答申がまとめられ、「人ト社会」から「社会理想」までの10の柱からなる公民科が提案された。この答申に基づき、3冊の公民教師用書が作成された。

②成立時の社会科における公民教育
　前述の公民科を設置する議論と並行して、CIE（民間情報教育局）の指導のもと、社会科を新たに成立させる準備が進められ、1947年6月に最初の中等学校用社会科学習指導要領である『学習指導要領社会科Ⅱ（試案）』が完成し、同年9月から中学校、翌1948年4月から高等学校で社会科の授業が開始された。

　このときの社会科の学習指導要領は、1930年代から1940年代にかけて作成・改訂されたヴァージニア・プランなどのアメリカの社会科プランをモデルに作成されたもので、単元の内容と構成にその影響がみられる。

　このとき、社会科の学習は、「青少年の生活における具体的な問題を中心とし、その解決に向かって諸種の自発的活動を通じて行われなければならない」[*2]ものとされ、問題解決を中心とする学びが打ち出された。こうした性格をもつ社会科において、公民は問題解決領域を構成して新しい教科の土台となる[*3]。これは、公民教育が中心に位置付いてこそ、地理や歴史を取り込んだ教科としての社会科が成り立つことを表している。

　公民教育を視点に成立時の社会科をとらえると、政治に関する学びが特に重要であったことが特徴的である。まず、教科全体の目標として「社会生活において事象を合理的に判断するとともに、社会の秩序や法を尊重して行動する態度を養い、更に政治的な諸問題に対して宣伝の意味を理解し、自分で種々の情報を集めて、科学的総合的な自分の考えを立て」[*4]ることが位置付いていることが挙げられる。また、中等社会科の単元構成法を述べる際に、第9学年の第三単元「われわれの政治はどのように行われているか」を例にとって、「近代政治の理解には社会生活に関するあらゆる教科の教材を用いなくてはならない」[*5]と説明された点にもよく現れている。

　第11・12学年の選択社会科における公民教育の内容をもつ科目としては、「時事問題」がある。この科目の特徴は次の二点にある。一点目は教科書は用いず、新聞や雑誌の記事、ラジオ放送などを教材としたことである。二点目は、生徒が教材から問題を引き出し、調査・報告・討論する学習が意図されたことである。

(3)社会科展開期の中等公民教育
①系統学習への変化と分野制の導入
　このようにして成立した社会科であるが、1949年ごろから学力低下批判にさらされる。さらに、1952年には当時の岡野文部大臣が「社会科の改善、特に、地理、歴史、道徳教育について」を諮問し、これを受けて、翌年、教育課程審議会が地理・歴史における系統的知識と民主的道徳の育成を答申した。
　この答申の方向にそう1950年代後半の2度にわたる学習指導要領改訂の結果、社会科の学びが問題解決学習から系統学習に変化した。このときから、地理的分野、歴史的分野、政治・経済・社会的分野の3つの分野からなる分野制がとられるようになった。
　1958年版中学校学習指導要領社会科では、各分野を、地理的分野（第1学年）→歴史的分野（第2学年）→政治・経済・社会的分野（第3学年）の順に学ぶ「ザブトン型」の履修パターンをとった。このように、社会科の教育内容を分野別・学年別に整理したことは、各分野の系統性を明確にし、各分野の基礎的知識を学びとりやすくする試みでもあった。

②中学校社会科公民的分野の設置
　次の1969年の改訂では、政治・経済・社会的分野が公民的分野と改称され、原則として第1・2学年で地理的分野・歴史的分野を並行して学習し、第3学年で公民的分野を学ぶπ型の履修パターンをとることとなった。
　このように履修パターンが定められた背景には、公民的資質の育成が社会科の目標に定められるようになり、地理的分野や歴史的分野での学習内容をふまえて公民的分野を学習することで、公民的資質の育成を確かに図ることがある。
　こうした資質の育成を支える1969年版中学校学習指導要領社会科公民的分野の内容構成は、(1)家庭生活、(2)社会生活、(3)経済生活、(4)国民生活と政治として、扱う空間的範囲を拡大させながら、政治・経済・社会という社会科学の代表的内容を背景にもった点で特徴的であった。

③高等学校社会科現代社会の設置
　1978年の高等学校学習指導要領改訂では、社会科の必修科目として「現代社会」（4単位）が設置された。この科目は、高等学校進学率が90％を超え、高等学校第1学年までを義務教育と連続させてとらえる施策の一環として設置されたもので、人間尊重と科学的探究の精神をもち、社会と人間に関する基本的問題についての理解を深め、現代社会に関する判断力の基礎、人間の生き方について自ら考える力を養うことで、国家・社会の進展に寄与する態度の育成を図った。
　また、1つの科目に4単位を配したことで、できるだけ総合的な視点からの考察・理解を図ろうとしていたことがうかがえる。
　ただし、この科目は、科学的探究と人間尊重の関わりをどう考えるか、中学校

のまとめと高等学校の入門をどのようにつなぐかなどの科目実施上の様々な課題に直面したうえ、特別な事情がある場合には、「倫理」及び「政治・経済」2科目の履修で代えることができたという位置付けにとどまった。その一方で、開発教育や環境教育など、新しい教育への結びつきの契機となったという意義も認められる。

(4)高等学校における公民科成立以後の中等公民教育

　1989年の学習指導要領改訂で、高校社会科が消滅し、地理歴史と公民の2つの教科に分けられた。新しくできた公民は、「現代社会」（4単位）、「倫理」（2単位）、「政治・経済」（2単位）の3科目で構成されることとなり、「現代社会」または「倫理＋政治・経済」の2パターンの選択必修となった。ただし、公民科にあっては、どの科目を履修しても、社会科時代から目標とされていた公民的資質の育成をめざすものであることに変わりはなかった。

　このときの改訂では、国際化する社会への対応から、日本経済と世界経済の結びつきなどの内容が政治・経済で重視されるようになった。また、中学校社会科に選択社会科を設置できるようになるなど、個性化への対応がなされるようになったことが特徴的である。

　その後も中学校社会科公民的分野および高校公民の科目は、持続可能な社会への参画、社会に開かれた教育課程の実現、学習者を主権者として育てる教育の充実という形で、変化のスピードを増す社会の課題に対応し、先取りする学習を目指している。

　今回の改訂で、高校の公民としては40年ぶりの必修科目「公共」が設置された。政治・経済・法・情報といった社会の諸側面で主体となれるよう、これまでの公民教育の史的展開に学びつつ、現代社会についての主体的・対話的で深い学びの展開が期待されよう。

（釜本　健司）

〈脚注・引用文献〉
* ＊1　「中学校実業学校令施行規則（昭和6年1月10日　文部省令第2号）」『官報』第1207号、内閣印刷局、1931年、120頁。
* ＊2　文部省『学習指導要領社会科編Ⅰ（試案）』大日本図書、1947年、8頁。
* ＊3　片上宗二「社会科の50年」全国社会科教育学会『社会科研究』第48号、1998年、2～3頁。
* ＊4　前掲＊2、5頁。
* ＊5　文部省『学習指導要領社会編Ⅱ（第七学年―第十学年）（試案）』大日本図書、1947年、1～2頁。

4 　教育課程における公民教育の位置付け
(1) 中学校社会科公民的分野の目標と内容

　2017年版中学校社会科学習指導要領の改訂で改善を図った事項を中心に、中学校社会科公民的分野（以下、公民的分野）の目標と内容の要点を見ていく。

1 　中学校社会科の改訂の方向性
　中学校社会科の改訂では、次の三つを重視している。第一に、基礎的・基本的な「知識及び技能」の確実な習得である。第二に、社会的な見方・考え方を働かせた「思考力、判断力、表現力等」の育成である。中学校社会科における社会的な見方・考え方とは、公民的分野では現代社会の見方・考え方として捉えている。それは、「社会的事象を政治、法、経済などに関わる多様な視点（概念や理論など）に着目して捉え、よりよい社会の構築に向けて、課題解決のための選択・判断に資する概念や理論などと関連付けて」働かせるものである。第三に、主権者として、持続可能な社会づくりに向かう社会参画意識の涵養や、よりよい社会の実現を視野に課題を主体的に解決しようとする態度の育成である。

2 　中学校社会科公民的分野の目標
　中学校社会科および公民的分野の目標は、表1の通りである。
　中学校社会科の目標は、柱書の目標と、「知識及び技能」「思考力、判断力、表現力等」「学びに向かう力、人間性等」といった資質・能力の三つの柱の目標で成り立っている。中学校社会科の目標では、次の二つの事項の改善がなされた。第一に、社会科が目指す究極のねらいは、小中学校共通の文言となった。第二に、三つの柱の目標 (1) から (3) は、各分野の特質を表すようにした。
　中学校社会科の目標に合わせて、公民的分野の目標も、同様に成り立っている。柱書の目標の達成には、三つの柱の目標 (1) から (3) を、有機的に関連付けることが欠かせない。
　公民的分野の柱書の目標では、前段に当たる部分で「現代社会の見方・考え方…活動を通して」と表現されている。ここでは、子供の主体的・対話的で深い学びを実現するために、適切な課題を設定し、その課題の追究のための枠組みとなる多様な視点に着目させ、課題を追究したり解決したりする活動が展開されるように、公民的分野の学習を設計することが求められている。社会科全体を一貫して、後段に当たる部分で「広い視野に立ち…育成することを目指す」と表現されている。このことは、三つの柱の目標 (1) から (3) の達成によって子供に必要な資質・能力を育成することが、グローバル化する国際社会で国民・市民として必要な公民的資質の育成につながることを意味している。

表1　中学校社会科および公民的分野の目標

	柱書		
	知識及び技能	思考力、判断力、表現力等	学びに向かう力、人間性
中学校社会科	社会的な見方・考え方を働かせ、課題を追究したり解決したりする活動を通して、広い視野に立ち、グローバル化する国際社会に主体的に生きる平和で民主的な国家及び社会の形成者に必要な公民としての資質・能力の基礎を次のとおり育成することを目指す。		
	(1) 我が国の国土と歴史、現代の政治、経済、国際関係等に関して理解するとともに、調査や諸資料から様々な情報を効果的に調べまとめる技能を身に付けるようにする。	(2) 社会的事象の意味や意義、特色や相互の関連を多面的・多角的に考察したり、社会に見られる課題の解決に向けて選択・判断したりする力、思考・判断したことを説明したり、それらを基に議論したりする力を養う。	(3) 社会的事象について、よりよい社会の実現を視野に課題を主体的に解決しようとする態度を養うとともに、多面的・多角的な考察や深い理解を通して涵養される我が国や歴史に対する愛情、国民主権を担う公民として、自国を愛し、その平和と繁栄を図ることや、他国や他国の文化を尊重することの大切さについての自覚などを深める。
公民的分野	現代社会の見方・考え方を働かせ、課題を追究したり解決したりする活動を通して、広い視野に立ち、グローバル化する国際社会に主体的に生きる平和で民主的な国家及び社会の形成者に必要な公民としての資質・能力の基礎を次のとおり育成することを目指す。		
	(1) 個人の尊厳と人権の尊重の意義、特に自由・権利と責任・義務との関係を広い視野から正しく認識し、民主主義、民主政治の意義、国民の生活の向上と経済活動との関わり、現代の社会生活及び国際関係などについて、個人と社会との関わりを中心に理解を深めるとともに、諸資料から現代の社会的事象に関する情報を効果的に調べまとめる技能を身に付けるようにする。	(2) 社会的事象の意味や意義、特色や相互の関連を現代の社会生活と関連付けて多面的・多角的に考察したり、現代社会に見られる課題について公正に判断したりする力、思考・判断したことを説明したり、それらを基に議論したりする力を養う。	(3) 現代の社会的事象について、現代社会に見られる課題の解決を視野に主体的に社会に関わろうとする態度を養うとともに、多面的・多角的な考察や深い理解を通して涵養される、国民主権を担う公民として、自国を愛し、その平和と繁栄を図ることや、各国が相互に主権を尊重し、各国民が協力し合うことの大切さについての自覚などを深める。

（文部科学省『中学校学習指導要領（平成29年告示）解説社会編』文部科学省、2018年３月、pp. 182-183参考の上筆者作成。）

3　中学校社会科公民的分野の内容

　表2の通り、公民的分野の内容は、三分野に当たる「地理的環境と人々の生活」「現代社会の仕組みや働きと人々の生活」「歴史と人々の生活」に分けて、内容構成の関係性が整理された。

　中学校社会科の内容構成では、次の二つの事項の改善がなされた。第一に、大項目、中項目、小項目を構造化した。第二に、中項目に、ア「知識及び技能」、イ「思考力、判断力、表現力等」を置き、それぞれにねらいを示した。公民的分野の内容では、防災情報の発信・活用、情報化など知識基盤社会化による産業や社会の構造的な変化やそこでの起業の扱い、選挙権年齢引き下げに伴う政治参加等の事項の改善がなされた。公民的分野の内容の改訂の要点は、「ア現代社会の特色、文化の継承と創造の意義に関する学習の一層の重視」「イ現代社会を捉える枠組みを養う学習の一層の充実」「ウ現代社会の見方・考え方を働かせる学習の一層の充実」「エ社会に見られる課題を把握したり、その解決に向けて考察、構想したりする学習の重視」「オ国家間の相互の主権の尊重と協力、国家主権、国連における持続可能な開発のための取組に関する学習の重視」「カ課題の探究

を通して社会の形成に参画する態度を養うことの一層の重視」の六つである。

表2　公民的分野の内容の枠組みと対象

地理的環境と人々の生活			現代社会の仕組みや働きと人々の生活			歴史と人々の生活		
地域	日本	世界	経済・産業	政治	国際関係	地域	日本	世界
	(1)「少子高齢化」	(1)「情報化、グローバル化」	A(1) 私たちが生きる現代社会と文化の特色				(1)「文化の継承と創造の意義」	
			A(2) 現代社会を捉える枠組み					
			B 私たちと経済	C 私たちと政治	D 私たちと国際社会の諸課題			
			(1)市場の働きと経済 (2)国民の生活と政府の役割	(1)人間の尊重と日本国憲法の基本的原則 (2)民主政治と政治参加	(1)世界平和と人類の福祉の増大			
			D(2) よりよい社会を目指して					

（文部科学省『中学校学習指導要領（平成29年告示）解説社会編』文部科学省、2018年3月、pp. 184-185抜粋。）

社会科の教科の構造は、小学校社会科、地理的分野と歴史的分野の学習成果の基礎に基づき、公民的分野の学習がある。この関係性を意識することで、社会科の目標は達成できる。このことと同様に、三分野の学習成果の基礎に基づき、公民的分野の事項との関係性を意識することで、公民的分野の目標も達成できる。

4　中学校社会科公民的分野における公民教育の意味

2017年版中学校社会科学習指導要領に示された公民的分野の目標と内容では、小中高等学校の一貫性を図るために、発達段階に応じて、到達すべき目標の設定、内容の適切な選択や三分野の学習を有機的に関連づける配列が工夫されている。義務教育の最終学年に位置付く公民的分野は、社会科の究極の目標である公民的資質の育成に大きな役割と責務を担っている。公民的分野の学習の魅力は、社会の変化のもとでよりよい社会の実現を目指し、社会にある課題を発見し、市民に必要な権利と負うべき責任とのバランスを考えながら、他者とともに議論し、協調的に課題を解決する子供を育てることにある。これまで述べてきた見方・考え方を生かして、公民的分野の授業づくりが充実することを期待したい。

（磯山　恭子）

4　教育課程における公民教育の位置付け
（2）高等学校公民科の目標と内容

1　科目「公共」の新設

　文部科学省は2018年、高等学校学習指導要領（以下「要領」）を改訂し、1978年公示の「要領」以来、これまで高等学校社会科及び公民科に置いてきた科目「現代社会」を廃止し、代わって公民科に新たな科目「公共」を設置した。「高等学校学習指導要領解説　公民編」（以下「解説」）によれば、「公共」（2単位）は、2年次までに履修する共通必履修科目とされ、選択科目「倫理」及び「政治・経済」（いずれも2単位）は、この「公共」履修後に履修できるとされた。この「公民科の科目構成の見直」しに関して、2016年、中央教育審議会答申は、新科目「公共」を、「現代社会の諸課題を捉え考察し、選択・判断するための手掛かりとなる概念や理論を、古今東西の知的蓄積を踏まえて習得するとともに、それらを活用して自立した主体として、他者と協働しつつ国家・社会の形成に参画し、持続可能な社会づくりに向けて必要な力を育む」ものとした。なお、2016年当時の政権与党・自民党は「政策集 Jファイル2010」以来、道徳教育等の推進、「公共心」や規範意識を養うなどの目的のもと、新科目「公共」を設置することを掲げ、提言を行ってきていた。

2　学習指導要領における公民科の「目標」記述の特質、その変容

　教科・科目の「目標」表記も従来から大きく変わり、育成を目指す「資質・能力」として、「三つの柱」に沿って表現されるものとなった（【表1】）。この点で当改訂「要領」は、高校社会科及び公民科の史的展開の中での一つの画期・転換点とも言える。また、公民科の教科目標と「公共」の目標の記述内容との間にはその重複・類似性が認められ、「公共」の中核科目としての位置付けが窺われる。
　そして目標(3)では（平成21年版の教科目標の「人間としての在り方生き方についての自覚」記述の他に）従来教科・科目の目標記述にはなかった「自覚」という表現・観点が新たに目標として複数にわたって具体的に明記され、「自覚」を「深める」ことが「目標」とされるようになった。「解説」は、「自国を愛し、その平和と繁栄を図ること」等々の「大切さについての自覚」が、「公民科において育成することが期待される『学びに向かう力、人間性等』である」と説明している。
　なお、従前の科目「現代社会」の目標の中に、科目設置当初からこれまで長くあった「人間の尊重と科学的な探究の精神に基づいて」という文言・視点は、改訂後の「公共」においては消失している。
　また関連して、「要領」の総則「第7款　道徳教育に関する配慮事項」では、「道徳教育の全体計画の作成に当たっては、…公民科の『公共』及び『倫理』並びに

特別活動が、人間としての在り方生き方に関する中核的な指導の場面であることに配慮すること」と記し、「要領」は公民科の「公共」・「倫理」を、「特別活動」と並んで、高校における「道徳教育」に関連する科目と位置付けている。

【表１】公民科の教科目標、「現代社会」／「公共」の科目目標の新旧比較

	2009（平成21）年版	2018（平成30）年版
公民科の目標	広い視野に立って、現代の社会について主体的に考察させ、理解を深めさせるとともに、人間としての在り方生き方についての自覚を育て、平和で民主的な国家・社会の有為な形成者として必要な公民としての資質を養う。	社会的な見方・考え方を働かせ、現代の諸課題を追究したり解決したりする活動を通して、広い視野に立ち、グローバル化する国際社会に主体的に生きる平和で民主的な国家及び社会の有為な形成者に必要な公民としての資質・能力を次のとおり育成することを目指す。 (1)選択・判断の手掛かりとなる概念や理論、及び倫理、政治、経済などに関わる現代の諸課題について理解するとともに、…（略）… (2)…（略）…事実を基に概念などを活用して多面的・多角的に考察したり、解決に向けて公正に判断したりする力や、合意形成や社会参画を視野に入れながら構想したことを議論する力を養う。 (3)…（略）…自国を愛し、その平和と繁栄を図ることや、各国が相互に主権を尊重し、各国民が協力し合うことの大切さについての自覚などを深める。
現代社会／公共の目標	人間の尊重と科学的な探究の精神に基づいて、広い視野に立って、現代の社会と人間についての理解を深めさせ、現代社会の基本的な問題について主体的に考察し公正に判断するとともに自ら人間としての在り方生き方について考察する力の基礎を養い、良識ある公民として必要な能力と態度を育てる。	人間と社会の在り方についての見方・考え方を働かせ、現代の諸課題を追究したり解決したりする活動を通して、広い視野に立ち、グローバル化する国際社会に主体的に生きる平和で民主的な国家及び社会の有為な形成者に必要な公民としての資質・能力を次のとおり育成することを目指す。 (1)現代の諸課題を捉え考察し、選択・判断するための手掛かりとなる概念や理論について理解するとともに、…（略）… (2)…（略）…事実を基に多面的・多角的に考察し公正に判断する力や、合意形成や社会参画を視野に入れながら構想したことを議論する力を養う。 (3)…（略）…自国を愛し、その平和と繁栄を図ることや、各国が相互に主権を尊重し、各国民が協力し合うことの大切さについての自覚などを深める。

3　学習指導要領における公民科各科目の「内容」記述の特質、その変容

　各科目の「内容」の記述も、これまでは何を教えるべきか（何を学ぶか）という教育内容を軸に編成されていたが、改訂「要領」ではすべての教科等の目標と内容を「資質・能力」で統括しようとするものへと変質し、公民科の各科目においても、「資質・能力」を育成する〈ために〉教育内容が構成されるものとなった。【表２】の通り、各科目の内容項目はＡ／Ｂ…と大括りとされ、再構成・統合された。その一方、その小項目(1)／(2)…の各々の下位項目においては、「資質・能力」の「三つの柱」に応じて枠付け、「身に付けるように指導」すべき「事項」を、「知識及び技能」、「思考力、判断力、表現力等」として細かく具体的に示している。各科

目の学習の内容を、知識項目ではなく「理解」内容、あるいは「探究」的、課題（学習主題）解決的な学習活動方法そのものとして示すものとなった。

特に、科目「公共」では「公共の扉」「公共的な空間を作る私たち」等の「内容」が示されるほか、例えば科目「現代社会」に存在した「民主政治の基本原理と日本国憲法」それ自体を構造的に理解させる主題の内容項目は、「公共」では無くなり、例えば項目Bで「法や規範の意義及び役割」「我が国の安全保障と防衛」「職業選択」等の表現を持った項目（事項）が新たに具体的に記されるようになった。

総じて、「社会的な見方・考え方」とは何か、「公共的な空間」とはどういうものか、グローバル化する国際社会に主体的に生きる「自立した主体」とはどういった存在か、「国家・社会の形成に参画」する力とは、等々、「要領」の教科目標・科目内容記述それ自身の中には、実際に学習指導を具体的に構想・実践するに際して以後も厳密かつ原理的に吟味してゆくべき概念・論点が、多々蔵されている。

【表2】公民科各科目における内容項目・内容構成の新旧比較

	2009（平成21）年版	2018（平成30）年版
現代社会／公共	(1)私たちの生きる社会 (2)現代社会と人間としての在り方生き方 　ア　青年期と自己の形成、 　イ　現代の民主政治と政治参加の意義 　ウ　個人の尊重と法の支配 　エ　現代の経済社会と経済活動の在り方 　オ　国際社会の動向と日本の果たすべき役割 (3)共に生きる社会を目指して	A 公共の扉 (1)公共的な空間を作る私たち (2)公共的な空間における人間としての在り方生き方 (3)公共的な空間における基本的原理 B 自立した主体としてよりよい社会の形成に参画する私たち (1)主として法に関わる事項 (2)主として政治に関わる事項 (3)主として経済に関わる事項 C 持続可能な社会づくりの主体となる私たち
倫理	(1)現代に生きる自己の課題 (2)人間としての在り方生き方 　ア　人間としての自覚 　イ　国際社会に生きる日本人としての自覚 (3)現代と倫理 　ア　現代に生きる人間の倫理 　イ　現代の諸課題と倫理	A 現代に生きる自己の課題と人間としての在り方生き方 (1)人間としての在り方生き方の自覚 (2)国際社会に生きる日本人としての自覚 B 現代の諸課題と倫理 (1)自然や科学技術に関わる諸課題と倫理 (2)社会と文化に関わる諸課題と倫理
政治・経済	(1)現代の政治 　ア　民主政治の基本原理と日本国憲法 　イ　現代の国際政治 (2)現代の経済 　ア　現代経済の仕組みと特質 　イ　国民経済と国際経済 (3)現代社会の諸課題 　ア　現代日本の政治や経済の諸課題 　イ　国際社会の政治や経済の諸課題	A 現代日本における政治・経済の諸課題 (1)現代日本の政治・経済 (2)現代日本における政治・経済の諸課題の探究 B グローバル化する国際社会の諸課題 (1)現代の国際政治・経済 (2)グローバル化する国際社会の諸課題の探究

（土屋　直人）

4 教育課程における公民教育の位置付け
(3) 小中高の一貫性と公民教育

1 小中高の公民教育とカリキュラム・マネジメント
　新たな学習指導要領では、カリキュラム・マネジメントの視点から公民教育で育成すべき資質・能力の一貫性を小中高で求めている。公民教育研究においては、社会形成力を育成するために早くから体系的なカリキュラムと授業の研究がなされてきた。近年、こうした課題に取り組んでいくため、小中一貫、中高一貫の学校では公民教育のカリキュラム開発が進められている。主権者教育の観点からも唐木（2017）が子どもの公民的資質の育成を論じている[*1]。だが、各学校種のカリキュラムや実践の開発にとどまっている点が依然として課題であろう。
　公民教育に小中高の一貫性を持たせるには、公民教育を担当する教師自身が勤務する学校種を越えて、各学校段階でどのような資質や能力が求められているのかを把握し、体系的な公民教育の理解と連携を図っていくことが重要な鍵となる。
　それでは、小中高の一貫性を見据えた公民教育のカリキュラムや授業の開発はどのようなスコープやシークエンスのもとで実践されていく必要があるのか。

2 小中高の公民教育において育成を目指す資質・能力
(ア)小学校の公民教育において育成を目指す資質・能力
　小学校では、我が国の政治の考え方、仕組みや働き、国家及び社会の発展に大きな働きをした先人の業績や優れた文化遺産、我が国と関係の深い国の生活やグローバル化する国際社会における我が国の役割について理解することで、公民教育に関する知識を培っている。これらの知識をもとに、社会的事象の特色や相互の関連、意味を多角的に考える力、社会に見られる課題を把握して、その解決に向けて社会への関わり方を選択・判断する力、考えたことや選択・判断したことを説明したり、それらを基に議論したりする力の育成を図っている。こうした多角的な思考や理解を通して、社会的事象について、主体的に学習の問題を解決しようとする態度、よりよい社会を考え学習したことを社会生活に生かそうとする態度を形成している。

(イ)中学校の公民教育において育成を目指す資質・能力
　中学校では、個人の尊厳と人権の尊重の意義、自由・権利と責任・義務との関係を広い視野から正しく認識し、民主主義、民主政治の意義、国民の生活の向上と経済活動との関わり、現代の社会生活及び国際関係などについて、個人と社会との関わりを中心に理解を深めることで公民教育に関する知識を培っている。これらの知識をもとに、社会的事象の意味や意義、特色や相互の関連を現代の社会

生活と関連付けて多面的・多角的に考察したり、現代社会に見られる課題について公正に判断したりする力、思考・判断したことを説明したり、それらを基に議論したりする力の育成を図っている。こうした多面的・多角的な考察や深い理解を通して、各国が相互に主権を尊重し、各国民が協力し合うことの大切さの自覚を深め、現代社会に見られる課題の解決を視野に主体的に社会に関わろうとする態度を形成している。

(ウ)高等学校の公民教育において育成を目指す資質・能力

　高等学校では、選択・判断の手掛かりとなる概念や理論、倫理・政治・経済などに関わる現代の諸課題を理解することで、公民教育に関する知識を培っている。これらの知識をもとに、現代の諸課題を事実を基に概念などを活用して多面的・多角的に考察したり、解決に向けて公正に判断したりする力、合意形成や社会参画を視野に入れながら構想したことを議論する力の育成を図っている。こうした多面的・多角的な考察や深い理解を通して、人間としての在り方生き方の自覚、各国が相互に主権を尊重し、各国民が協力し合うことの大切さの自覚を深め、よりよい社会の実現を視野に入れ、現代の諸課題を主体的に解決しようとする態度を形成している。

3　小中高の公民教育における内容の枠組みと対象
(ア)小学校の公民教育における内容の枠組みと対象

　小学校では、「現代社会の仕組みや働きと人々の生活」の観点から各学年の学習内容を「経済・産業」「政治」「国際関係」の中に位置付けている。「経済・産業」では、地域に見られる生産や販売の仕事（3年）、我が国の農業や水産業における食料生産（5年）、我が国の工業生産（5年）、我が国の情報と産業との関わり（5年）などが挙げられている。「政治」では、地域の安全を守る働き（3年）、自然災害から人々を守る活動（4年）、我が国の政治の働き（6年）などが挙げられている。「国際関係」では、グローバル化する世界と日本の役割（6年）が挙げられている。

　公民教育に関する内容は、6年の学習活動が中心だが、各学年の学習活動にも公民教育と関連した内容があるので各学年の枠組みからも連携を図る必要がある。

(イ)中学校の公民教育における内容の枠組みと対象

　中学校でも小学校と同様に、公民的分野の学習内容を「経済・産業」「政治」「国際関係」の中に位置付けている。「経済・産業」では、私たちと経済で、市場の働き、経済・国民生活と政府の役割が学習内容として挙げられている。「政治」では、私たちと政治で、人間の尊重と日本国憲法の基本的原則、民主政治と政治参加が挙げられている。「国際関係」では、私たちと国際社会の諸課題で、世界平和と人類福祉の増大が挙げられている。例えば、小中の一貫性の視点から内容

の枠組みと対象をみると、経済的な視点から生産や販売、食料生産、工業生産などと市場の働きや国民生活をどのように結びつけていくのかが課題となる。体系的な公民教育の枠組みで小中の学習内容が有機的な学びとなる必要がある。

(ウ)高等学校の公民教育における内容の枠組みと対象

　高等学校においても、小中学校の学習指導要領が提示する内容の枠組みと対象の関連が図られている。特に、新科目「公共」では、小中学校の社会科で活用した「社会的な見方・考え方」に加え、「人間と社会の在り方についての見方・考え方」を働かせて現代の諸課題を追究したり解決したりする活動を重視したり、現実社会の諸課題から「主題」や「問い」を設定し、追究したり探究したりするなどの学習活動が重視されている。さらに、「政治・経済」では、小中の社会科で身につけた現代社会の見方・考え方や新科目「公共」で身につけた人間と社会の在り方についての見方・考え方から正解が一つに定まらない現実社会の複雑な諸課題を協働して探究し、国家及び社会の形成により積極的な役割を果たす主体を育む科目をめざしている。

4　小中高の公民教育の一貫性と残された課題

　公民教育の一貫性を小中高で持たせるためには、公民教育で求められる資質・能力がどのようなものであるかを理解し、各学校段階でのカリキュラムのどこに授業が位置付くのかを把握することが必要である[*2]。しかし、小学校段階においてもカリキュラムのどこに日々の授業実践が位置付いているのかを見失いがちである。また、中学校段階では、地理的分野と歴史的分野の学習と公民的分野の学習の融合をどのように果たしていくのかを吟味することがより一層求められる。さらに、高等学校段階では、公民科の中においても科目がまたがっているために、政治・経済と倫理との連携をどのように図るか、新科目「公共」がこれから公民科のなかでどのような役割を果たすのかといった点も課題となる。今後は、学校教育で育成する公民教育のビジョンを共有し、各学校種の連携をもとにした授業実践が重要となろう。

（福田　喜彦）

〈脚注及び引用文献〉

[*1]　唐木清志「社会科における主権者教育—政策に関する学習をどう構想するか—」『教育学研究』第84号第2号、2017年、155-167頁。

[*2]　福田喜彦「『社会系教科教育学研究』の歴史からみた中等公民教育の回顧と展望」『社会系教科教育研究』第30号、2018年、59-66頁。

4　教育課程における公民教育の位置付け
(4) 公民教育と地理教育・歴史教育の関連

1　公民、地理、歴史の総合から分化、そして一貫化へ

　1947・51年版学習指導要領には、小学校1年から高等学校1年までに総合的な社会科が置かれたが、中学校2・3年に「国史／日本史」が独立して組み込まれていた。その後、「はいまわる社会科」などの批判を受け、とくに中学校社会科は、1955年版から政経社・地理・歴史の三分野による分化社会科となった。高校社会科では、1956年版から「社会」（必修）「日本史」「世界史」「人文地理」が並び、1958年版から「倫理・社会」（必修）「政治・経済」（必修）「日本史」「世界史A」「世界史B」「地理A」「地理B」が並ぶことになった。1978年版では、高校1年に「現代社会」（必修）が組み込まれ、高校分化社会科の基礎となる総合的な社会科が一部に置かれた。しかし1989年版の高校社会科では、地理歴史科（「世界史A・B」（必修）「地理A・B」と「日本史A・B」）と公民科（「「現代社会」「倫理」「政治・経済」）に分けられ、分化社会科の性格が強められた。加えて1989年版では、小学校1・2年の生活科と3年から6年の社会科に分けられ、小中高社会科の枠組みは大きく変化し、現在に至っている。2017・18年版では、資質・能力が重視される中で、社会的な見方・考え方を用いて、公民・地理・歴史の学問的な基礎概念をもとに小中高を一貫する社会系教科を束ねる構造をとっている。

　大きな流れからみると、総合的な社会科から分化社会科へ、さらに一貫カリキュラムの強調によって、公民、地理、歴史の特色とともに小中高の一貫性が求められてきている。

2　内容的側面と方法的側面からみる社会系教科の三系統

　2017・18年度版について学習の内容的側面からみると、小学校社会科の内容は、中学校社会科三分野との関連を図るために、単元ごとに①「地理的環境と人々の生活」（地理）、②「歴史と人々の生活」（歴史）、③「現代社会の仕組みや働きと人々の生活」（公民）の三分野に分けられた。①・②は空間的な広がりを念頭に、③は経済・産業、政治及び国際関係と、それぞれ区分して整理された。とくに公民に区分される内容は、より多くみられ、地理・歴史の内容との関係において社会機能法に関する中核を担っている。三つの分野は、高等学校における「公共」「地理総合」「歴史総合」の必修科目に、そして「倫理」「政治・経済」「地理探究」「日本史探究」「世界史探究」の選択科目に繋がる。したがって、小学校社会科では、内容の区分によって、分化社会科としての小中高を一貫する性格も整えられたことになる。

　次に、2017・18年版について学習の方法的側面からみると、小学校では大枠と

なる社会的事象の見方・考え方が求められた。中学校・高等学校では、それが社会的事象の地理的見方・考え方、歴史的見方・考え方、現代社会の見方・考え方の三つに派生し、系統性がもたせられた。

小学校社会科での社会的事象の見方・考え方は、「社会的事象を、位置や空間的な広がり、時期や時間の経過、事象や人々の相互関係などに着目して捉え、比較・分類したり総合したり、地域の人々や国民の生活と関連付けたりすること」とし、考察、構想する際の「視点や方法」とされた。その説明の中には、地理、歴史、公民の主な基礎概念が含まれ、それらを総合的に扱うようにされている。しかし前述のように、各内容の三分野への対応が示されたため、各分野の主となる基礎概念の活用がとくに求められることになる。よって、総合的な社会科としてみてもよいが、必然的に主となる分野の基礎概念による見方・考え方の育成が中心となり、他の分野の見方・考え方も補助的に扱われることになるため、実質的に分化社会科としての性格も兼ね備えている。

中学校・高等学校の社会系教科をみると、公民では、社会的事象の現代社会の見方・考え方として、「社会的事象を、政治、法、経済などに関わる多様な視点に着目して捉え、よりよい社会の構築に向けて、課題解決のための選択・判断に資する概念や理論などと関連付けること」とされた。その内容には、「対立」と「合意」、「効率」と「公正」を基礎にして、「分業と交換、希少性など」、「個人の尊重と法の支配、民主主義など」、「協調、持続可能性など」の基礎概念が示された。地理では、社会的事象の地理的見方・考え方として、「社会的事象を、位置や空間的な広がりに着目して捉え、地域の環境条件や地域間の結び付きなどの地域という枠組みの中で、人間の営みと関連付けること」とされた。その内容には、「位置」や「分布」、「場所」、「人間と自然環境との相互依存関係」、「空間的相互依存作用」、「地域」が示された。歴史では、社会的事象の歴史的見方・考え方として、「社会的事象を、時期、推移などに着目して捉え、類似や差違などを明確にし、事象同士を因果関係などで関連付けること」とされた。その内容には、①時期、年代など時系列に関わる視点、②展開、変化、継続など諸事象の推移に関わる視点、③類似、差異、特色など諸事象の比較に関わる視点、④背景、原因、結果、影響など事象相互のつながりに関わる視点などに着目して捉え、比較したり、関連させたりして社会的事象を捉えたりすることなどと説明された。

以上の学習の内容的・方法的側面に関する特徴は、吉田（2001）による社会科カリキュラムの枠組みから原理的に考えられる。学習の内容的側面は、「政治・法・経済・文化など公民的事象」「地理的事象」「歴史的事象」における意味・意義の三つの分野から捉えられ、それらを総合や融合したものが社会的事象の意味・意義となる。次に、学習の方法的側面には、技能（スキル）や探究過程（プロセス）も含まれるが、それら諸事象の意味・意義を捉え考えるための視点となる「公民

的（現代社会の）見方・考え方」「地理的見方・考え方」「歴史的見方・考え方」が用いられ、それを総合や融合したものが社会的見方・考え方となる。それら両側面からの学習成果が「公民（現代社会）的認識」「地理的認識」「歴史的認識」となり、それらを総合あるいは融合したものが「社会認識」となり、その形成過程を通して公民的資質が育成される。

3　公民、地理、歴史の関連付けの意義

　唐木(2017)は、主権者教育の一部に政治的リテラシー育成を目指した「政策」学習を位置付ける必要性を論じ、「政策」の点で吉田・横山(2018)は、公民的資質に迫る地域政策的探究を地理的見方・考え方の中で考えられるため、公民に止まらず、地理・歴史まで相互補完的に政治的教養教育の議論を広げる必要性を論じている。他方で、2017・18年版の小学校社会科・中学校社会科三分野・高等学校「公共」「地理総合」「歴史総合」などにおける最終単元となる内容では、とくに地球的課題解決などのESD（持続可能な開発のための教育）の意図が共通項となって求められ、社会系教科の三分野を関連付ける場面に成り得る。

　学校種・科目・分野・単元などにおいて、「主権者」「政策」「防災」「持続可能な社会」などの三分野を横断できる社会的課題や社会論争問題を取り上げ、あるいは各分野の基礎概念を他分野で相互補完的に活用するなどによって、社会系教科の三分野を有機的に関連付け、総合させることができる。そもそも現代社会は複雑で混沌とし、予期できない突発的な社会変動も含め、著しく変化し多様な価値が生まれてきている。社会系教科の争点ともなるが、三分野を関連・総合させる意義は今後、高まっていくことも想定できる。AIや「Society5.0」などを見据えた未来型の社会系教科の創造に向けて、公民、地理、歴史の一貫性の合理性や効果などの議論とともに、それらの関連付けのあり方の議論も必要不可欠となる。

（吉田　剛）

〈参考文献〉

唐木清志「社会科における主権者教育—政策に関する学習をどう構想するか—」日本教育学会『教育学研究』第84巻(2)、155-167頁、2017年。

吉田剛「地理的見方・考え方を育成する社会科地理授業の改善—単元「アメリカ五大湖南岸工業地域」の場合—」全国社会科教育学会『社会科研究』第54号、31-40頁、2001年。

吉田剛・横山奈緒子「選挙権年齢の引き下げに伴う政治や選挙に関する意識調査—社会系教科における政治的教養の教育の改善に向けて—」日本公民教育学会『公民教育研究』Vol.25、117-125頁、2018年。

4 教育課程における公民教育の位置付け
(5) 公民教育と他教科・領域の関連

1 カリキュラム・マネジメントの観点

　新学習指導要領の柱のひとつに「カリキュラム・マネジメント」を挙げることができる。『高等学校学習指導要領（平成30年告示）解説 総則編』（以下、『総則編』）では、「カリキュラム・マネジメントは、学校教育に関わる様々な取組を、教育課程を中心に据えながら組織的かつ計画的に実施・評価し、教育活動の質の向上につなげていくこと」とされ（p.45）、児童・生徒の学びの全体像をつかんで運用していくことが求められている。

　教員には、教科等における学習を組み立てることと並行して、全体の学びを概観するマクロなまなざしが求められる。公民教育も例外ではなく、高校であれば公民科を担当しつつ、他教科・領域とのつながりを一層意識する必要がある。

2 他教科との関連

　公民教育と他教科等の関連について、高校公民科の新科目「公共」を例に検討したい。『高等学校学習指導要領（平成30年告示）解説 公民編』（以下、『公民編』）には以下の通り言及されている。

> イ　中学校社会科及び特別の教科である道徳、高等学校公民科に属する他の科目、この章に示す地理歴史科、家庭科及び情報科並びに特別活動などとの関連を図るとともに、項目相互の関連に留意しながら、全体としてのまとまりを工夫し、特定の事項だけに指導が偏らないようにすること。(p.78)

　カリキュラム・マネジメントの観点から、内容面を中心に接続の方法を考えていくことになるが、「特定の事項だけに指導が偏らないようにする」ことに留意することは、各教科・領域の目標の達成を見失うことのないように警鐘を鳴らすものと考えられる。さらに教科との関連を具体的に検討するため、ここでは情報科に注目したい。イの解説には以下のようにある。

> 情報科…との関連については、情報や情報技術を活用して問題を発見・解決する技法、情報に関する法規や制度、情報社会における個人の責任、情報モラル、情報化が人や社会に果たす役割及ぼす影響などに関する部分との関連を図る必要がある。(p.79)

　ここには内容面の関連にとどまらず、共通教科としての情報科の学びで育まれた情報活用能力を公民科の学習における調査や発表などで活用することへの期待が示されている。高校教育においては従来以上に生徒による主体的な学びが強く求められており、情報科で身に付けた情報収集能力や情報機器の活用能力などを、

公民科をはじめとした各教科の学びに結びつける必要がある。あわせて、新学習指導要領では各教科の「見方・考え方」を重視していることに留意することも求められる。生徒の学びを中心に据えながら、教科担当者間の連携が不可欠となる。

3　道徳教育との関連

　小・中学校での道徳教育は「特別の教科である道徳」を要とするが、高校では従来通り学校の教育活動全体で実施することになる。それでも高校にも「道徳教育推進教師」を新設するなど、道徳教育の充実が求められている。その中で公民科は高校の道徳教育の中核的な役割を担うことが、『総則編』に示されている。

> ア　道徳教育は、学校の教育活動全体で行うことから、全体計画の作成においては、校長の方針の下に、道徳教育推進教師を中心に、全教師が協力して道徳教育を行うこと。その際、公民科の「公共」及び「倫理」並びに特別活動が、人間としての在り方生き方に関する中核的な指導の場面であることを示した。(p.12)

　例えば、小・中学校「道徳」における「D　主として生命や自然、崇高なものとの関わりに関すること」のうち「生命の尊さ」は、高校「倫理」の目標に見える「人間尊重の精神と生命に対する畏敬の念」に通ずるものである。『公民編』では以下のように説明されている。

> 生命に対する畏敬の念に根ざした人間尊重の精神を培うことによって、人間の生命が、あらゆる生命との関係や調和の中で存在し生かされていることを自覚するとともに、より深く自己を見つめながら、人間としての在り方生き方についての自覚を深めていくことが求められていることを意味している。(p.85)

　公民科は科学的な社会認識を形成するうえで道徳教育と性格を異にする点もある。例えば、科学技術の発達と生命倫理の在り方を考えていく際には、内容理解とあわせて、科学の発達によって生命に対する人為的な操作がより可能となっていく中で、どこまでそれを許すかが問われることとなる。立場性などでさまざまな価値の葛藤・対立が見られる中で思考・判断・表現していくことが求められるが、意見交換などを通して多様な価値への気づきを促すこと、そこからいかに生命を尊重するか考えを深めていくことは道徳教育につながると言えるだろう。

4　特別活動との関連

　『高等学校学習指導要領（平成30年告示）解説　特別活動編』では、特別活動の目標のひとつとして以下の記述が見られる。

> (3) 自主的、実践的な集団活動を通して身に付けたことを生かして、主体的に集団や社会に参画し、生活及び人間関係をよりよく形成するとともに、人間としての在り方生き方についての自覚を深め、自己実現を図ろうとする態度を養う。(p.11)

　「人間としての在り方生き方」について自覚を深める点は公民科に通ずるが、特別活動では学びや体験を通した態度形成に重きが置かれる。同じく「指導計画の作成と内容の取扱い」の解説には、教科の学びとの接続に関する指摘がある。

> 各教科等の特質に応じた物事を捉える視点や考え方である「見方・考え方」を、習得・活用・探究という学びの過程の中で働かせることを通じて、より質の高い深い学びにつなげることが重要である。(p.105)

　公民教育を通じて育んだ「社会的な見方・考え方」や社会参加に対する意識を、ホームルーム活動（小・中学校では学級活動）などで実践し、将来の実社会への参画につなげていくことが期待される。

5　「総合的な学習の時間（総合的な探究の時間）」との関連

　総合的な学習の時間（以下、総合）は、児童・生徒の「生きる力」を育む中心的存在として、教科横断的な学習や総合的な学びに取り組んできた。一方で、学校の裁量が大きく認められていることが、結果として取り組みにばらつきを生んだことも否定できない。特に高校では、探究的な学びの場としての意識を高めるために、新学習指導要領では「総合的な探究の時間」と改められることとなった。

　前述した「他教科との関連」で取り上げたイの解説に、次の言及がある。

> 総合的な探究の時間との関連については、総合的な探究の時間の目標が「学び方やものの考え方を身に付け」させることや「自己の在り方生き方を考える」ことなど「公共」のねらいと共通する部分があることに留意し、相互関連について配慮する必要がある。(p.79)

　総合と教科等との具体的な関連づけについては、文部科学省『今、求められる力を高める総合的な学習の時間の展開（中学校編）』に以下の指摘がある。

> 各教科等で身に付けた知識や技能を総合的な学習の時間において活用することによって、身に付けた知識や技能は一層生きて働くようになる。一方、総合的な学習の時間での学習活動やその成果が、各教科等の学習活動への意欲を高めたり学習を促進したりする。(p.18)

　教科の学びと総合の学びの往還によって、知識の活用による学びの深化、方法の活用による効果の実感が生まれ、さらなる学びを促していく。総合の目標を見定めながら、社会科・公民科の教科の学びとの接続、活用を図りたい。

（小松　伸之）

第2章

中学校社会科公民的分野の年間指導計画と学習指導案の作成

第2章　中学校社会科公民的分野の年間指導計画と学習指導案の作成

1　公民的分野の特質

(1) 学習指導要領における位置付け
　公民的分野における改訂の主な要点を整理すると、以下の6点になる。
ア　現代社会の特色、文化の継承と創造の意義に関する学習の一層の重視
　・現代日本の社会の特色：少子高齢化、情報化、グローバル化。
　・情報化：人工知能の急速な進化などによる産業や社会の構造的な変化や、災害時における防災情報の発信・活用
　・我が国の伝統と文化：文化の継承と創造の意義
　・国際社会における文化や宗教の多様性
イ　現代社会を捉える枠組みを養う学習の一層の充実
　・対立と合意、効率と公正など
ウ　現代社会の見方・考え方を働かせる学習の一層の充実
　・「分業と交換、希少性など」「個人の尊重と法の支配、民主主義など」「協調、持続可能性など」
エ　社会に見られる課題を把握したり、その解決に向けて考察、構想したりする学習の重視
　・物事の決定の仕方、契約を通した個人と社会との関係、きまりの役割
　・個人や企業の経済活動における役割と責任、起業、金融、職業の意義と役割、仕事と生活の調和の観点から労働保護法
　・少子高齢社会における社会保障の意義、財政及び租税の役割、財源の確保と配分という観点から財政の持続可能性
　・我が国の政治が日本国憲法に基づいて行われていることの意義
　・民主政治の推進と、公正な世論の形成や選挙など国民の政治参加との関連
オ　国家間の相互の主権の尊重と協力、国家主権、国連における持続可能な開発のための取り組みに関する学習の重視
　・国際協調の観点から国家間相互の主権の尊重と協力、各国民の相互理解と協力及び国際連合をはじめとする国際機構などの役割、領土（領海、領空を含む）と国家主権、国際連合における持続可能な開発のための取り組み
カ　課題の探究を通して社会の形成に参画する態度を養うことの一層の重視
　そして、「思考力・判断力・表現力等」の育成の重視を以下のように示している。

> 課題の解決に向けて習得した知識を活用して、事実を基に多面的・多角的に考察、構想したことを説明したり、論拠を基に自分の意見を説明、論述したりすることにより、「思考力、判断力、表現力等」を養う

(2) 学校の公民教育における公民的分野の位置付け

　学習指導要領『解説』では、小学校社会科から中学校社会科地理的分野・歴史的分野を踏まえた公民的分野までの学習の流れを以下の図で示している。

中学校社会科公民的分野の学習の流れ

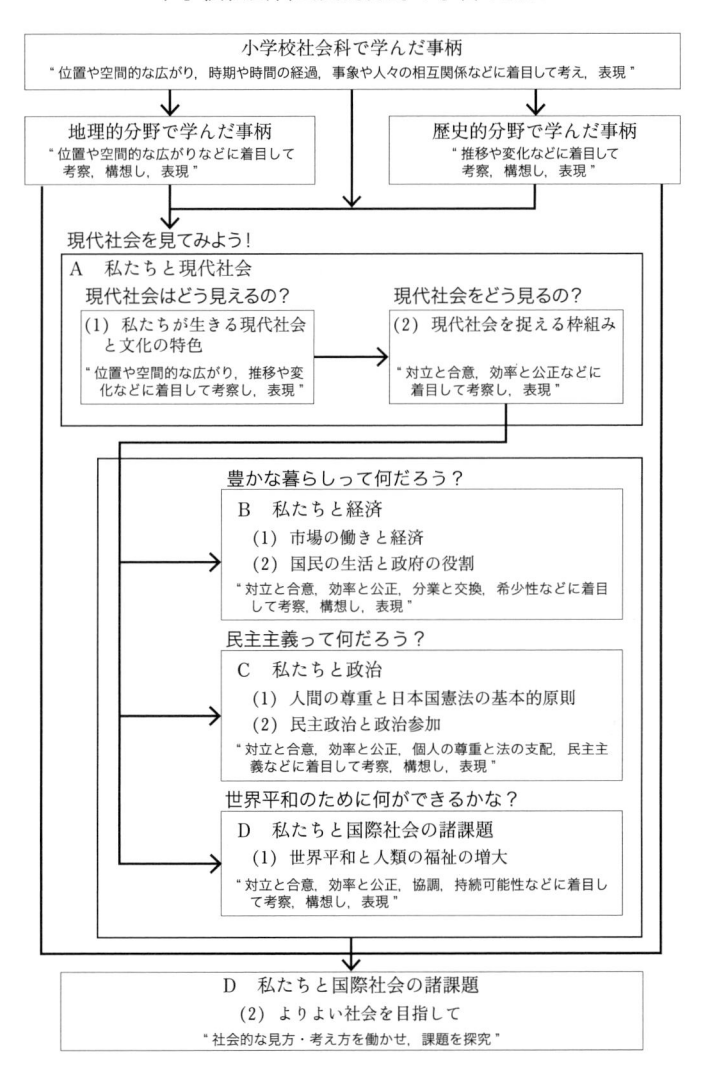

```
┌─────────────────────────────────────┐
│　　　　　小学校社会科で学んだ事柄　　　　　　│
│ "位置や空間的な広がり，時期や時間の経過，　│
│ 　事象や人々の相互関係などに着目して考え，表現" │
└─────────────────────────────────────┘
        ↓              ↓
┌──────────────────┐  ┌──────────────────┐
│ 地理的分野で学んだ事柄 │  │ 歴史的分野で学んだ事柄 │
│ "位置や空間的な広がり │  │ "推移や変化などに着目して │
│ などに着目して       │  │ 　考察，構想し，表現"    │
│ 考察，構想し，表現"   │  │                  │
└──────────────────┘  └──────────────────┘

現代社会を見てみよう！
┌─────────────────────────────────────┐
│ A　私たちと現代社会                    │
│ 現代社会はどう見えるの？　　現代社会をどう見るの？│
│ ┌────────────────┐ ┌────────────────┐ │
│ │(1) 私たちが生きる現代社会│→│(2) 現代社会を捉える枠組み│ │
│ │　　と文化の特色        │ │                 │ │
│ │ "位置や空間的な広がり，推移や変│ │ "対立と合意，効率と公正などに│ │
│ │ 　化などに着目して考察し，表現"│ │ 　着目して考察し，表現"     │ │
│ └────────────────┘ └────────────────┘ │
└─────────────────────────────────────┘

豊かな暮らしって何だろう？
┌─────────────────────────────────────┐
│ B　私たちと経済                        │
│   (1) 市場の働きと経済                 │
│   (2) 国民の生活と政府の役割            │
│ "対立と合意，効率と公正，分業と交換，希少性などに着目│
│ 　して考察，構想し，表現"              │
└─────────────────────────────────────┘

民主主義って何だろう？
┌─────────────────────────────────────┐
│ C　私たちと政治                        │
│   (1) 人間の尊重と日本国憲法の基本的原則 │
│   (2) 民主政治と政治参加               │
│ "対立と合意，効率と公正，個人の尊重と法の支配，民主主│
│ 　義などに着目して考察，構想し，表現"   │
└─────────────────────────────────────┘

世界平和のために何ができるかな？
┌─────────────────────────────────────┐
│ D　私たちと国際社会の諸課題            │
│   (1) 世界平和と人類の福祉の増大        │
│ "対立と合意，効率と公正，協調，持続可能性などに着目し│
│ 　て考察，構想し，表現"                │
└─────────────────────────────────────┘

┌─────────────────────────────────────┐
│ 　　　　D　私たちと国際社会の諸課題       │
│ 　　　　　(2) よりよい社会を目指して      │
│ "社会的な見方・考え方を働かせ，課題を探究"│
└─────────────────────────────────────┘
```

文部科学省『中学校学習指導要領（平成29年告示）解説社会編』
東洋館出版社、2018年、134頁。

中学校社会科は、地理的分野、歴史的分野、公民的分野の３分野から構成されている。それぞれの分野の学習が相互に関連する相関（関連）カリキュラムである。第１学年と第２学年では、地理的分野と歴史的分野を並行して学習し、第３学年では、歴史的分野の近現代史と公民的分野を学習する変形π型のカリキュラム構造を持っている。
　社会科という教科は、小学校第３学年から開始され、中学校第３学年で終了する。（高等学校では、社会科という教科は存在せず、「地理歴史科」と「公民科」という教科となる。）中学校第３学年に配置される公民的分野は、小学校から始まる社会科の総まとめの役割を担っている。同時に、高等学校「公民科」への橋渡しの役割も持っている。

(3)授業づくりにあたっての留意点
　公民的分野の授業づくりにあたっての留意点を、二点述べる。
　第一に、「社会的な見方・考え方」を働かせて「思考力、判断力、表現力等」を育成する授業をつくることである。学習指導要領で示される中項目の「内容」は、ア：身に付けるべき「知識及び技能」とイ：身に付けるべき「思考力、判断力・表現力等」から構成されており、単なる知識の伝達・理解を原理とする授業だけでは不十分である。課題を解決する学習過程を通して、生徒が「考える」授業をつくることが必要である。その時に生徒が働かせる「社会的な見方・考え方」は、「課題を追究したり解決したりする活動において、社会的事象等の意味や意義、特色や相互の関連を考察したり、社会に見られる課題を把握して、その解決に向けて構想したりする際の『視点や方法（考え方）』である」とされる。つまり、社会的事象等を理解するだけに留まらず、その社会的事象等の意味や意義、相互の関連を追究する授業づくりが求められる。
　第二は、地理的分野や歴史的分野の学習と関連させながら、思考・判断する授業をつくることである。公民的分野が社会科学習の総まとめとして第３学年に置かれているのは、現代社会の空間的理解（地理的分野）と現代社会の時間的理解（歴史的分野）の上に、現代社会の諸問題や社会の形成者としての資質・能力を育成するためである。地理的分野と歴史的分野の学習での理解や考察がなければ、公民的分野の学習は深まらない。中学校社会科の特質である相関カリキュラム構造を活かした授業づくりが必要である。
　また、このような授業づくりは、今改訂で重視されている、「カリキュラム・マネジメントの推進」の一つの方法となる。

（桐谷　正信）

2　公民的分野の年間指導計画の作成

(1)年間指導計画を作成するにあたっての留意点
　これまで年間指導計画については、各単元の配列・時数と、主な学習内容（知識）および留意点を記せば十分であると見なされてきたと言えよう。しかし、新学習指導要領で目指されていることを実現していくためには、年間指導計画作成の段階で次の点を考えておきたい。

①育成する「資質・能力」の明確な設定と継続的成長
　まず考えるべきは「何を目標とするか」、すなわち、育成を目指す資質・能力の内実である。特に「知識・技能」「思考力・判断力・表現力等」について、それぞれ何を身につけさせたいのか、具体的かつ明確に設定することが肝要である。さらに、それらの知識や諸能力が分野全体を通して継続的に成長していくよう、単元間の結びつきを図るとともに、地理的・歴史的両分野および小学校社会科の学習成果を生かした組織的な指導計画を構想したい。

②「見方・考え方」を働かせた課題探究的な学び
　次に考えるべきことは「どのように学ぶか」、すなわち、資質・能力を育むための学習方法である。公民的分野では、内容の大項目Aの(2)において「現代社会の見方・考え方」の基礎である「対立と合意」「効率と公正」の概念を習得させ、その後の学習でもそれらを適宜活用しつつ、大項目B〜Dそれぞれに特徴的な見方・考え方を習得・活用させていくことが求められている。単元ごとに適切な課題を設定し、見方・考え方を働かせながら課題を追究・解決する課題探究的な学びの具体像と併せて、分野全体の学びをデザインしていきたい。

(2)年間指導計画の具体例
　中学校社会科は、1・2年で地理的分野と歴史的分野を並行して学び、3年で公民的分野を学ぶ構成となっているが、実際には、歴史的分野の授業が3年の最初に40単位時間食い込んでくる（「変形π型」）。したがって、公民的分野の年間指導計画は、1学期途中からの100単位時間での計画となる。
　では、どのように時間を配分すればよいか。最も簡単なのは、教科書の章立て通りに見開き2頁を1時間で学習していく形である。しかし、画一的にそうするのではなく、生徒の興味・関心やこれまでに身につけてきた資質・能力、学校・学年の教育方針、行事予定、地域の特性などの条件を考慮せねばならない。その上で、具体的な指導目標に応じ、学習内容を精選・再構成させることで、各単元の時数および配列を調整したい。簡潔ではあるが、年間指導計画の例を以下に示す。

学期	時数	指導要領上の内容項目	学習内容（育成を目指す資質・能力）	働かせたい主な見方・考え方
1学期	6	A　私たちと現代社会 (1)私たちが生きる現代社会と文化の特色	(1)少子高齢化など現代日本の特色と、文化の社会への影響。〈知〉 少子高齢化などが社会にもたらす影響や文化の意義の考察・表現。〈思〉	(1)位置や空間的な広がり、推移や変化
	4	(2)現代社会を捉える枠組み	(2)対立と合意、効率と公正、個人の尊厳や平等、責任、社会契約の概念。〈知〉 契約を通じた個人と社会の関係、決まりの役割に関する考察・表現。〈思〉	(2)対立と合意、効率と公正
2学期	16	B　私たちと経済 (1)市場の働きと経済	(1)市場経済、金融、労働、企業などの働きと経済活動の意義。〈知〉 個人や企業の経済活動における役割と責任、職業の意義や労働条件の改善に関する考察・表現。〈思〉	(1)(2) 対立と合意、効率と公正 分業と交換、希少性
	6	(2)国民の生活と政府の役割 C　私たちと政治	(2)国民の生活と福祉の向上（インフラ整備、環境保全、社会保障等）における国・自治体の役割や、財政及び租税の役割。〈知〉また、それらに関する考察・構想・表現。〈思〉	
	20	(1)人間の尊重と日本国憲法の基本的原則	(1)民主主義と個人の尊重、法の意義、憲法の基本的原則、天皇の地位。〈知〉 憲法に基づく政治の意義の考察・表現。〈思〉	(1)(2) 対立と合意、効率と公正 個人の尊重と法の支配、民主主義
	13	(2)民主政治と政治参加　※前半	(2)民主政治の仕組みや政党の役割、意思決定の原理、司法（裁判）の働き、地方自治の基本的な考え方や仕組み。〈思〉	
3学期	7	(2)※後半	公正な世論の形成や選挙など、国民の政治参加による民主政治の推進について、考察・構想・表現する。〈思〉	
	16	D　私たちと国際社会の諸課題 (1)世界平和と人類の福祉の増大	(1)平和のための国際協調や国家間の尊重・協力、国際機構等の役割の重要性。〈知〉 憲法の平和主義を基に、国内外の平和・安全保障に係る日本のあり方について、考察・構想・表現する。〈思〉	(1)対立と合意、効率と公正 協調、持続可能性
	9	(2)よりよい社会を目指して	(2)持続可能な社会の形成という観点から、解決すべき課題について探究し、考察・構想したことを説明・論述する。〈思〉	(2)これまでに学習した様々な社会的な見方・考え方

註）留意点の②を重視し、「見方・考え方」の欄を設けた。また、時数は、各学期に１時間ずつ予備の時間を設けている。実際の指導計画では、単元ごとに時数・学習内容等を記すことが望ましい。〈知〉＝知識・技能、〈思〉＝思考力・判断力・表現力等。

（長田　健一）

3 学習指導案の作成事例
(1) 私たちと現代社会　ア　私たちが生きる現代社会と文化の特色

1 学習指導要領における位置付け

大項目「A 私たちと現代社会」の中項目「(1)私たちが生きる現代社会と文化の特色」について、学習指導要領の「内容」では次のように記されている。

> 位置や空間的な広がり、推移や変化などに着目して、課題を追究したり解決したりする活動を通して、次の事項を身に付けることができるよう指導する。
> ア　次のような知識を身に付けること。
> (ア) 現代日本の特色として少子高齢化、情報化、グローバル化などが見られることについて理解すること。
> (イ) 現代社会における文化の意義や影響について理解すること。
> イ　次のような思考力、判断力、表現力等を身に付けること。
> (ア) 少子高齢化、情報化、グローバル化などが現在と将来の政治、経済、国際関係に与える影響について多面的・多角的に考察し、表現すること。
> (イ) 文化の継承と創造の意義について多面的・多角的に考察し、表現すること。

さらに、「3　内容の取扱い」において、次のような配慮事項が示されている。

> ア　(1)については、次のとおり取り扱うものとすること。
> (ア) 「情報化」については、人工知能の急速な進化などによる産業や社会の構造的な変化などと関連付けたり、災害時における防災情報の発信・活用などの具体的事例を取り上げたりすること。アの(イ)の「現代社会における文化の意義や影響」については、科学、芸術、宗教などを取り上げ、社会生活との関わりなどについて学習できるように工夫すること。
> (イ) イの(イ)の「文化の継承と創造の意義」については、我が国の伝統と文化などを取り扱うこと。

本単元「(1)私たちが生きる現代社会と文化の特色」は、「(2)現代社会を捉える枠組み」とともに、公民的分野の導入部として位置付けられており、(1)・(2)の順番で、適切かつ十分な授業時数を配当して行うことが指示されている。そして、現代日本の社会に見られる特色、現代社会における文化の意義や影響、文化の継承と創造の意義について、適切な課題を設けて追究したり解決したりする活動を通して、現代の社会的事象への関心を高め、課題を意欲的に追究する態度を養うことが主なねらいとされている。

2 単元の特色

現在、急激な少子高齢化、情報化、グローバル化などの進行により、取り組むべき課題が次々と生じている。地理的・歴史的分野の学習を終え、初めて公民的

分野の学習に取り組む中学生にとって、これらの課題は現代社会を捉える手がかりとなるとともに、これからの在り方・生き方に深く関わっていくものである。

　総務省によると、日本の生産年齢人口（15歳～64歳）は1995年をピークに減少に転じ、総人口も2008年をピークに減少に転じている。2015年における総人口は1億2,520万人、生産年齢人口は7,592万人である。今後、総人口は2030年に1億1,662万人となり、2060年には8,674万人にまで減少し、生産年齢人口も2030年に6,773万人、2060年には4,418万人にまで減少すると推測されている。すでに現在、介護、製造、建設、造船、農業、宿泊などの業種で、深刻な人手不足が起きている。産業界からの強い要望を受け、政府は外国人労働者の受け入れ拡大を進めた。2018年12月に「出入国管理及び難民認定法及び法務省設置法の一部を改正する法律」が公布され、2019年4月1日から施行された。法案の提出理由には、「人材を確保することが困難な状況にある産業上の分野に属する技能を有する外国人の受入れを図る」[*1]と記されており、新たな外国人材受け入れのための在留資格である「特定技能1号」および「特定技能2号」が創設された。

　日本における在留外国人数についてみると、1990年12月末現在で1,053,041人であったものが、2018年12月末現在には2,731,093人にまで増加した。入管法等の改正により、在留外国人数は今後さらに増加することが予想される。ただし、外国人労働者・技能実習生に対する人権問題（低賃金・長時間労働、劣悪な労働環境等）が顕在化していること、日本人労働者の低賃金の固定化や失業に繋がる恐れがあること、国内の秩序や治安悪化への不安が高まること、企業の外部不経済が地域社会の生活や学校教育等に転嫁されること、定住・永住外国人も高齢化して社会保障制度を圧迫していくことなど、外国人労働者の受け入れ拡大に反対する意見も多く見られ、国会でも議論となった。くわえて、トランプアメリカ大統領によるアメリカ第一主義、イギリスのEU離脱問題、ドイツやフランスでの移民排斥派の台頭など、多文化・多民族共生から自国・自民族第一主義への世界的な動きも起こっている。日本の経済力が相対的に落ちていく中、日本がいつまで外国人労働者に選ばれる側の国でいられるかという疑問の声もある。

　また、AI（人工知能）の発達によって多くの職業が失われることが懸念される一方で、人手不足解消のために外国人労働者の受け入れを拡大すること、国内消費の維持・拡大をめざす一方で、コスト削減のために労働者の低賃金・非正規化が進められていることなど、長期的に見れば対立・矛盾する対応もなされている。人口減少・東京一極集中・過疎化の進行により、地方の衰退と地方自治体の消滅危機が唱えられ、伝統文化の維持・継承が困難となる地域も表れている。本単元では、これらの社会的課題への対応策を考え話し合う中で、問題の複雑さや矛盾、困難性に気づき、自らに関わる問題として捉えられるようにしたい。

3 単元計画と実践例
(1)単元計画の手順と具体例
①単元計画の手順
　第1次において、KJ法とウェビングを組み合わせ、現代の日本社会が抱える課題について幅広く捉えさせた上で、課題の焦点化と関係性の把握を行わせる。第2次では、基礎的な知識・技能の習得を図る。その際、資料の読み取りや社会事象を捉える力を養うために、教師による的確な示唆と指導を行うことが大切である。その上で、第3次において、持続可能な社会の観点から、社会的課題への対応を考える追究活動と、追究の成果をもとに協働で考え議論するジグソー学習を行い、思考を深める授業を構成する。最後に、第4次では、単元全体の振り返りを通して個の学びにもどるとともに、今後に展開される社会を捉える枠組み（見方・考え方）や、政治・経済・国際社会等の学習への意識付けを行う。

②単元計画案
○単元名：私たちが生きる現代社会と文化の特色
○単元目標
・現代の日本社会における少子高齢化、情報化、グローバル化、文化の継承と創造などについて、基礎的な知識・概念を習得するとともに、資料を有効に活用して追究し、現代社会の特色や文化の意義を理解する。（知識・技能）
・現代社会の課題を多面的・多角的に考察し、持続可能な社会のための対応策について議論したり論述したりして考える力を養う。（思考・判断・表現力等）
・現代日本の社会的課題について、主体的に追究して対応策を考え、他者と協働して解決しようする態度を養う。（態度）

○単元の指導計画（全8時間）

次	時	学習内容	学習活動
1	1	現代の日本社会の課題	グループでカードに日本社会が抱える課題を書き出し、主題を付けて分類する。分類枠組みの内外で、カードを線で結んで関連づけ、課題の特徴と複雑さを捉える。
2	2	少子高齢化の進行とその影響	少子高齢化や人口減少が急激に進行し、社会保障負担の増大、介護問題、東京一極集中と地方の衰退、地方自治体の消滅可能性、生産年齢人口の減少など、様々な社会的課題が生じていることを理解する。
	3	情報化がもたらす社会と生活の変化	高度通信ネットワーク社会が到来し、産業構造の変化、人工知能の進化、防災情報の活用、キャッシュレス化、ビッグデータの活用など、政治・経済・社会・文化・生活などで構造的変化が生じていることを捉える。

	4	グローバル化の進展と社会の変化	グローバル化により、国際競争の激化、在留外国人・外国人労働者の増大、多文化社会の進展、多文化共生と摩擦、食料安全保障、環境問題、感染症の拡大など、一国だけでは解決困難な問題が生じていることを捉える。
	5	現代の文化と伝統文化の継承	現代社会の文化と生活について、科学技術の進歩、芸術の創造性・多様性、宗教の役割、文化の画一化、異文化理解、伝統文化の継承、新たな文化の創造などの観点から、そこに生じる社会的課題を事例をもとに捉える。
3	6	社会的課題の追究	グループ内で少子高齢化、情報化、グローバル化、文化の継承と発展の4つの分野ごとに分担を決め、各分野の社会的課題に対して、持続可能な社会のためにどのように対応すべきか、をテーマとして追究活動を行う。
	7 本時	追究に基づく学びの深化	各分野の担当者によるエキスパート活動を行う。次に、もとのグループにもどり、ジグソー活動（報告・発表）を行う。その上で、各分野の対応策の関連性、効果、矛盾、葛藤、社会参画などに着目して話し合う。
4	8	振り返りとこれからの学習にむけて	本単元を振り返り、社会の在り方と今後の方向性について考えをまとめる。社会的課題に対応し、よりよい社会を築くために、これから社会の見方・考え方、政治、経済、国際関係などについて学習することを理解する。

(2)教材開発と学習指導案例
①本時（7/8）の学習目標
・少子高齢化、情報化、グローバル化、文化の継承と発展の各分野における課題と対応策に関する追究成果をもとにジグソー学習を行うことにより、各分野の課題及び対応策の特徴、関連性、効果、矛盾などについて理解し説明できる。
②教材開発の視点
　本単元は、公民的分野の導入としての位置付けであり、現代日本の社会的事象への関心を高め、課題を意欲的に追究する態度を養うことを主なねらいとしている。追究活動や議論を通して、諸課題の複雑さや解決の難しさに気づかせ、矛盾や葛藤を抱えながらもその解決をめざし、よりよい社会の形成者として、主体的で協働的な学びにより深く思考し判断する姿勢を育てたい。

③学習指導案例（本時）

	学習内容	生徒の学習活動	指導上の留意点
導入	課題の確認	○追究をもとに対応策を検討することを確認する。	・前時に行った追究活動の成果を活用させる。
	持続可能な社会のために、現代日本の社会的課題にどのように対応するか。		
展開	対応策の検討	○追究した内容をもとに、各エキスパートグループで対応策について情報交換と検討を行う。 ・少子高齢化の進行 ・情報化の進展 ・グローバル化の進展 ・文化の継承と発展	・各分野の対応策の関連性、効果、矛盾、葛藤、社会参画などに着目して話し合うよう指示する。 ・自国第一主義や排斥主義の台頭、英国のEU離脱など、内外で多文化共生と相反する動きが表れている状況に気づかせる。
	報告・協議	○もとのグループにもどり結果の報告と協議を行う。	・ジグソー活動により、自他の意見を交えて報告・議論させる。
	全体での発表・議論	○グループで話し合った内容を全体の場で発表する。 ○発表内容をもとに、対応策の関連性、矛盾、葛藤について議論する。	・AIの発達による職業の喪失問題と外国人労働者の受け入れ拡大、国内消費拡大の要請と低賃金の固定化の可能性など、対応策の矛盾等に着目させる。
まとめ	今後の日本の社会	○国内の事情や日本人の立場の視点から一旦距離を置いて、問題を見つめ直す。 ○将来の日本社会と自分の在り方・生き方、身に付けたい力等について考える。	・日本は外国人労働者たちに選ばれる国でいられるのかと問いかけ、認識を揺さぶる。 ・複雑な問題に対し、粘り強く知恵を出し合って解決を図ることの大切さに気づかせる。

【評価の観点】
・自他の追究の成果をもとに、社会的課題への対応策について話し合う活動を通して、各分野の課題の特徴や関係性などについて理解することができたか。

4　授業実践にあたっての留意点

　現在、産業界を中心に、イノベーション（革新）を導く思考法として、「デザイン思考」が注目されている。これは、課題発見から課題解決に至る過程において、発散と収束を繰り返し行う（ダブルダイヤモンド・デザインプロセスモデル）ことにより、新しい発想・アイデアが生まれるというものである。この発散と収束の過程は、優れた授業を構成する要素でもあり、単元レベルや一時間の授業レベルなど、規模の異なる単位の中で重層的な構造にすることで活用できる。

　本単元では、第1次において、KJ法を応用して発散と収束による課題の発見と焦点化を行い、ウェビングを組み合わせて個々の要素の関連づけを図る。思考に必要な基礎的な知識や概念、資料の読解方法、社会事象に対する見方・考え方を養うには、教師による的確な示唆や指導が必要である。そこで、第2次で基礎的な知識・技能の習得を図った上で、第3次において追究活動とその成果に基づくジグソー学習を行うことにより、発散と収束の場と機会を設定する。そして、第4次において、単元全体の振り返りを行わせ、今後の学習の見通しを持たせる。

　社会に生じる論争的な問題のほとんどは、複雑で解決困難なものである。社会の様々な問題を解決するには、対立・葛藤の中で議論の場を設け、異なる立場からの主張、協議、調整等を繰り返し、時には裁判を通じて、よりよい解決策を見つけていくほかない。生徒が正しい答えは一つしかないと思い込み、教師から正解を与えられることを待っているような社会科の授業は、「主体的・対話的で深い学び」からは遠いものとなる。公民学習では、正解のない課題に対して、主体的・協働的に解決をめざすことのできる「学びに向かう力」を育てたい。

（鈴木　正行）

〈脚注及び引用文献〉

＊1　法務省HP『出入国管理及び難民認定法及び法務省設置法の一部を改正する法律案　資料「理由」』、2019年7月28日最終確認。
　　http://www.moj.go.jp/nyuukokukanri/kouhou/nyuukokukanri05_00017.html

〈参考文献〉

増田寛也編著『地方消滅』中公新書、2014年。
三宅なおみ他『協調学習授業デザインハンドブック―知識構成型ジグソー法を用いた授業づくり―』東京大学　大学発教育支援コンソーシアム支援機構、2015年。

3 学習指導案の作成事例
（1）私たちと現代社会　イ　現代社会を捉える枠組み

1 学習指導要領における位置付け
(1)特色と順序性
　「現代社会を捉える枠組み」は、中学校学習指導要領社会科公民的分野の導入の大項目「私たちと現代社会」の中の中項目に位置付けられている。大項目「私たちと現代社会」は、二つの中項目から構成される。一つ目の中項目「私たちが生きる現代社会と文化の特色」は、それまで学んだ地理的分野及び歴史的分野との関連が深く、現代社会を概観することで現代社会の特色を学ぶため、最初に位置付いている。二つ目の中項目「現代社会を捉える枠組み」は、現代社会を捉え、考察、構想する際に働かせる概念的な枠組みの基礎を学び、これ以降の政治、経済、国際社会の学習の基礎となる内容を含む特色があるため、2番目に位置付いている。中学校社会科の公民的分野の導入では、小学校社会科の学習の成果を生かすとともに、中学校社会科の地理的分野及び歴史的分野の学習との円滑な接続を図り、これ以降に学ぶ内容の基礎を理解できるようにするために、順序性を持たせている。

(2)身に付け活用する判断基準
　「現代社会を捉える枠組み」では、現代社会の見方・考え方の基礎となる枠組みとして、「対立と合意、効率と公正」が示されている。これは、この中項目において身に付ける知識であると同時に、個人の尊厳と両性の本質的平等、契約の重要性やそれを守ることの意義及び個人の責任についての知識を身に付ける際に着目する視点でもある。さらに、社会生活における物事の決定の仕方、契約を通した個人と社会との関係、きまりの役割を多面的・多角的に考察し、表現することを身に付ける際に着目する視点でもある。
　このように「対立と合意、効率と公正」は、身に付ける知識であると同時に、着目する視点としての役割も担っている。それでは、なぜ、現代社会の見方・考え方の基礎となる枠組みとして「対立と合意、効率と公正」が示されているのだろうか。現代社会は、多様な考え方や価値観を持った個人が、様々な集団に所属して生活をしている。集団の内部では、利害や価値観の相違から問題や紛争が生じたり、交渉してもまとまらなかったりすることがある。このような「対立」が生じた場合、多様な考え方をもつ人が社会集団の中で共に成り立つように、また、互いの利益が得られるよう、何らかの決定を行い、「合意」に至る努力がなされている。この時、「合意」された内容は、社会全体でより大きな成果を得るものになっているかを検討する判断基準として「効率」が登場する。一方、「公正」とは、手続きの公正さや機会の公正さ、結果の公正さなど、「公正」には様々

な意味合いがあることを理解した上で、「合意」の手続きについての公正さや「合意」の内容の公正さについて検討することを意味している。つまり、現代社会の様々な「対立」を少しでも解消し、「合意」に向けて検討する際の代表的な判断基準として、「効率」と「公正」が示されているのである。

2 単元の特色

本単元「現代社会を捉える枠組み」は、現代社会の動きや教育改革の動向の中で、どのような役割を果たすことを目指しているのだろうか？『中学校学習指導要領（平成29年告示）解説　社会編』では、改訂の経緯の中で、現代の学校教育に求められていることについて、以下の3点あげている[1]。
1）子供たちが様々な変化に積極的に向き合い、他者と協働して課題を解決していくこと。
2）様々な情報を見極め知識の概念的理解を実現し情報を再構成するなどして新たな価値につなげていくこと。
3）複雑な状況変化の中で目的を再構築することができるようにすること。

上記の三つの中で本単元と特に関連が深いのは、「様々な情報を見極め知識の概念的理解を実現し情報を再構成するなどして新たな価値につなげていくこと」だと考えられる。その中でも、「知識の概念的理解を実現」するためには、まず、概念的な枠組みの基礎を学ぶ必要がある。本単元「現代社会を捉える枠組み」では、「対立と合意、効率と公正」を概念的な枠組みの基礎として理解するとともに、現代社会の様々な「対立」を少しでも解消し、「合意」に向けて検討する際に、「効率」と「公正」という判断基準を活用することで、「知識の概念的理解を実現」することを目指している。

また、本単元は、概念的な枠組みの基礎を学ぶ単元として、中学校社会科公民的分野の導入に位置付けられ、これ以降の政治、経済、国際社会で扱う現代の社会的事象について関心を高め、課題を意欲的に追究する態度を育成することを主なねらいとしている。

本単元の開発を進める上で考慮すべき点は、以下の4点である。
1）人間は一人で生きているのではなく、様々な社会集団を形成し、その一員として生活しており、それぞれの集団内では、一人一人が平等な人間として尊重されなければならないことを理解できるようにする。
2）「対立」している状況から「合意」を導き出すプロセスを学ぶために、具体的な社会生活や体験的な事例を取り上げ、決定の内容や手続きの妥当性について判断する場面を設定する。その際、より少ない資源を使ってより大きな成果が得られるようにしているか（効率）、全員が参加して決めているか（手続きの公正）、特定の集団に不利益にならないようにしているか（機会の公正）、

みんなが同じになるようにしているか（結果の公正）などの判断基準を基に検討できるようにする。
3）社会集団における問題の解決に向けて、社会生活で人々がきまりを作ったり取り決めを行ったりしている活動を「契約」という概念で捉え直し、それを守ることによってそれぞれの権利や利益が保障されること、また、互いが納得して受け入れられたものである限り、その結果について責任が伴うことを理解できるようにする。
4）社会生活においてどのような決定の仕方が望ましいのかを話し合ったり、決定したことを「きまり」として作ったりすることを通して、「契約を通した個人と社会との関係、きまりの役割」について考察し、表現できるようにする。

3　単元計画と実践例
(1)単元計画の手順と具体例
①単元計画の手順
「現代社会を捉える枠組み」では、対立と合意、効率と公正などに着目して、課題を追究したり解決したりする活動を通して、次の三つの事項を身に付けることができるよう指導することが求められている。
1）現代社会の見方・考え方の基礎となる枠組みとして、対立と合意、効率と公正などについて理解すること。
2）人間は本来社会的存在であることを基に、個人の尊厳と両性の本質的平等、契約の重要性やそれを守ることの意義及び個人の責任について理解すること。
3）社会生活における物事の決定の仕方、契約を通した個人と社会との関係、きまりの役割について多面的・多角的に考察し、表現すること。

②単元計画の具体例

時	学習内容・問い	知識・概念
1	社会の一員として生きる私たち ・私たちはどのような願いをもって生きているのか？ ・私たちはどのような集団に属しているのか？ ・私たちはどのような存在なのか？	社会的存在 社会集団 個人の尊重 両性の本質的平等
2	「対立」から「合意」へと導くプロセス ・どのようなときに対立が生まれるのか？ ・どのようにしたら合意することができるのか？ ・合意ができなかったらどうすればいいのか？	対立 合意 話し合い 多数決

3	「効率」と「公正」を活用して ・対立を防ぐためにどのようなしくみがあるのか？ ・問題の解決策をどのような基準で判断したらいいのか？ ・「効率」と「公正」はどのような関係か？	効率 結果の公正 手続きの公正 機会の公正
4	契約を通した個人と社会の関係 ・社会には、なぜきまりがあるのか？ ・どのようなときに契約が必要なのか？ ・どのようなときに責任が発生するのか？	きまり 契約 権利 責任
5	よりよい社会生活を送るために ・どのようなときにきまりを作成する必要があるのか？ ・見直した方がよいきまりには、どんなものがあるか？ ・どのような基準できまりを評価したらいいのか？	きまりの作成 きまりと罰則 きまりの変更 きまりの評価

(2)教材開発と学習指導案例
①教材開発

	教材開発の手順	具体的な教材
1	・私たちはどのような願いをもち、どのような集団に属し、どのように社会で生きているのか振り返る。	例）私と社会との関係を図式化するワークシート。私たちが社会から守られているものを図式化するワークシート。
2	・対立が生まれる状況について、これまでの経験を出し合う。 ・何と何が対立しているのか、対立構造を明らかにする。 ・対立を解消して合意するための解決策をワークシートに記入する。 ・合意できなかった要因を探り、次なる解決策を提案する。	例）スマホの使い方について親とけんかになった。見たいテレビ番組について兄弟でけんかになった。部活動の練習メニューで意見が対立した。 ・対立構造を明らかにするワークシート。 ・解決策を記入するワークシート。 ・合意できなかった場合の次なる解決策を記すワークシート。
3	・対立を防ぐための身近な例を探す。 ・普段の生活では、対立を防ぐようなしくみができているが、地震などの自然災害が起きた時はどのように対応すればいいのだろうか？ ・「効率」と「公正」の判断基準を用いて、ペット防災について検討する。	例）熊本地震の際に延べ1500組のペット同行避難を受け入れたのはなぜだろう。 ・2004年新潟中越地震、2011年東日本大震災の際のペット防災の変化を探る。 ・2013年環境省ペット同行避難ガイドラインの策定とその後の自治体の取り組みを検討する。

	学習内容	学習活動	
4	・一人暮らしをするには、どんな契約が必要か考える。 ・どのようなときに責任が発生するのか考える。 ・契約を違反した場合、どうなるのか考える。	例）アパートの賃貸契約、電気・ガス・水道・電話の契約など。 ・家賃の支払い、電気・水道・ガス・電話の使用量の支払い。 ・アパートの退去、電気・ガス・水道・電話の使用停止	
5	・時代とともにきまりが変わってきた事例を探す。 ・なぜ変わってきたのか背景を探る。 ・2015年の道路交通法の改正の内容と改正後の状況を調べる。 ・見直した方がよいきまりを探す。 ・どのような基準できまりを評価したらいいか検討する。	例）道路交通法の変遷 ・飲酒運転・危険運転の多発、高齢者の死亡事故の増加、人々の安全意識の向上。 ・2015年道路交通法の改正による認知機能検査、高齢者講習の高度化、認知症の恐れがある場合は医師の診断書を提出。 ・免許を返納した高齢者の中で、交通不便な所に住んでいる人はどうなるのか。	

②学習指導案例 「効率」と「公正」を活用して（3／5）

	学習内容	学習活動	留意点
導入	(1)2018年全国犬猫飼育実態調査の結果から、全世帯の10％程度は、犬や猫を飼っていることをつかむ。 (2)2000年三宅島噴火被害、2004年新潟中越地震、2011年東日本大震災の際のペット防災の変化を探る。	地震などの自然災害が起きた時、ペットが置かれる状況を予想する。 ・ペットより人命救助が優先されるので、取り残される。 ・ペットを連れて避難所に行くとトラブルになる。 ・ペットの分まで食料がなくて死んでしまう。 ・放置されて野良犬になる。	災害時には、普段の生活とは異なる対立が起こり得ることを気付かせる。 ペット防災についての考えが、「ペットをおいて避難する」から「ペット同行避難」へと変わった経緯をつかませる。
展開	(3)2016年熊本地震で、獣医師の徳田竜之介氏は、なぜ延べ1500組のペット同行避難を受け入れたのだろうか。 (4)2013年環境省ペット同行避難ガイドラインの策定とその後の自治体の取組を検討する。	「効率」と「公正」の判断基準を用いて、ペット防災について検討する。 ・ペット同行避難は、避難所のみんなの労力や時間、お金やものが無駄なく使われるか？（効率） ・みんなが参加して決めているか？（手続きの公正）	ペットを飼っている人と飼っていない人、ペットが苦手な人と好きな人など、異なる立場の人の合意が得られるように考慮する。 限られた予算や労力、時間やものなどを有効に活用するために、誰

	(5)私たちの住む町では、どのようなペット防災の取組やきまりが必要なのかを検討する。	・差別的な扱いをしていないか？（機会の公正） ・立場が変わっても受け入れられるか？（結果の公正）	にどのような負担を求めるのかも含めて考慮する。
まとめ	(6)「効率」と「公正」はどのような関係なのか、授業を振り返って考える。	「効率」と「公正」のバランスがとれているか、困る人はいないか、弱者への配慮はされているかなどを検討する。	対立から合意に至るプロセスを吟味する良さに気付かせる。

4 授業実践にあたっての留意点

　2017年改訂の中学校学習指導要領解説社会編では、公民的分野の改訂の要点6点の内、3点が本単元「現代社会を捉える枠組み」に関わっている。つまり、今回の学習指導要領の改訂に伴って、本単元「現代社会を捉える枠組み」の一層の充実が図られ、授業実践においてもその充実が求められている。

　本単元の最も重要な点は、「今までの当たり前を問い直す」視点である。現代の日本社会に生きる中学生は、生まれた時から様々な「当たり前」に囲まれて生活をしている。それは、よい意味では、社会に守られ、個人の尊厳や権利が保障され、一人一人が大切なかけがえのない存在として尊重されていることを意味する。私たちが「当たり前」と思って享受してきた自由や権利は、「当たり前」に存在してきたものではなく、社会を形成する営みにおいて一つ一つ獲得してきたものである。それを踏まえた上で、これまで「当たり前」とされてきたことを問い直し、よりよい社会を形成するために新しいきまりや価値を創造することが本単元の授業実践における重要な視点である。

（真島　聖子）

〈脚注及び引用文献〉

＊1　文部科学省『中学校学習指導要領（平成29年告示）解説　社会編』東洋館出版社、2017年。

3 学習指導案の作成事例
(2) 私たちと経済　ア 市場の働きと経済

1 学習指導要領における位置付け

「2　内容」の「B私たちと経済　(1)市場の働きと経済」に関して、学習指導要領では次のように記されている。

> 対立と合意，効率と公正，分業と交換，希少性などに着目して，課題を追究したり解決したりする活動を通して，次の事項を身に付けることができるよう指導する。
> ア　次のような知識を身に付けること。
> 　(ア)　身近な消費生活を中心に経済活動の意義について理解すること。
> 　(イ)　市場経済の基本的な考え方について理解すること。その際，市場における価格の決まり方や資源の配分について理解すること。
> 　(ウ)　現代の生産や金融などの仕組みや働きを理解すること。
> 　(エ)　勤労の権利と義務，労働組合の意義及び労働基準法の精神について理解すること。
> イ　次のような思考力，判断力，表現力等を身に付けること。
> 　(ア)　個人や企業の経済活動における役割と責任について多面的・多角的に考察し，表現すること。
> 　(イ)　社会生活における職業の意義と役割及び雇用と労働条件の改善について多面的・多角的に考察し，表現すること。

本単元を実施するにあたっては、「3　内容の取扱い」にも注目しておく必要がある。関連する箇所に以下のような記述がある。

> ア　(1)については，次のとおり取り扱うものとすること。
> 　(ア)　アの(イ)の「市場における価格の決まり方や資源の配分」については，個人や企業の経済活動が様々な条件の中での選択を通して行われていることや，市場における取引が貨幣を通して行われていることなどを取り上げること。
> 　(イ)　イの(ア)の「個人や企業の経済活動における役割と責任」については，起業について触れるとともに，経済活動や起業などを支える金融などの働きについて取り扱うこと。イの(イ)の「社会生活における職業の意義と役割及び雇用と労働条件の改善」については，仕事と生活の調和という観点から労働保護立法についても触れること。

このことから、「(1)市場の働きと経済」では、「貨幣を通して」「様々な条件の中での選択」を行う活動が「市場における価格の決まり方や資源の配分」の際に行われていることを理解した上で、「起業」「金融」「労働保護立法」等へ学習を進めていくことが求められる。

2　単元の特色

　生徒たちは日々、順位をつけて選択するという活動を行っている。テレビを見るか宿題をするか、ゲームをするか漫画を読むか、まさに「希少性」「選択」を実行している。その意味では、日々経済活動を実践していることになる。時には、「今」の幸福か「将来」の幸福かを選択することもある。このように、まず、日常的な事例をあげながら、「(ア)身近な消費生活を中心に経済活動の意義について理解すること」が必要である。

　次に「(イ)市場経済の基本的な考え方について理解すること。その際，市場における価格の決まり方や資源の配分について理解すること」に進むが、ここでは、「市場経済の基本的な考え方」がどのようなものであるかを、計画経済の対になる概念として理解させる必要がある。つまり、「誰が、何を、どれだけ、どのように」生産を行うかを、「誰も決めない」のにも関わらず、社会全体として資源配分が適正になされていくことを理解させることである。

　この時、「内容の取扱い」に「個人や企業の経済活動が様々な条件の中での選択を通して行われていることや，市場における取引が貨幣を通して行われていることなどを取り上げる」とされていることから、市場経済とは、(ア)の身近な事例で学んだ「選択」が、「貨幣を通しての選択」になることを留意しなければならない。「限られた時間をどのように配分するか」という選択では、各人は時間を同じように持っている。しかし貨幣の配分の場合は、貨幣を今どれくらい保有しているか、今この場に貨幣があるか、将来どれくらい貨幣が入ると予想できるか、などとも関わってくる。これがすなわち、指導要領解説にある「財やサービスの取引は貨幣を通して行われていることを理解できるようにするだけでなく，近年ではICTの発達などにより、フィンテックと呼ばれるIoT、ビッグデータ、人工知能といった技術を使った革新的な金融サービスを提供する動きが多く見られ、様々な支払い方法が用いられるようになってきていることを理解できるようにする」ことにつながってくる。同様に、金融には「今、手元に貨幣がない」にもかかわらず、市場における意思決定の選択肢を増やす意義をもっていることを念頭において、授業を構成していくことが必要である。

　続いて「(ウ)現代の生産や金融などの仕組みや働きを理解すること」の内容に入るが、ここでは、「生産の仕組み」の学習においては、「身近な消費生活」とは異なる「見方・考え方」を働かせる必要がある。「身近な消費生活」では、限られた予算の中での選択と実行が大半であるが、生産活動においては、最初に大きな資本が必要でありそれを時間をかけて回収していくという、リスクと不確実性がともなうということである。これらのことが理解できれば、そのリスクや不確実性回避のしくみとして、株式会社や金融の理解をよりいっそう深めることができる。

　最後に「(エ)勤労の権利と義務，労働組合の意義及び労働基準法の精神について

理解すること」の学習を行うが、この時には、それまで学んだ知識(ア)～(ウ)をふまえて内容を理解することが必要である。

また、いずれの学習においても、内容Aで学習した、「少子高齢化、情報化、グローバル化」が進む日本の将来と関連づける諸資料を用意し、これらに基づいて理解を深め、関連する事象と社会生活を関連付けて多面的・多角的に考察を行い、課題の解決を視野に入れ社会に関わろうとする態度を養うことに留意していく必要がある。

3 単元計画と実践例
(1)単元計画の手順と具体例
①単元計画の手順
　学習指導要領解説社会編には、「2　内容」「B私たちと経済　(1)市場の働きと経済」では、身に付ける「知識」が述べられており、その確実な習得のためには学習の順序に留意する必要がある。すなわち、「身近な消費生活」を扱う時には、(内容の取扱い)にあるように、「貨幣を通して行われている」のであるから、「貨幣の機能・役割」などを学習しなければならない。生産と消費を考える前には、その前に市場のはたらきについて理解する必要がある。

　これらの配列は、公民的分野の教科書では、実は大きく異なっている。教科書の順番通りに授業を進めてしまうと、必要な知識を習得していないのに、その習得を前提とした学習を行うことになってしまう。

　単元計画を立てる際には、まず教科書の配列を確認し、どの項目を先に学習すべきかの見極めが必要となってくる。

②単元計画案
○単元名：市場の働きと経済
○単元目標：
・経済活動の意義、市場経済の基本的な考え方、現代の生産や金融などの仕組みや働き、勤労の権利と義務、労働組合の意義及び労働基準法の精神などについて理解するとともに、諸資料から様々な資料を適切かつ効果的に調べまとめる技能を身に付けるようにする。（知識・技能）
・個人や企業の経済活動における役割と責任について、対立と合意、効率と公正、分業と交換、希少性などに着目して多面的・多角的に考察し、表現するとともに、社会生活における職業の意義と役割及び雇用と労働条件の改善について多面的・多角的に考察し、表現するようにする。（思考・判断・表現）
・対立と合意、効率と公正、分業と交換、希少性などに着目して、課題を追究したり解決したりする活動を通して、主体的に社会に関わろうとする態度を養うとともに、多面的・多角的な考察や深い理解を通して涵養される、国民主権を

担う公民としての自覚などを深める。(態度・自覚)
○単元の指導計画（全10時間）

次	学習内容	時	学習活動
1	経済活動の意義 貨幣のしくみと変化 身近な消費生活	1	希少性と選択、分業と交換の事例を取り上げながら、経済分野の導入を行い、興味・関心を喚起し、今後の学習につなげる。
		2	貨幣の性質や役割を理解し、貨幣の将来像についてICTの発達による革新的な金融サービスをふまえて理解する。
		3	財やサービスの生産活動によって、人間の生活が維持・向上していることを理解する。
2	価格のはたらきと市場経済のしくみ	4	市場経済とは、価格のはたらきを通して資源配分が効率的に行われるしくみであることを理解する。
3	生産や金融などの仕組みと働き	5	生産のしくみについて、生産活動とは労働とその他の資源を投入して企業を中心に行われていることや、それが家計と企業、企業間での「分業と交換」であることを理解する。
		6	企業の生産活動のしくみを株式会社や起業という側面で理解し、企業の社会的責任について多面的・多角的に考察し、表現する。
		7	生産活動や起業のための資金などが円滑に循環するために、金融機関が果たす役割を理解し、その重要性について、多面的・多角的に表現できるようにする。
4	勤労の権利と義務，労働組合の意義及び労働基準法の精神	8	職業の意義と役割や、勤労の権利と義務、職業選択の自由、労働組合の意義及び労働基準法の精神など理解させるとともに、正しい勤労観や職業観の基礎を培う。
		9 本時	産業構造の変化や就業構造の変化、「現代日本の特色」で学習した少子高齢化、情報化、グローバル化に関連する資料を効果的に調べまとめる技能を身に付ける。
		10	仕事と家庭の調和という観点から、労働保護立法に触れ、職業の意義と役割、労働条件の改善について多面的・多角的に考察し、表現する。

③学習指導案例

過程	学習内容	指導上の留意点
導入 （10分）	○学習の導入として、クイズを行う。 ・共働き世帯と専業主婦世帯、どちらが多いか？ ・男性正社員と非正社員、女性正社員と非正社員の年齢ごとに賃金の推移の資料から、どの資料が誰のものかをあてる。	・女性の就業率の上昇ファイルが上がっていることと、非正社員が増えていること、60歳を過ぎても働く人が多いなど、働き方が大きく変わっている現状に気づかせる。
展開 （30分）	○日本的雇用として、終身雇用と年功賃金があげられるが、それは長時間労働が可能な男性に限られたものであることを理解する。 ○少子高齢化、情報化、グローバル化という現代日本の特色と、男女共同参画の視点から、雇用のあり方はどのように変化していくか予想する。 ○教科書や資料集等から、働き方が変化している事例を収集し、それぞれの事例の効果を説明する。	・一般的な特色と、性別に偏ってみられる特色を識別する技能を身に付ける。 ・個人で予想したものを班で出し合い、全体で共有する。
終結 （10分）	○自分の将来は、どのように働きたいか、そのためにはどのような制度があればよいか、その制度は会社にとってどのような意味があるか、等を多面的・多角的に考え、班で出し合い、全体で共有する。	仕事と家庭の調和という観点と、男女共同参画という視点から、勤労観や職業観を養う。

【評価の観点】
・日本社会の変化に伴う、日本的雇用の課題を理解することができたか。（知識・技能）
・様々な働き方の特色やメリット・デメリット等を、多面的・多角的に考え、自分の意見を表現することができたか。（思考・判断・表現）
・正しい勤労観や職業観の基礎を培うことができたか。（意欲・態度）

4　授業実践にあたっての留意点

　この単元の指導に際して、「市場経済のしくみ」についての教師の理解が不十分な場合が散見されるので留意したい。
　「市場経済の基本的な考え方」とは、「生きるための財やサービス」を「誰が、何を、どれだけ、どのように」生産し消費するかを、「誰も決めない」のにもかかわらず、価格の働きによって決定されていくしくみなのである。つまり、社会全体の資源配分が、価格をシグナルとした個人個人の行動の積み重ねによって決まっていく

ことである。この対語は「計画経済」となる。

ところが、「市場経済の基本的な考え方」を、「市場」という狭い意味で解釈し、「閉店前のスーパーで総菜が値下げされる」「キャベツの入荷量が多いと価格は下がる」と教えてしまうと、「資源の配分」など意味につなげることができない。「資源の配分」とはまさに、「誰が、何を、どれだけ、どのように」生産し消費するかであり、「長い目で見ると、人々の需要の大きいものがより多く生産され、そうでないものが淘汰されていくこと」なのである。

生徒は「生きるための財やサービス」の大半を家庭で供給されるため、身近な消費生活は貨幣を伴わずに供給される。「身近な消費生活」を「貨幣を伴う経済活動」へつなぐため、お小遣いの使いみちを考える過程があるとよい。

またこの単元を実践する場合、教科書に沿って授業を行う場合と、パッケージ型の教材を提示する場合が考えられる。パッケージ型の授業には、「無人島漂着シミュレーション」「家計シミュレーションゲーム」「企業の企画書と求人広告づくり」[*1]が報告されている。例えば、「レモンをお金に換える法」[*2]は、主人公の女の子が、レモネードという製品づくりから市場・価格・生産・起業・金融・労働と、まさに単元で習得すべき内容を網羅している。これを最初に扱いながら、適所にＱ＆Ａや探究テーマを織り込み学習を進め、最後に教科書に戻って知識や理解を定着させる方法をとることもできる。

どのような方法をとるにしても、学びを経て、普段見ている景色や経済活動に、意味や理由を見出せるように生徒が変わっていくことを、大切にしていきたい。

（升野　伸子）

〈脚注及び引用文献〉

*1　三枝利多「Ｂ　私たちと経済（１）市場の働きと経済」工藤文三編著『中学校教育課程実践講座　社会』ぎょうせい、2018年、185－188頁。

*2　ルイズ・アームストロング著、佐和隆光訳『新装版　レモンをお金にかえる法』河出書房新社、2005年。

3　学習指導案の作成事例
（2）私たちと経済　イ　国民の生活と政府の役割

1　学習指導要領における位置付け

　2017(平成29)年に告示された中学校学習指導要領解説社会編（以下、「解説」と略。）には、本中項目のねらいについて、「国民の生活と福祉の向上を図ることに向けて、なぜ全ての経済活動を市場の働きだけに任せておくことができないのか、国や地方公共団体はどのような役割を果たしているのか、財政及び租税の役割はどのようなことなのか、といった市場の働きに委ねることが難しい諸問題等に関する理解を基に考察し、表現することができる適切な問いを設け、それらの課題を追究したり解決したりする活動を通して、国民の生活と政府の役割について関心を高め、課題を意欲的に追究する態度を育成すること」と明記されている。このねらいを達成するために、以下の知識の習得や思考力、判断力、表現力等の育成が求められる。

> 【知識】
> （ア）社会資本の整備、公害の防止など環境の保全、少子高齢社会における社会保障の充実・安定化、消費者の保護について、それらの意義を理解すること。
> （イ）財政及び租税の意義、国民の納税の義務について理解すること。
> 【思考力、判断力、表現力等】
> （ア）市場の働きに委ねることが難しい諸問題に関して、国や地方公共団体が果たす役割について多面的・多角的に考察、構想し、表現すること。
> （イ）財政及び租税の役割について多面的・多角的に考察し、表現すること。

　「解説」には、上記の知識の習得や思考力・判断力・表現力等の育成を目指す際の留意点として、主に二つのことが示されている。第一に、「消費者の保護」に関して、「消費者の自立の支援などを含めた消費者行政を取り扱うこと」である。「消費者の自立の支援」のための「消費者行政」について学習することは、消費者教育の充実にもつながるといえる。第二に、「財政及び租税の役割」に関して、「財源の確保と配分という観点から、財政の現状や少子高齢社会など現代社会の特色を踏まえて財政の持続可能性と関連付けて考察し、表現させること」である。ここでは特に、現在の財政状況を理解した上で、現代社会の特色をふまえ、財政の持続可能性について考えさせることが重視されていることがわかる。

　以上のことから、「国民の生活と政府の役割」の学習で重要となるのは、現状の政府の役割を理解した上で、その役割を多面的・多角的に考察、構想、表現することを通して、持続可能な社会を実現するための政府の役割について考えることである。そのためには、「市場の失敗」の克服を目指した国や地方公共団体の仕事の意義について捉えさせ、財政の課題やその解決策などについて着目させる

ことで政府の役割を多面的・多角的な視点から問い直す学習を行うことが必要である。たとえば、財政に関する学習では、希少性等に着目して、「財源の確保と配分について、国民や住民が受ける様々な公共サービスによる便益と、それにかかる費用に対する負担など財政の持続可能性に関わる概念などと関連付けて多面的・多角的に考察し、表現できるようにすること」(「解説」)が求められている。このことは、少子高齢社会が急速に進行している現代社会において、国民の生活や福祉の向上のために歳入と歳出のバランスをいかに保持し、持続可能な財政を実現するかが、学習内容の中核となることを意味している。

　よって、本中項目では、持続可能な財政のあり方について考えさせることを通して、国民の生活や福祉の向上のために政府はどのような役割を担う必要があるのかを探究させることを目指しているといえる。

2　単元の特色

　政治学者の宇野重規は、著書の中で「政府や政治は何をどこまでするべきか」という問題提起をしている[*1]。このことから、政府の役割のおかげで国民の生活が保障されているという常識的な理解に留まるのではなく、多面的・多角的な視点から考察することを通して、持続可能な社会を実現するために必要な政府の役割を考えさせる学習が、学校現場には求められるといえる。

　本単元では、SDGsに関する現代的な問題や課題を克服し、持続可能な社会の実現を目指す中で、政府はどこまでその役割を担うのかということを考えさせることを重視した学習を行う。そのためには、政府の主たる経済活動である「財政」に関する問題やその解決に向けた取り組みを取り扱った授業を行う。ここで重要となるのは、現在の政府が課題解決を目指して行っている取り組みに着目させ、その有効性や妥当性について、様々な立場の人々への「影響」や「持続可能性」といった複数の視点から考察、構想、表現させることである。取り上げる課題は、現在の自分だけではなく将来の自分にも大きく関連するものが有効であるといえる。それが、「財政」に関する課題である。財政は、「社会のすべての人が力を合わせて運営している経済」[*2]であり、民主主義に基づいて行われる政府の経済活動であるため、常に国民全体の生活を保障することを考え、財源の確保と配分を決定していかなければならないという性質を持つ。財政の持続可能性を考えさせるためには、「より望ましい税負担や税の使い道」に着目させる学習が必要となる。この「より望ましい」と判断する基準が、「公正」に関する見方・考え方に相当する。

　本単元では、「より望ましい税負担や税の使い道」を考えさせるために、「消費税の増税」や「ベーシックインカム導入」といった財政に関する問題解決に向けた取り組みについて議論させる学習を行う。このような議論をとり入れた学習を

通して、生徒自身が持つ「公正」に関する見方・考え方を練り上げていくことができる。

3　単元計画と実践例
(1)単元計画の手順と具体例
①単元計画の手順
単元名「持続可能な社会を目指すために必要な政府の役割について考えよう！」
単元の目標
○政府の役割について、市場経済で提供されるサービスと国や地方公共団体から提供されているサービスの比較を通して理解することができる。(知識・技能)
○持続可能な社会を目指す上で、必要となる政府の役割について、日本の財政に関する問題の解決策を多面的・多角的に考察、構想したことに基づいて他者と議論することができる。(思考・判断・表現)

②単元計画の具体例（全7時間）

時	学習課題	学習内容	留意点
1	○国や地方公共団体は、どのような仕事を行っているのだろうか？	○国や地方公共団体は、道路などのインフラを中心とする社会資本を整備したり、消費者が不利益を被らないように規制をしたりしている。	○市場経済で提供されるサービスと比較させることを通して、国や地方公共団体の仕事との違いに気づかせる。そのうえで、経済活動を全て市場経済に委ねることによって生じた問題について捉えさせ、政府は、国民の生活と福祉の向上のためにその役割を担っていることを理解させる。
2	○国や地方公共団体が行っている経済活動は、どのような仕組みに支えられて行うことができているのだろうか？	○国や地方公共団体の仕事は、財源の確保（歳入の安定）が実現できなければ実施できない。所得税などの税収が主な財源である。歳入を安定させるために、累進課税制度などの様々な税制が整備されている。	○財政及び租税の意義、納税が義務となっている理由について理解させる。

3	○日本の財政に関してどのような問題があるのだろうか？	○少子高齢社会が進んでいく中で、歳入と歳出のバランスが崩れていることが問題となっている。このバランスを保ちつつ、財政を持続可能なものにしていくことが課題となる。	○現在の日本の財政は、急激な少子高齢社会に対応しうるものになっているのかなど、「持続可能性」などの視点から考察させることを通して、財政に関する問題を理解させる。
4・5 本時	○日本の財政に関する問題を克服するための解決策として、消費税増税は有効なのか？	○財政に関する問題の解決策として消費税増税が2019年10月に実施される。	○消費税増税に伴う国民の生活への影響や諸外国の税負担率に関する資料から読み取ったことをふまえて、消費税増税の妥当性について議論させる。
6・7	○持続可能な社会を目指すために、ベーシックインカムを導入するべきか考えよう。	○AIが広まっていく社会では失業者が増加する可能性がある。失業者となった人たちを、支援するためにベーシックインカムを行うべきかどうかが論争となっている。	○国民の生活と福祉の向上のために、ベーシックインカム導入の是非について考えたことに基づいて、政府が担うべき役割について議論させる。

(2)教材開発と学習指導案例
①教材開発

　本単元で中心となる教材は、「消費税増税」や「ベーシックインカム導入」といった国民の生活を安定させることを目的とする政策である。特に重視したのは、財源の確保と配分について考えさせることである。「財源の確保」に関しては、消費税増税の妥当性について、消費税増税にともなう国民の生活への影響や国民の多様な考え方が読み取れる資料[*3]を活用して、議論を促すようにする。また、「財源の配分」に関しては、ベーシックインカムの導入の是非について、北欧の国々で行われている事例を紹介した資料[*4]を活用し、議論を促すようにする。このような学習を通して、より望ましい税負担や税の使い道を選択・判断するための基準を構築させることができ、このことが「公正」に関する見方・考え方の質を高めることになる。本節では、第4・5時の授業を学習指導案として示す。

②学習指導案例（第4・5時）

	学習内容	学習活動（予想される生徒の意見）	留意点
導入	○前時の復習を行う。 ○2019年10月に実施される消費税増税は、日本の財政の問題の解決策として有効でしょうか？	○日本の財政は、歳入と歳出のバランスをいかに維持するかが問題となっている。2019年10月に消費税を10％にすることが2018年10月に閣議決定された。 ○【有効である】消費税は、買い物をする人に課税されるため、公平性があると思うから。【有効ではない】消費税は、逆進性があり、所得が低い人は生活が苦しくなるから。	○前時までの学習内容と関連付けて、学習課題に対する意見を形成するように指示する。
展開	○消費税増税賛成の主張の根拠を資料に基づいて考えてみよう。 ○消費税増税反対の主張の根拠を資料に基づいて考えてみよう。 ○消費税増税ついて、仲間と議論しよう。 ○全ての国民が納得して税負担を行うために必要なことは何か？	○社会保障を維持するためには、財源を確保する必要があるから。政府は、増税で得られる税収の半分は、キャッシュレス決済を使った消費者へのポイント還元や、幼児教育を無償化することを発表している。（資料①） ○消費税ではなく、所得税や法人税の負担を重くした方が格差を解消できると思うから。（資料②） ○税負担に伴って国民の経済格差が拡大していないかを確認すること。税金が誰からどのように回収され、何に使われているのかを確認すること。（資料③）	○消費税増税の是非について、賛成、反対のそれぞれの主張の根拠を資料に基づいて整理する。 ○自他の意見の違いを記入するよう指示する。
まとめ	○消費税増税は、持続可能な財政を実現し、国民の生活を安定させるために、有効な方法だと評価できるでしょうか？反論を想定して、改めてあなたの意見を記入しよう。	○【有効である】所得が低い人たちの生活がさらに苦しくなるという反論も考えられるけれど、すべての消費者に課されるものであるため、公平性があり、政府は使い道も提示しているから。【有効ではない】公平性を重視するならば増税するべきという反論も考えられるけれど、所得税や法人税を増税することで、所得の再分配が促され、格差の解消につながるから。	○反論を想定して、最終的な意見を形成するように指示する。

【資料①】　日本経済新聞webpage：https://www.nikkei.com（2019年3月4日付確認）
【資料②】　富岡幸雄『税金を払わない巨大企業』文春新書、2014年、148－152頁。
【資料③】　三木義一『日本の納税者』岩波新書、2015年、189－196頁。

4　授業実践にあたっての留意点

　授業実践の留意点としては、次の二点である。
　第一に、小学校や高等学校の学習とのつながりを持たせることである。小学校社会科の政治に関する学習（第六学年）では、「国や地方公共団体は、国民主権の考え方の下、国民生活の安定と向上を図る大切な働きをしていることを理解すること」が求められている。また高等学校新科目である「公共」では、現代社会の諸課題に関わる「主題」の一つとして「財政及び租税の役割、少子高齢社会における社会保障の充実・安定化」が設定されており、財政及び租税に関する課題の解決策について、合意形成を視野に考えさせることが求められている。このような異校種の社会科に関する学習内容との関連性を念頭に置いて、授業を開発、実践することが重要である。
　第二に、議論を促すための手立てを計画しておくことである。特に、自己とは異なる主張の根拠を資料に基づいて考えさせることは、政府の役割を多面的・多角的に考察させることにつながる。また、意見を発表させっぱなしで終わるという「消化不良」な授業となることを防ぐために、「全ての国民が納得して税負担を行うために必要なことは何か」と問うことで、「公正」という概念について探究させる学習活動を取り入れた。これによって、子供に「公正」概念の多様性に気づかせることができ、「公正」に関する見方・考え方を高めることにつながる。
　なお、本稿で示した授業案では、主に国政に関する内容を取り扱っているが、生徒が暮らす地方公共団体の市政を取り扱った授業も、学習内容と自己とのつながりを感じさせ、財政の持続可能性を考えさせることができる点で有効である。

　　　　　　　　　　　　　　　　　　　　　　　　　　（井上　昌善）

〈注及び引用文献〉
＊1　宇野重規『未来をはじめる「人と一緒にいること」の政治学』東京大学出版会、2018年、65-79頁。
＊2　神野直彦『財政のしくみがわかる本』岩波ジュニア新書、2007年、197頁。
＊3　朝日新聞「消費税増税前にすべきこと」2018年11月22日朝刊、14頁。
＊4　朝日新聞「国家で実験ベーシックインカム」2018年1月25日朝刊、12頁。

〈参考文献〉
三木義一『日本の税金』岩波新書、2012年。

3　学習指導案の作成事例
(3) 私たちと政治　ア　人間の尊重と日本国憲法の基本的原則

1　学習指導要領における位置付け

　今回の中学校学習指導要領改訂の要点では、「社会に見られる課題を把握したり、その解決に向けて考察、構想したりする学習の重視」が示された。特に内容Cについては、「我が国の政治が日本国憲法に基づいて行われていることの意義について多面的・多角的に考察し、表現できるようにした。」とある。
　そのような改訂の要点を受けて、本単元である「私たちと政治」の「人間の尊重と日本国憲法の基本的原則」に関して、学習指導要領では次のように記されている。

> 　対立と合意、効率と公正、個人の尊重と法の支配、民主主義などに着目して、課題を追究したり解決したりする活動を通して、次の事項を身に付けることができるよう指導する。
> ア　次のような知識を身に付けること。
> 　(ア)　人間の尊重についての考え方を、基本的人権を中心に深め、法の意義を理解すること。
> 　(イ)　民主的な社会生活を営むためには、法に基づく政治が大切であることを理解すること。
> 　(ウ)　日本国憲法が基本的人権の尊重、国民主権及び平和主義を基本的原則としていることについて理解すること。
> 　(エ)　日本国及び日本国民統合の象徴としての天皇の地位と天皇の国事に関する行為について理解すること。
> イ　次のような思考力、判断力、表現力等を身に付けること。
> 　(ア)　我が国の政治が日本国憲法に基づいて行われていることの意義について多面的・多角的に考察し、表現すること。

　このように、生徒に身につけさせる知識の獲得や思考力、判断力、表現力等の諸能力の育成、課題の把握、課題解決への考察、構想ができるような学習活動が具体的に示されているのである。

2　単元の特色

　本単元の特色を具体的に言えば、次の通りである。
　本単元「私たちと政治」は二つに分かれている。「人間の尊重と日本国憲法の基本原則」と「民主政治と政治参加」である。そもそも、中学校社会科公民的分野の学習は、小学校社会科、中学校社会科の地理的分野、歴史的分野で学習したことを踏まえて行われる。さらに、公民的分野では、現代社会を捉える概念的枠組みとして、対立と合意、効率と公正などの視点を学習する。このように、公民的分野は、これまでの学習や現代社会を捉える概念的枠組みを活用して、経済や

政治、国際社会の諸課題を学習するのである。そのような学習の流れがある中で、本単元の内容を具体的に言えば次の通りである。単に知識の理解にとどまるのではなく、それをいかに活用できるのかが問われている学習指導要領の趣旨から考えると、日本国憲法に記載された基本的人権や諸権利、国民主権や平和主義などの内容を理解するだけにはとどまらない。その日本国憲法の背景にある価値と、それらを具現化する現在の社会システム、両者の関係性の理解、さらに、なぜそのような価値が大切にされているのか、どのように具現化されてきたのか、現在は不具合が生じていないか、どうすれば現在の不具合を解決できるのかにまで思いをめぐらせる内容が考えられる。そのような、知識・技能、思考力・判断力・表現力等、そして態度などを育むことができる単元である。

　ところで、本単元は、政治を扱ういくつかの単元の中の一つに見える。しかし、ここで対象とする「人間尊重と日本国憲法の基本原則」は、他の各単元、内容の根底にある価値を扱う単元であることを確認しておきたい。つまり、本単元で扱う個人の尊厳や人権の尊重をよりよく具現化するために、経済や政治が行われるという面をもつのである。さらに言えば、国際社会の諸課題を捉え解決していくために判断の足場を形成することにもつながる単元なのである。

3　単元計画と実践例
(1)単元計画の手順と具体例
①単元計画の手順

　今回の学習指導要領の『解説』によれば、本単元の大項目の基本的な考え方である民主主義の基礎には、個人の尊厳と人権の尊重という考え方があることは前回の『解説』と変わらない。しかし、前回の『解説』と異なるところが随所にみられる。例えば、「主権者としての政治参加の在り方について考えさせ、民主主義に関する理解を深めさせる」ことを主なねらいとしていた前回に対して、今回は、「主権者としての政治参加の在り方について多面的・多角的に考察、構想し、表現できる」ことに言及されている。そのような考察、構想、表現を通して「民主政治の発展に寄与しようとする自覚」や「住民としての自治意識の基礎」を養うことをねらいとしている。同様に、対立と合意、効率と公正などの概念的枠組みに着目したり関連付けたりして政治に関する様々な事象を理解できるようにするだけでなく、「合意形成や社会参画を視野に入れながら」、「多面的・多角的に考察、構想」することが求められている。さらに、その考察や構想の過程や結果を表現する際には、「その妥当性や効果、実現可能性など」を踏まえることとされている。

　よって、単元計画の作成にあたっては、知識を理解することや何らかの資料を読み取ることに終始するのではない。例えば、日本国憲法に関わる諸課題に対して学習した知識や理解したこと、資料を読み取った内容を活用して考察を重ね、

その解決策を構想したり判断したりし、その結果を他者に表現する。その際には、その妥当性や実現可能性を明確にするために、さらなる知識の理解や、資料の読み取りを行うことが考えられる。このように、総合的な諸能力の育成と活用ができる単元計画を作成したい。
　なお、中項目である「人間の尊重と日本国憲法の基本原則」に関する単元の目標等の事例は、以下の通りである。

②単元計画案
○単元名：人間の尊重と日本国憲法の基本的原則
○単元目標：
・日本国憲法が、個人の尊重や基本的人権の尊重、法の支配、民主主義などの価値を内容としていることを理解する。諸資料から様々な情報を適切かつ効果的に調べまとめる技能を身に付けるようにする。（知識・技能）
・我が国の政治が日本国憲法に基づいて行われていることの意義について、合意形成や社会参画を視野に入れながら、日本国憲法に関する政治等の諸課題を多面的・多角的に考察し、その妥当性や実現可能性などを踏まえて表現する。（思考力・判断力・表現力等）
・日本国憲法に関する政治等の諸課題を主体的に解決しようとする態度を養うとともに、他者と協働しながら、よりよい社会の実現に向けて積極的に社会に関わろうとする意欲を喚起する。（態度）

○単元の指導計画（全14時間）：

次	学習内容	時	学習活動
1	人権思想の発展	1	社会契約論を学習することにより、人権思想の発展について理解する。
2	民主主義と立憲主義	1	民主主義の意義と、三権分立の内容を理解する。民主主義と立憲主義の関係性から、根底には基本的人権の尊重があることを理解する。
3	国民主権と象徴天皇制	1	国民主権の意義、18歳選挙権、憲法改正の手続きを理解する。天皇の地位や国事行為の内容を理解する。
4	日本国憲法と平和主義	1	日本国憲法における平和主義の内容を理解する。自衛隊の役割や国際貢献、日米安全保障条約等について学習する。
5	個人の尊重と基本的人権	1	基本的人権の尊重について、個人の尊重の原理を基にして理解する。
6	平等権について学ぶ	1	具体的な事例を基にして差別問題について理解する。差別をなくすためにどのような法や制度があるのかを調査し発表する。
7	自由権について学ぶ	1	権利としての自由権について多面的・多角的に考察し、その重要性を理解する。

8	社会権について学ぶ	1	日本国憲法が定める社会権について、具体的事例を基にして理解する。
9	人権保障を確かなものにする権利を学ぶ	1	参政権や、裁判を受ける権利、その他の請求権について、人権保障との関係性を考察し理解する。
10	公共の福祉と国民の義務について学ぶ	1	人権の制限の内容と限界を、裁判判例など具体的事例を基に理解する。国民の義務について理解する。
11	新しい権利について学ぶ①（環境権、自己決定権など）	1	社会の変化により生じた人権上の課題について理解する。
12	新しい権利について学ぶ②（知る権利、プライバシーの権利など）	1	社会の変化により生じた人権上の課題について理解する。
13	人権をめぐる諸課題（グローバル化と移民、少数者の人権、LGBTや少数民族など）	1本時	これまでに学習した内容を踏まえて、人権をめぐる具体的な事例を基にして解決策を考える。
		1	解決策の妥当性や実現可能性を明確にして発表を行う。

　なお、単元の指導計画内における調査や解決策の考察に際しては、その具体的な方法や到達目標を生徒に提示したい。これは、生徒自身が何を学習するのかを理解しやすくすることにつながるとともに、いわゆるルーブリック評価などを行うことを想定した際にも有用性をもつ。また、生徒が調査や解決策の考察を行うためのリソースを、ある程度は教師があらかじめ用意したい。その際には、調査の方法、対象などについても丁寧に扱いたい。特にインターネットなどを活用する場合には、その信憑性、引用の方法などにも注意を払いたい。

(2)教材開発と学習指導案例
①本時（13・14/14）の学習目標
・これまでに学習した内容を踏まえて、人権をめぐる諸課題について事実を基に理解し、その解決策の中から妥当性や実現可能性を他の生徒と議論を重ねたり、追加調査したりしながら考える。それを他の生徒に発表し、お互いに共有する。
②教材開発の視点
　本単元では、まず人権の発展史について社会契約論を通して学習し、日本国憲法が依拠する概念を扱う。その上で、日本国憲法に記載された人権の内実を具体的な事例を基にして学習する。さらに、知る権利やプライバシーの権利などの社会の変容によって生じた課題に対する解決策について学習する。
　本単元の最後に、人権をめぐる諸課題についてその解決を考える教材を考えてみたい。ここでは、人権をめぐる諸課題として、グローバル化と移民を事例について National Issues Forums Institute（2018）を参考にする。グローバル化と移

民については、少子高齢社会の我が国において労働力不足を補うために議論が進んでいる内容である。さらに言えば、すでに現在において、いわゆる技能実習生などの外国人労働者を取り巻く労働環境等の課題が存在する内容でもある。

③**学習指導案例（13/14のみ示す。）**

過程	学習内容	学習活動	留意点
導入 (10分)	○人権をめぐる諸課題として、グローバル化と移民について考える。	・解決策を考えるために、課題の把握、解決策の吟味や追加調査、グループで意見交換、最終決定の流れで二時間分の授業が行われることを把握する。本時では、課題を把握することを中心に行う。	・本単元では、これまでに学習した内容を踏まえるように説明する。 ・グループで学習することを伝える。
展開① (15分)	○グローバル化と移民に関わり生じている課題を理解する。	・どのような課題があるのかを、事実を基にした具体的な事例により理解する。 ・グローバル化と移民に関わる課題について、既知の内容や経験したことをグループで共有する。	・諸課題に関わる新聞記事や教科書、資料集などを参照させる。 ・対象とする諸課題に関わる自分自身の経験があれば、話せる範囲で共有させる。
展開② (15分)	○課題を解決するための案を理解する。	・具体的な解決案を示し、その行動のメリットやトレードオフを理解する。	・解決案の妥当性や実現可能性について考えさせる。

	行動のメリット	トレードオフ
移民を増やす。	・様々な考え方があり、文化と経済に利益をもたらすことが考えられます。 ・世界から、日本が移民問題に積極的に取り組んでいることを評価されます。	・日本人の中に働くところがなくなる人が出ることもあります。 ・移民の教育のために費用が必要になります。
基本的には、移民を入れない。	・日本の伝統と文化を守ることができます。 ・国家のアイデンティティを確認できます。 ・日本の伝統と文化を受け入れる人のみを移民として認めます。	・すでに日本で生活する外国にルーツを持つ人に、一定のアイデンティティを強要する可能性があります。
その他	・グループで考えた新しい案。	・新しい案に対するトレードオフを考える。

過程	学習内容	学習活動	留意点
終結 (10分)	○解決策について話し合う。	・必要な追加情報の調査について、分担する。	・どのような追加情報が必要か考えさせる。

【ワークシート】解決策が示されたワークシート、
　　　　　　　自分の考えやグループの考えを記入できるワークシート
【評価の観点】
・人権をめぐる諸課題について理解することができたか。
・解決策について、妥当性や実現可能性を踏まえて考察し、発表することができたか。
・他の生徒と意見交換をして、解決策を構築する意欲を高めることができたか。

4　授業実践にあたっての留意点

　本単元を実践するにあたっての留意点を、少しだけ述べる。
　ここで留意したいのは、人権を法的な権利の問題として捉えることの重要性である。例えば、差別問題などを扱う際には、憲法上の権利としての平等権を中心に考えることになる。しかしそれを、個人の道徳的・理念的な考え方と分けて捉えたい。
　事例として示したグローバル化と移民についての人権をめぐる諸課題は、個人の人権尊重のために具体的な権利をどのように考えるのかという問題である。それを、感情や情動だけで判断するのではなく、社会を捉える概念的枠組みや人権などの学習を踏まえて法的に権利化しているもの、新たに権利化する必要があるものは何かを導き出し、どのように解決していけばいいのかを考え続けられるようにしたい。
　さらに、ここで学習した視点を基にして、他の人権をめぐる国内外の諸課題について考察することができる授業を形成したい。

（中平　一義）

〈参考文献〉
奥平康弘『憲法Ⅲ　憲法が保障する権利』有斐閣、1993年。
北川善英「人権教育論の課題　憲法学からの問題提起」、全国法教育ネットワーク編『法教育の可能性　学校教育における理論と実践』現代人文社、2001年、44-60頁。
田村哲樹『熟議民主主義の困難　その乗り越え方の政治理論的考察』ナカニシヤ出版、2017年。
National Issues Forums Institute, Coming to America: *Who Should We Welcome, What Should We Do?*, 2018.

3　学習指導案の作成事例
（3）私たちと政治　イ 民主政治と政治参加

1　学習指導要領における位置付け

　大項目の「C　私たちと政治」は、二つの中項目「(1)人間の尊重と日本国憲法の基本原則」および「(2)民主政治と政治参加」から構成されている。ここで扱う「(2)民主政治と政治参加」については、学習指導要領の「内容」で次のように記されている。

> 　対立と合意、効率と公正、個人の尊重と法の支配、民主主義などに着目して、課題を追究したり解決したりする活動を通して、次の事項を身に付けることができるよう指導する。
> ア　次のような知識を身に付けること。
> 　(ｱ)　国会を中心とする我が国の民主政治の仕組みのあらましや政党の役割を理解すること。
> 　(ｲ)　議会制民主主義の意義、多数決の原理とその運用の在り方について理解すること。
> 　(ｳ)　国民の権利を守り、社会の秩序を維持するために、法に基づく公正な裁判の保障があることについて理解すること。
> 　(ｴ)　地方自治の基本的な考え方について理解すること。その際、地方公共団体の政治の仕組み、住民の権利や義務について理解すること。
> イ　地方自治や我が国の民主政治の発展に寄与しようとする自覚や住民としての自治意識の基礎を育成することに向けて、次のような思考力、判断力、表現力等を身に付けること。
> 　(ｱ)　民主政治の推進と、公正な世論の形成や選挙など国民の政治参加との関連について多面的・多角的に考察、構想し、表現すること。

　本単元は日本の民主政治に関する学習であり、公民的分野の学習の流れからみれば、次の理解などを踏まえて学習は展開される。
・大項目Aの中項目「(2)現代社会を捉える枠組み」での「対立と合意、効率と公正」など、現代社会を捉えるための概念的枠組みの基礎の理解
・大項目Cの中項目「(1)人間の尊重と日本国憲法の基本原則」での「個人の尊重と法の支配、民主主義」など、民主政治の基本となる考え方についての理解
以上の「対立と合意、効率と公正、個人の尊重と法の支配、民主主義」に関する一定の理解のもと、これらを視点に事象を捉え、考察等をすることになる。
　小・中学校の社会科全体からみれば、いわゆる政治学習の終盤に位置する単元で、日本の民主政治に関する知識の習得、民主政治の推進や国民の政治参加に関する思考力、判断力、表現力等の育成が目指されている。

2　単元の特色

　民主政治の推進と国民の政治参加をテーマとする本単元は、学習指導要領やその『解説』をみると、民主政治に関わる豊かな政治的教養の習得とともに、民主政治を発展させる社会形成の能力育成が重視されている。社会科の目標は「平和で民主的な国家及び社会の形成者に必要な公民としての資質・能力の基礎」の育成であり、こうした目標に大きく関わることができる単元と言えよう。以下、本単元で目指されている知識習得と社会形成力育成について述べる。

　まず、知識習得については、先に示した学習指導要領のアの(ア)～(エ)にみられ、民主政治の仕組み、政党、議会制民主主義、多数決の原理、裁判、地方自治など、多岐にわたる知識を身に付けることが目指されている。さらに『解説』をみると、たとえば民主政治の仕組みでは、国会の地位や議院内閣制、権力分立制などについて記され、民主政治に関わる豊かな政治的教養が重視されている。なお、本単元での知識習得では、基礎的・基本的な知識・概念を確実に習得しながら、さらに「政党の役割」や「議会制民主主義の意義」などとあるように、民主政治の推進に対する機能や目的、意味、意義などの理解まで目指されている。

　そして、社会形成力に関しては、イの(ア)において、民主政治の推進や国民の政治参加に関して「多面的・多角的に考察、構想し、表現すること」とある。中学校学習指導要領社会編において、各中項目の主にイに示された「思考力、判断力、表現力等」に関してみると、大半が「多面的・多角的に考察し、表現すること」とある。構想まで求めるのは、地理的分野と歴史的分野それぞれ最後の中項目、公民的分野では大項目Bの中項目(2)、ここで扱っているCの(2)、そしてDにある中項目のみである。構想まで積極的に目指すのは、いわゆる地理学習、歴史学習、経済学習、政治学習、国際関係に関する学習、それぞれ最後の中項目と、社会科全体のまとめとなる公民的分野最後の中項目「よりよい社会を目指して」に限られている。このように社会科政治学習の終盤に位置し、構想まで行い、社会形成力育成に大きく関わろうとするのは、本単元の特色と言える。

　複雑で変化の激しい社会においては、政治の現状を肯定的に受容するだけでなく、より望ましい政治の在り方や主権者としての政治参加の在り方を、一人一人が主体的に構想することがいっそう求められる。こうした能力育成の大きな役割を本単元は担っており、民主政治について基本的な概念を習得し、概念を活用しながら考察し、そして構想まですることで、社会の形成者に必要な資質・能力の育成を目指していく。

　なお、中学校学習指導要領社会編において「構想」と記されている学習活動は、社会科全体や各分野の目標などでは「選択・判断」、「判断」といった表記が用いられ、『解説』では「構想（選択・判断）」の表記を用いた箇所もある。

3　単元計画と実践例
(1)単元計画の手順と具体例
①単元計画の手順
　単元計画の基本としたのは、先に示した学習指導要領のアの(ア)～(エ)で、四つの各内容に基づき第1次から第4次までを構成した。第1次は、民主政治の原則についての(イ)の内容とし、政党の役割はここで学習するようにした。そして、第2次は(ア)の政治の仕組み、第3次は(ウ)の裁判、第4次は(エ)の地方自治についてとした。なお、三権分立については国会、内閣、裁判所を扱ったあとに学習する。

②単元計画案
○単元名：民主政治と私たち
○単元目標：
・民主政治の原則、日本の政治の仕組み、公正な裁判の保障、地域の課題を解決する地方自治について理解し、諸資料から民主政治に関する情報を適切に調べまとめる技能を身に付けるようにする。（知識及び技能）
・望ましい政治の在り方や主権者としての政治参加の在り方、これらの課題に関して、多面的・多角的に考察したり選択・判断したりする力、思考・判断したことを説明したり議論したりする力を養う。（思考力、判断力、表現力等）
・民主政治や地方自治の発展に寄与する主権者としての自覚を深める。（意欲）

○単元の指導計画（全22時間）：

次		授業名	時	主な学習内容
1	民主政治の原則	(1) 政治と民主主義	1～2	議会制民主主義の意義、多数決の原理、政党の役割など
		(2) 政治参加と選挙	3	
		(3) これからの選挙制度	4～5	
2	国の政治の仕組み	(1) 国会の地位と仕事	6～7	国会を中心とする日本の民主政治の仕組みなど
		(2) 内閣の仕組みと議院内閣制	8～9	
		(3) これからの行政	10～11	
3	公正な裁判の保障	(1) 裁判所の仕組みと働き	12～13	権利を守り秩序を維持するための公正な裁判、三権分立など
		(2) 司法権の独立と三権分立	14	
		(3) これからの司法制度	15～16	
4	私たちの生活と地方自治	(1) 生活と地方自治	17～18	地方自治の考え方、地方公共団体の仕組み、住民の権利や義務など
		(2) 地方財政の現状と課題	19	
		(3) 住民参加の拡大	20	
		(4) これからの市町村	21～22 (本時)	

第1次「民主政治の原則」の「(1) 政治と民主主義」では、政治や民主主義とは何かを確認し、議会制民主主義やその運営上欠くことのできない政党、多数決の原理などを扱う。「(2) 政治参加と選挙」は、選挙をはじめとする政治参加や世論などについてで、その中でマス・コミュニケーションやＳＮＳの働き、メディアリテラシー、そして選挙権年齢引き下げなども扱う。「(3) これからの選挙制度」は、選挙制度について多面的・多角的に考察し、今後の日本の選挙制度の在り方を構想し、説明したり議論したりする活動を重視する。
　第2次「国の政治の仕組み」の「(1) 国会の地位と仕事」では、国会が国民の代表者によって構成される国権の最高機関で、国の唯一の立法機関であり、国民の意思として様々な議決をしていることなどを学ぶ。「(2) 内閣の仕組みと議院内閣制」は、行政の役割、内閣総理大臣や国務大臣の仕事などについてで、さらに議院内閣制を扱い権力分立について学ぶ。「(3) これからの行政」は、行政改革について多面的・多角的に考察し、今後の日本の行政の在り方を構想し、説明したり議論したりする活動を重視する。
　第3次「公正な裁判の保障」の「(1) 裁判所の仕組みと働き」では、裁判官、検察官、弁護士などの働きを通して、法に基づく公正な裁判の保障に関して学ぶ。「(2) 司法権の独立と三権分立」では、公正な裁判のための司法権の独立、そして三権の抑制と均衡を扱う。「(3) これからの司法制度」は、裁判員制度を含む司法制度改革について多面的・多角的に考察し、今後の日本の司法制度の在り方を構想し、説明したり議論したりする活動を重視する。
　第4次「私たちの生活と地方自治」の「(1) 生活と地方自治」では、住民自治の考え方や地方公共団体の政治の仕組みや働きについて学ぶ。「(2) 地方財政の現状と課題」では、地方財政の歳入と歳出、財政健全化を扱う。「(3) 住民参加の拡大」は、住民の権利や住民運動の広がりを扱い、各地の住民運動も取り上げる。「(4) これからの市町村」は、市町村合併について多面的・多角的に考察し、今後の市町村の在り方を構想し、説明したり議論したりする活動を重視する。
　以上、第1次から第4次のそれぞれ最後に、構想や表現を強く意識した「これからの～」という授業を設定した。ただし、構想等はこれらの授業だけで行うものとせず、他でも積極的にとり入れるべきだろう。たとえば、第4次の地方自治に関する(1)～(3)の各授業では、次の問いに基づく構想等が考えられる。
(1)　自分の町の町役場と大きな市の市役所との組織の違いを確認し、自分の町の特色や、自分の町でも充実させるべき部署を、町の状況を考慮して考えよう。
(2)　自分の町の財政の変化、また同規模の市町村の財政との違いを確認し、自分の町の特色や、自分の町で増やしたり減らしたりすべき目的別歳出を考えよう。
(3)　自分の町のまちづくり計画を、類似した特徴をもつ市町村の計画と比べ、自分の町で改善が必要な計画や、新たに提案すべき計画を考えよう。

(2)教材開発と学習指導案例
①本時の学習目標
・望ましい地方自治に向けた市町村の在り方について多面的・多角的に考察、構想し、説明したり議論したりする力を養う。

②教材開発の視点
　1999～2010年にいわゆる「平成の大合併」が、社会や地域、地方財政が変化し、地方分権化が推進される中でみられた。これ以降の合併は多くないが、今後も諸変化の中で、望ましい地方自治に向けた様々な動きが考えられる。市町村の在り方を問う本時は、地方自治の本旨（団体自治と住民自治）を基本的な視点とし、さらに位置や空間的広がり、推移や変化など多様な視点を踏まえて教材開発を行った。なお、本時は広島県福山市の中学校での実践を想定している[*1]。

③学習指導案例

	学習活動	指導上の留意点
導入	○福山市の市制施行後にあった幾度もの合併、そして「平成の大合併」について知る。 ◎学習課題「なぜ合併を推進すべきとしたのか、今後各市町村はどうすべきか」を設定する。	・福山市の人口増加から合併に注目し、地図で市域の拡大を示す。 ・課題の予想をさせる。
展開1	○なぜ内海町は福山市と合併したのか考える。 ・多様化・高度化する課題、財政の課題を知る。 ・小さな町のままでの対応の困難さを考える。 ・団体自治の実現という視点から合併を捉える。	・地図や図より、内海町は小さい島で自主財源比率が低かった等を確認する。 ・国の方針や政策も確認する。
展開2	○なぜ神辺町は福山市と合併したのか考える。 ・生活圏の拡大、福山市との一体化を知る。 ・小さな町と生活圏拡大との不一致を考える。 ・住民自治の実現という視点から合併を捉える。	・地図より神辺町は福山市に囲まれ、また生徒の経験からも福山市との一体化を確認する。
展開3	○「平成の大合併」の中、なぜ広島県で市町村合併をしなかった市町があったのか考える。 ・合併により生じやすい意図せざる結果としての諸問題を考える。	・地図より、合併がなかった市町を確認する。 ・新聞記事より、合併の諸問題を考えさせる。
展開4	○神石高原町と広島市に囲まれた府中町では、自分はどちらの住民なら、今後、合併を推進すべきとするかを判断し、その説明をする。 ・諸資料を調べて、両町の情報を読み取る。 ・情報をもとに妥当性のある判断をする。 ・判断の理由付けや基本となる価値を記す。	・神石高原町と府中町を地図で確認し、人口、自町の従業・就学率、財政力指数を表に記入させた後、合併について判断させる。

展開5	○神石高原町の合併推進の賛否について、神石高原町民の立場で、教室内で議論する。 ○府中町の合併推進の賛否について、府中町民の立場で、教室内で議論する。	・展開4で選択しなかった町については、議論では合併反対の側に立たせる。
終結	○合併について自分の説明に加えるべきこと、また自分とは違う判断だが納得できたことについて、議論をもとに記す。	・授業の感想等も含め、ある程度自由に記すようにする。

【評価の観点】
・市町村の在り方を判断し表現する際、情報を適切に読み取り活用できる。
・市町村の在り方で、地方自治の本旨を視点に妥当な判断や表現ができる。
・市町村の在り方の他者の判断に対し、その妥当性を理解して表現ができる。

4　授業実践にあたっての留意点

　ここでは、福山市での実践を想定し、授業展開過程に沿って留意点を述べる。
　導入では、古くから繰り返されてきてきた市町村合併の事実を示し、現在の市町村の在り方を自明視せず、各自が主体的に検討し続ける重要性を確認したい。
　展開1・2は「平成の大合併」における二つの町の福山市との合併を考察するが、こうした過去の社会的意思決定の考察では、具体的な事実（地域や国、社会等の変化の事実）と概念（地方自治の本旨）とを往還させ授業を展開する。
　展開3は合併に伴う諸問題を扱い、多面的・多角的な考察の充実を図る。
　展開4は、生徒が暮らしていない神石高原町及び府中町の合併に関する判断・意思決定で、両町は生徒が暮らす福山市と異なる特色をもつ。生徒に対しては、将来どこで暮らすかは未定であり、将来の公民として様々な立ち位置から判断することの必要性を確認する。
　展開5は教室内での議論で、限られた時間で二つの議論をする。そのため、「賛成側立論→反対側質疑→賛成側反駁」で終えるなど、簡略な形式で行う。
　終結では、授業の感想等も記すようにして、授業改善に役立てたい。
　実際は各中学校で各地の実態等より教材開発し、留意点を考える必要がある。

（土肥　大次郎）

〈注及び参考文献〉
＊1　本時の計画は、筆者が福山市の中学校で実践した授業を改変したもので、授業の計画や実際については、片上宗二『「社会研究科」による社会科授業の革新―社会科教育の現在、過去、未来―』風間書房、2011年、87-100頁を参照。

3　学習指導案の作成事例
(4)　私たちと国際社会の諸課題　ア　世界平和と人類の福祉の増大

1　学習指導要領における位置付け

　〔公民的分野〕「2内容」の「D　私たちと国際社会の諸課題」の「(1) 世界平和と人類の福祉の増大」に関して、中学校学習指導要領では次のように記されている。

> D　私たちと国際社会の諸課題
> (1) 世界平和と人類の福祉の増大
> 対立と合意、効率と公正、協調、持続可能性などに着目して、課題を追究したり解決したりする活動を通して、次の事項を身に付けることができるよう指導する。
> ア　次のような知識を身に付けること。
> 　(ア) 世界平和の実現と人類の福祉の増大のためには、国際協調の観点から、国家間の相互の主権の尊重と協力、各国民の相互理解と協力及び国際連合をはじめとする国際機構などの役割が大切であることを理解すること。その際、領土(領海、領空を含む。)、国家主権、国際連合の働きなど基本的な事項について理解すること。
> 　(イ) 地球環境、資源・エネルギー、貧困などの課題の解決のために経済的、技術的な協力などが大切であることを理解すること。
> イ　次のような思考力、判断力、表現力等を身に付けること。
> 　(ア) 日本国憲法の平和主義を基に、我が国の安全と防衛、国際貢献を含む国際社会における我が国の役割について多面的・多角的に考察、構想し、表現すること。

　本単元を実施するにあたっては、「3　内容の取扱い」にも注目しておく必要がある。関連する箇所に、以下のような記述がある。

> (5) 内容のDについては、次のとおり取り扱うものとする。
> ア　(1)については、次のとおり取り扱うものとすること。
> 　(ア) アの(ア)の「国家間の相互の主権の尊重と協力」との関連で、国旗及び国歌の意義並びにそれらを相互に尊重することが国際的な儀礼であることの理解を通して、それらを尊重する態度を養うように配慮すること。また、「領土(領海、領空を含む。)、国家主権」については関連させて取り扱い、我が国が、固有の領土である竹島や北方領土に関し残されている問題の平和的な手段による解決に向けて努力していることや、尖閣諸島をめぐり解決すべき領有権の問題は存在していないことなどを取り上げること。「国際連合をはじめとする国際機構などの役割」については、国際連合における持続可能な開発のための取組についても触れること。
> 　(イ) イの(ア)の「国際社会における我が国の役割」に関連させて、核兵器などの脅威に触れ、戦争を防止し、世界平和を確立するための熱意と協力の態度を育成するように配慮すること。また、国際社会における文化や宗教の多様性について取り上げること。

　補足すると、「B　私たちと経済」、「C　私たちと政治」と並列的な内容の項目で

あると位置づけられるとともに、「D　私たちと国際社会の諸課題」の「(2)より よい社会を目指して」とも直接的に関連する内容の項目とも位置付けられる。
　『中学校学習指導要領（平成29年告示）解説　社会編』（「学習指導要領の『解説』」と言う。）によると、改訂の要点として、

> ア　現代社会の特色、文化の継承と創造の意義に関する学習の一層の重視、現代日本の社会に対する関心を高め、以後の学習のより一層の理解を図るため、現代社会の特色についての学習、伝統や文化に関する学習、宗教に関する一般的な教養について、次のような内容の改善を図った。
> 　　((ア)(イ)について筆者が略した。)
> 　(ウ)　内容のDの「(1)世界平和と人類の福祉の増大」で、国際社会における文化や宗教の多様性について取り上げることとした。

> オ　国家間の相互の主権の尊重と協力、国家主権、国連における持続可能な開発のための取組に関する学習の重視
> 　内容のDの「(1)世界平和と人類の福祉の増大」で、世界平和の実現と人類の福祉の増大のためには、国際協調の観点から、国家間相互の主権の尊重と協力、各国民の相互理解と協力及び国際連合をはじめとする国際機構などの役割が大切であることを理解できるようにした。その際、領土（領海、領空を含む。）と国家主権を関連させて取り扱ったり、国際連合における持続可能な開発のための取組についても触れたりして、基本的な事項を理解できるようにした。

としている。これらの点を意識する必要がある。

2　単元の特色
　学習指導要領の『解説』にあるように、世界平和の実現と人類の福祉の増大のためには、次の３点を踏まえる必要があるとの認識に立った単元である。１点目は、国家間の相互の主権の尊重と協力、各国民の相互理解と協力及び国際連合をはじめとする国際機構などの役割が大切であることを理解できるようにする。２点目は、日本国憲法の平和主義についての理解をもとに、安全と防衛、国際貢献などの国際社会における日本の役割について多面的・多角的に考察、構想し、表現できるようになることである。３点目は、世界平和を確立するための熱意と協力の態度を育成するようにすることである。

3　単元計画と実践例
(1)単元計画の手順と具体例
①単元計画の手順
　学習指導要領の『解説』の考え方をふまえると、「世界平和の実現と人類の福祉の増大」に関連する内容を学習した後、「地球環境、資源・エネルギー、貧困

などの課題の解決」に関連する内容を学習することになる。本単元の手順の一例が示されている。そして、「日本の役割についての考察」を行うことになる。
　具体的には、「②単元計画案」の「単元の指導計画（全12時間）」において示している。
②単元計画案
〇単元名：持続可能な社会づくりに向けての私の提案
〇単元目標：
・人類が抱える問題について知り、問題解決のための経済的、技術的な協力の現状についての知識を身に付けることができる。
・世界で生じている問題は私たちにとって無関係なものではなく、人類一人ひとりが協力して解決していくべきものであると理解することができる。
・様々な資料から、世界の現状や問題について読み取ることができる。また、世界地図を活用し、社会的事象と世界の国々・地域を関連付けて考えることができる。（以上3点が、知識・技能）
・世界平和と人類の福祉の増大には各国相互の主権の尊重や各国民の協力が重要であることを認識し、世界で生じている問題の解決に向けて人類の一員として判断し、自らの考えを述べることができる。（思考力・判断力・表現力）
・世界で生じている問題への関心を高め、持続可能な社会と人類の共生の実現のために解決すべき課題について、意欲的に考え続けていける態度を養うことができる。（意欲）
〇単元の指導計画（全12時間）：

次	学習内容	時	取り上げるテーマ（順不同）
1	世界平和の実現と人類の福祉の増大	7	① 国際社会の現状 ② 国家と国際社会 ③ 領土をめぐる問題 ④ 国際連合の働きとしくみ ⑤ 兵器の脅威と軍縮への取り組み ⑥ 現代における紛争 ⑦ 国際社会における日本の役割
2	地球環境、資源・エネルギー、貧困などの課題の解決	4	① 人口増加をめぐる諸問題 ② 地球規模で広がる環境問題 ③ 資源・エネルギー問題 ④ 国際社会のよりよい発展
3	日本の役割についての考察	1	地球規模でおこっている問題の解決に向けた取り組みと持続可能な社会との関連

(2)教材開発と学習指導案例
①本時（12/12）の学習目標
・南北問題及び南南問題の現状と背景について考え、経済格差解消のために国際社会が様々な協力をしていることを理解することができる。
・南北問題及び南南問題についての関心を高め、地球規模でおこっている問題の解決について意欲的に考えていこうとする態度を養う。

②教材開発の視点
　世界平和と人類の福祉の増大のためには、国家間相互の主権の尊重と協力、各国民の相互理解と協力、国際機構の役割が大切であることを認識させるとともに、国際社会における我が国の役割について考えさせ、人類の一員としてよりよい社会を築いていく意欲と態度を養うことをねらいとしている。

　取り上げる社会事象が生徒の生活において可視化することが難しいので、国際機関の羅列とその暗記をする学習であると誤解している生徒が多い。現在では、国際社会でおこっている社会事象は、生徒の社会生活においても大きな影響を及ぼしている。そのことを生徒が意識できるようにする必要がある。

　世界で生じている問題への関心を高め、持続可能な社会と人類の共生の実現のために解決すべき課題について考え続けていく態度を養うために、衣食住など生徒にとって身近で具体的な事例から世界の問題を捉えることのできるよう指導する。評価においては、ミニレポートの記載内容やワークシート等、生徒が自らの考えを表現する機会を多く設け、生徒が自分なりの考えをもてているかを見ていきたい。

③学習指導案例

過程	学習内容	指導上の留意点
導入 (10分)	○高所得国、中所得国、低所得国のグループに分かれ、世界の現状の疑似体験をする。	・世界の現状を体験的に実感させるため、ハンガーバンケットを実践する。
展開 (30分)	○経済大国である我が国では、大量の食料廃棄物が出されていることを知る。（学校給食、食堂、コンビニなど） ○とりわけ南半球の国では、飢餓率が高いことを知る。 ○「どうして食べ物を捨てるほど豊かな国と、飢え死にしてしまう国との格差が生じているのだろうか」を考える。	・南北問題の現状について関心を高めるために、生徒にとって身近な学校給食の残飯や、コンビニ等での食料廃棄物についてとりあげる。 ・歴史的背景や地理的な要因などから南北問題について考えることができるように、資料プリントを配布する。

展開 (30分)	・植民地時代のモノカルチャー経済 ・高い人口増加率に追いつかない食料生産 ・借金の累積、政治的不安定 ○国際社会が経済格差解消のために行っていることについて知る。 ・国際貿易開発会議（UNCTAD）による南北交渉 ・世界銀行による資金・技術援助 ・日本などの政府開発援助（ODA） ○発展途上国の間でも経済格差が生じている理由を知る。 ・石油などの天然資源の有無 ・南南問題（＝産油国等の天然資源保有国やBRICsと、後発発展途上国との間の経済格差）	・南北問題の現状と背景について考え、経済格差解消のために国際社会が様々な協力をしていることを理解することができているか。 （ワークシートの内容を評価する。） ・地理的分野での学習と関連付けて考えさせるため、エネルギー・鉱山資源の分布を示した世界地図を提示する。
終結 (10分)	○「私たちがたくさんの食べ物を捨てている中、食べ物がなくて飢え死にしてしまう人々がいる。持続可能な開発目標（SDGs）の中から関連するものを選び、学んだことと、考えたことを、あなたの言葉で書いて下さい。」というミニレポートを作成する。	・南北問題について関心を高め、本時の学習で学んだことや考えたことを自分の言葉で表現できているか。 （ミニレポートの記載内容を評価する。）

【準備物】教科書、PC、資料プリント、ワークシート
【評価について】
　本時後の学習評価については、思考力・判断力・表現力にあたる内容を考え、発表し合い、最後に個人としての考えを書かせていることから、それらをふまえ次のような判定がなされよう。
　単元を通しての鍵概念となる「地球規模でおこっている問題の解決に向けた取り組みと持続可能な社会との関連」について、鍵概念を食料廃棄物以外の事例（バイオマス、水）についても適用させることができているかが重要となる。また、発展途上国に対する経済的援助という社会的事象について、発展途上国側の立場からも考察し、一方的な援助ではなく被援助国が自立していけるような支援の在り方が必要なのではないかという課題を見いだしていればなおさら良い。南北問

題、南南問題という社会的事象について人類の一員として判断し、問題の解決のためにどう関わっていきたいか、自らの考えを適切に述べることができている姿が見受けられればさらに良い。

4　授業実践にあたっての留意点
　本単元を実践するにあたっての留意点を、三点から述べる。
　単元を通して、「国際連合」「国連貿易開発会議（UNCTAD）」「環境問題」「南北問題」などと言った国際社会に関する事象を生徒の身近な生活にもつながるものとして認識させることが大切である。
　他方、単元の最終段階におけるミニレポートの記入において、「課題解決に向けて考えていきたい。」とか「自分の生活を変えていきたい。」などといった形式的なものではなく、単元を通して学んできた内容をふまえたものにさせていく必要がある。持続可能な開発目標（SDGs）と関連させるなど、持続可能な社会の実現という包括的な思考と、学校給食の残飯などという具体的事例との往還が必要である。
　「(2) よりよい社会を目指して」の中項目をどのように捉えるのかをふまえて、単元を意味づけていく必要がある。「(2) よりよい社会を目指して」を社会科のまとめとして位置付けられるが、公民的分野の内容を中心としたまとめと考えるのであれば、この単元は国際的な内容や地球規模で起こっている問題の内容についての学習となろう。「(2) よりよい社会を目指して」を地理的分野、歴史的分野もあわせた社会科全体の真のまとめと捉えるのであれば、この単元には、公民的分野のまとめとしての意味合いが増してくるのである。

（鴛原　進）

〈参考文献〉
日本公民教育学会編『テキストブック公民教育』第一学習社、2013年。
原田智仁編著『中学校　新学習指導要領の展開　社会編』明治図書、2017年。
工藤文三編著『平成29年改訂　中学校教育課程実践講座　社会』ぎょうせい、2018年。

3 学習指導案の作成事例
(4) 私たちと国際社会の諸課題　イ よりよい社会を目指して

1 学習指導要領における位置付け

「2　内容」の「D　私たちと国際社会の諸課題」「(2)よりよい社会を目指して」に関して、学習指導要領では次のように記されている。

> 　持続可能な社会を形成することに向けて、社会的な見方・考え方を働かせ、課題を探究する活動を通して、次の事項を身に付けることができるように指導する。
> 　ア　私たちがよりよい社会を築いていくために解決すべき課題を多面的・多角的に考察、構想し、自分の考えを説明、論述すること。

また本単元を構成するにあたっては、「3　内容の取り扱い」にも注目しておく必要がある。関連する箇所の記述は、以下の通りである。

> イ　(2)については、身近な地域や我が国の取組との関連性に着目させ、世界的な視野と地域的な視点に立って探究させること。また、社会科のまとめとして位置付け、適切かつ十分な授業時数を配当すること。

「D 私たちと国際社会の諸課題」は中学校社会科公民的分野の最終単元である。本単元には、「A 私たちと現代社会」「B 私たちと経済」「C 私たちと政治」で学習してきたことに基づいて、課題解決的な学習を展開することが求められている。さらに補足すると、本単元の「(1)世界平和と人類の福祉の増大」において身に付けさせることは、知識・理解および思考力・判断力・表現力等に止まるが、「(2)よりよい社会を目指して」においては、「自分の考えの説明、論述」まで求められている。つまり課題解決的な学習として学習指導要領上でイメージされているのは、「論述」すなわちレポートの作成と考えられる。

加えて本単元は、中学校社会科と高等学校公民科、とりわけ「公共」との間を架橋する位置付けが与えられていると考えられる。本単元を通して生徒が作成するレポートは、中学校社会科地理的分野、歴史的分野そして公民的分野で身に付けた知識や思考力、表現力等を総動員して、「公共」の最初の単元である「A公共の扉」を叩くものが望ましい。

2 単元の特色

中学校社会科公民的分野の配当時間数は、全体で100単位時間である。その中で内容のA、B、Cを実施した後にDとなる。中学校3年生の社会科学習は、学年当初は歴史の学習が続いているのが通例で、社会科教師の大半は慌しく公民の学習に入る。一般的に公民的分野は政治・経済・社会と呼ばれ、内容のBおよび

Cが学習の中心となりがちである。ましてや内容のDとなると、高校受験期とも重なるため、本単元の実施が不十分となる懸念がある。

　本単元は、公民的分野のまとめの単元である。また中学校社会科のみならず、小学校3年生から通算7年間学んできた社会科のまとめの単元でもある。郷土学習、産業学習、通史学習、政治学習、地理的分野、歴史的分野、そして公民的分野で学んできたことを総合して、「よりよい社会を目指す」ための自分の考えをレポートに表現するのである。それゆえ指導者は、考察・構想・説明・論述という生徒の学びの姿・プロセスを適切に評価しなければならない。レポート作成がゴールなので、近年注目されている「パフォーマンス評価」を援用して、レポートを「パフォーマンス課題」ととらえて評価するのが適切であると考える。

　「パフォーマンス課題」とは、現実世界の課題と近接した、本物らしい課題のことである。しかも「よりよい社会（の構築）を目指す」ために避けて通れない現実社会の課題という性格も有している。生徒は、本単元に至る7年間の社会科学習の中で、現実社会の課題とはどういうものか、ある程度は理解しており、その課題の解決がなされなければ、社会は決して持続可能なものにはならないことも理解している。しかしながら、学習者は中学生であり、しかも受験期ということもあるので、本最終単元において「現実世界の課題」を個々にゼロから発掘し、それに関連したレポートのテーマを自ら決定させるのは負担過重であろう。そこで、「国際社会の諸課題を、身近な地域や我が国の取組との関連性に着目させ、世界的な視野と地域的な視点に立って探究」させることのできる課題に絞り込んで、本単元の特色を出すことにする。

　その「課題」とは、「コンパクトシティの展開の是非」である。「コンパクトシティ」とは、主としてヨーロッパにおいて構築された「まちづくり」の概念である。環境や自然等への配慮から「持続可能性」をキーワードとして、「歩いて暮らせるコンパクトなまちづくり」を提唱している。近年、この概念が日本にも導入され、中心市街地空洞化、大型店問題、スプロール化（無秩序な拡大）が進む都市郊外の問題を解決させる切り札として注目されている。環境問題だけではなく、人口減少・高齢化社会を迎えた今、「世界的な視野と地域的な視点に立った探究」にはうってつけの「課題」だと判断する。しかも「コンパクトシティ」は、日本独自の背景や地域固有の事情から、「夢の処方箋」とは必ずしもなっていない実態もある。ゆえに「課題」として「是非」を問いやすい。

　その上で、次の二つの留意点に基づいて本単元を構成することとする。

　第1の留意点は、本単元の「追究のための基本原理」を「効率と公正」に求めるということである。既存のコンパクトシティの事例分析、もしくは自分たちの住む町のコンパクトシティ化のシミュレーションを経て、「コンパクトシティの展開」の「是非」を問わせるのである。その「是非」の根拠、裏づけとして「効率と公

正」の概念は欠かせない。
　第2の留意点は、本単元に中間発表としてのディベートを導入することである。ただしこのディベートは、最後に個々の生徒が作成するレポートの参考に供するために実施するものである。ディベートの経過を振り返ることで、「是非」の判断の根拠が鮮明になる効果があると考える。
　以上、「課題」の設定と二つの留意点を基に、単元計画等を提示する。

3　単元計画と実践例
(1)単元計画の手順と具体例
①単元計画の手順
　『中学校学習指導要領解説　社会編』には、本単元に代表されるような課題探究学習の方法が示されている。「課題の設定→資料の収集と読み取り→考察→構想とまとめ」といった手順である。この手順の「まとめ」の部分がレポート作成に相当するわけであるが、そこに向かって『解説』は以下のような多様な活動を行うよう例示している。

> 例えば、中間発表、ディベート、議論、プレゼンテーションなどを行い、最終的にはレポートとしてまとめることが考えられる。(中略)レポートの作成については、例えば、「探究のテーマ」「テーマ設定の理由」「探究の方法」「探究の内容(調べて分かったこと)」「探究のまとめ(理解したこと、考察、構想したこと)」「参考資料」などの項目を設けて記述するなどして、一つのまとまったものに仕上げて生徒が成就感をもつようにすることが大切である。

　やはり大切なのは生徒の成就感である。時期的な制約の中で、たとえ「課題」が限定されているとはいえ、生徒個々の「ラーニングアウトカム(学習成果)」であるレポートは重要である。上記の留意点もあわせて次のような単元計画の具体例を提示する。

②単元計画の具体例
○単元名：コンパクトシティの展開の是非（私の提案）
○単元の目標
・持続可能な社会（よりよい社会）の実現という「課題」を解決するために実施されている「コンパクトシティの展開」について、諸資料から情報を適切に収集し、効果的に活用する技能を身に付けるようにする。（知識・技能）
・「コンパクトシティの展開」について調べたことに対して、効率と公正という概念を活用して多面的・多角的に考察し、ディベートを通じて自らの考えを論述したり議論したりする力を養う。（思考力・判断力・表現力）
・「コンパクトシティの展開」の是非について論述することで、現在または将来

的な課題に主体的に関わろうとする態度を養うとともに、他者の考えも取り入れながら合理的な意思決定をしようとする意欲を養う。(意欲・態度)
○単元の指導計画（全8時間）

次	学習内容	時	学習活動	評価（ラーニングアウトカム）
1	課題の確認	1（本時）	コンパクトシティ化の事例を確認し、その是非を問うのが課題だと理解する。	コンパクトシティの意味と意義を説明することができるか。
2	情報の収集・読み取り・分析、是非の判断、レポートの構成の作成	2	複数のコンパクトシティの事例から、その是非の判断を行う。	ワークシートに事例の特徴を書き込み、是非の判断と根拠を記し、レポート作成の準備ができるか。
		3	是非の判断に基づいてレポート作成の準備をする。	
3	ディベート	4	あえてクラスを肯定・否定に二分し、是非の主張を戦わせる。	他の主張を聞くことで自分の主張の補足や修正ができるか。
4	レポート作成	5	レポートの作成を進める。必要に応じて情報収集を追加し内容の修正を行う。	是非の根拠を明確にして留保条件等も加味できるか。
		6		
		7		
5	発表交流会	8	レポート内容の要旨を発表し、お互いの意見の交流を図る。	短時間で是非の要点と根拠を伝えきることができるか。

　ラーニングアウトカム（学習成果）、すなわち評価対象としてのレポートの分量は、時間・時期の制約、あるいは生徒の実態に応じて弾力的に決める必要がある。また課題を「コンパクトシティの展開の是非」に限定したため、資料の収集については教師の支援が鍵となる。同じ資料を使って作られたレポートであっても、着目箇所や見方・考え方の角度が異なれば、「是非」の判断も自ずと異なり、得られる結論も違ってくる。大事なのは結論なのではなく、論述のプロセスであることを、生徒に示すことが必要である。
　最後に引用文献の書き方等のレポートの作法については、2次3次において確認し、4次において個別指導する。

(2)教材開発と学習指導案例
①教材開発
　「コンパクトシティの展開」に関しては、成功・失敗の事例、あるいはメリット・デメリットという形で数多くの報告がなされている。そこで大方の報告者が認める成功・失敗事例を、中学生にも理解可能な資料として1次「課題の確認」で教材として提示する。その際、結果としての成功・失敗をいう前に、なぜ「コンパ

クトシティ化」を目指したのか、人口減少、少子高齢化、経済的合理性、環境問題そして防災上の配慮等の観点から説明する必要がある。そして、成功・失敗の要因を、「効率と公正」の観点から教師が説明できる教材を共通教材として提示し、「課題の確認」をさせた後、その後の資料収集は生徒に任せるのである。その際、生徒の実態を考慮して、資料収集は任意の小集団で実施させる配慮も必要である。

②学習指導案例
○本時（1/8）の目標
　本単元の8時間の流れを把握し、追究課題について確認し自分のものとする。
○本時の展開

過程	学習内容	指導上の留意点
導入 (10分)	○公民的分野（社会科全体）のまとめとしてレポートをつくることを知る。 ・8時間展開で分量は○頁。	・8時間の流れを説明し、レポート作成の意義を確認する。 ・ワークシートに基づいて完成イメージを持たせる。
展開 (30分)	○ワークシートに従って追究課題の確認をする。 ・コンパクトシティの概念の確認→コンパクトシティの具体例の確認→成功・失敗、メリット・デメリットという観点（見方・考え方）の確認→効率と公正という観点（見方・考え方）の確認を行う。 ○情報収集の見通しを立てる。 ・インターネットを中心とした調査方法について確認し検索ワードをメモする。 ○レポート作成に関しての注意事項を確認する。	・すでに小・中学校の社会科において、コンパクトシティの概念に近い事例（まちづくりの工夫、城下町の機能等）を学んできたことを振り返らせる。 ・提示した事例に基づいてワークシートを完成させ、指名して理解度を確認する。 ・確かな検索につながるワードをいくつか提示し、あとは生徒自身の発掘に委ねる旨を確認する。 ・レポートの典型例を示しながら説明を加える。特に事実から考えを導き出す方法について説明する。
終結 (10分)	・事実（引用含む）を記す部分と考察を記す部分の区別等。	

○本時の評価（ラーニングアウトカム）
　本時のラーニングアウトカム（学習成果）は、レポート作成の土台となるワークシートである。本時の半ばまでは「確認」で進むので、ワークシートに「差」は生じないが、情報収集先の選定に至って枝分かれが生じるはずである。評価の根本として、なぜ本単元に「コンパクトシティの是非の追究」がふさわしいのか、個々の生徒の理解度をチェックする必要がある。

4　授業実践にあたっての留意点

　本単元の授業実践上の留意点を3点述べる。
　第1は、「コンパクトシティの是非の検討」を「我が事学習」として生徒に考えさせることである。生徒が現に居住している都市（まち・むら）が、果たして将来的に持続可能かどうかは、本来「よそ事」ではなく「我が事」のはずである。本単元はもともと「世界的な視野と地域的な視点に立っての探究」が目的としてあるので、足下の「我がまち」を「我が事」として再認識することは、義務教育の終了時点としては大変意義深いと思われる。「我がまち」を起点として視野を広げさせ、「よりよい社会」とは何か深く考えさせたい。
　第2は、最終的なラーニングアウトカム（学習成果）としてのレポートの評価基準を明確にすることである。「パフォーマンス評価」を意識するなら、詳細なルーブリックを作成することも視野に入れたい。しかし時間的な制約もあることから必ずしもそれにとらわれる必要はないだろう。ただし評価の際には是非（肯定・否定）のみではなく、その中間としての留保条件も認めるような配慮をしていきたい。
　第3は、公民的資質の育成を意識することである。レポートの作成を通して、生徒は合意形成の意味や社会参画の意義に気づくはずである。このことは即ち前田賢次の定義する「子どもの立場から大人と手を取り合いながら地域を学び、地域に働きかける地域の生活者としての姿」と重なる。「コンパクトシティの是非の検討」は公民的資質の育成に資することを再確認したい。
　繰り返し記してきたが、本単元の実施は受験期、卒業期に重なる。時間を確保する工夫が必要である。

（竹澤　伸一）

〈参考文献〉
鈴木浩『日本版コンパクトシティ―地域循環型都市の構築―』学陽書房、2007年。
武田顕司『ネコと学ぶディベートの本－日本一やさしいディベートの教科書』デザインエッグ社、2017年。
唐木清志編『公民的資質とは何か―社会科の過去・現在・未来を探る―』東洋館出版社、2016年。

第3章

高等学校公民科「公共」の年間指導計画と学習指導案の作成

第3章　高等学校公民科「公共」の年間指導計画と学習指導案の作成

1　「公共」の特質

(1) 学習指導要領に見られる新たな視点

　「現代社会」に代わる「公共」は、社会の形成に主体的に参画できる市民の育成を目指して設置された科目である。「現代社会」が、生徒自身に、「自己とのかかわりに着目して」人間としての在り方生き方について考察させることを目指しているとしたら、「公共」は、「社会に参画する自立した主体」としての在り方生き方を探究させることを目指している。「現代社会」が個や人間を中心に構成された科目であるとしたら、「公共」は公や社会に重点がおかれたものである。内容編成を変えるだけではなく、「現代社会」から「公共」へと科目名称までも変更しなければならなかった理由の一つは、このように、科目の基本原理自体の根本的な転換があったからである。

　「公共」設置の意図については、中央教育審議会答申（2016（平成28）12月）において、「それら（概念や理論）を活用して自立した主体として、他者と協働しつつ国家・社会の形成に参画し、持続可能な社会づくりに向けて必要な力を育む共通必履修科目」（括弧内は筆者補足）として設置すると述べられている。「現代社会」が「自己とのかかわり」から社会を捉えさせようとしているのに比べると、「国家・社会の形成」のために自立した主体として何ができるかを考えさせようとしているのが「公共」である。この「国家・社会の形成」とは、「公共的課題の解決に向けて多様な価値観をもつ他者と議論しつつ協働する」[*1]ことである。

　学習指導要領の解説では、中央教育審議会答申を受けて、「公共」における改善・充実の要点として以下の4点が示されている。

ア　「人間と社会の在り方についての見方・考え方」を働かせ、考察、構想する学習の重視

イ　現代社会の諸課題から「主題」や「問い」を設定し、追究したり探究したりする学習の展開

ウ　社会に参画する際に選択・判断するための手掛かりとなる概念や理論及び公共的な空間における基本的原理の習得

エ　自立した主体として社会に参画するために必要な資質・能力を育成する内容構成

注目すべきは、「社会的な見方・考え方」が、「公共」では「人間と社会の在り方についての見方・考え方」として示されていることと、概念や理論と並んで「公共的な空間における基本的原理」が習得すべきものとして挙げられていることである。「人間と社会の在り方」という言葉からは、「在り方」を考える前提として「人間と社会」が一体のものとして考えられていることが分かる。また、「公共的な空間における基本的原理」とは、解説によれば「人間の尊厳と平等、個人の尊

重、民主主義、法の支配、自由・権利と責任・義務など」である。人間の自由と権利を保障するためのこれらの原理が、新科目「公共」では公共的な空間における基本的原理として位置付けられているのである。

「公共」の科目目標は、柱書として示された目標と三つの資質・能力にそった(1)〜(3)の具体的な目標で構成されている。目標の中で注目すべきは、「倫理的主体などとして活動するため」と、「合意形成や社会参画を視野に入れながら」という言葉である。「倫理主体的など」の「など」には、法的主体、政治的主体、経済的主体が含まれる。このように個人を社会を構成する基本単位として位置付け、多様な側面からそれを捉えさせようとすることが目標として掲げられている点は、「公共」の特徴である。従来は教科の学習をふまえて、理想として目指すべきであった合意形成や社会参画が、「構想したことを議論する力を養う」前提として位置付けられている。

このように、新科目「公共」は、「総合社会科」的な性格を持ちながらも、人文社会科学の知識や技能を総合的に活用して社会を捉えさせるということにとどまらず、まさに「人間と社会の在り方」を追究させるという道徳的な性格を強く持った科目となっている。知識や技能の習得にとどまらないで、国家・社会の形成に貢献し得る人材を育成するという点では高く評価されるものの、「人間と社会の在り方について」の特定の「見方・考え方」を学習者に教え込み、その態度や行動を方向付けるようなものになりかねない危うさも持ち合わせている。そうなれば、「自立した主体」を育成することにはつながらない。新たな視点が加えられていても、「公共」も、社会系教科目がこれまで目指してきた「主体的に生きる平和で民主的な国家及び社会の有為な形成者」の育成という理想の下に設定されていることをふまえることが重要であろう。

(2)公民教育における「公共」の位置付け

18歳選挙権時代における主権者教育は、学校の全ての教育活動を通して行われるべきものであることはその通りだが、「公共」が必履修科目として設置されたことは、主権者教育の中核を「公共」が担っているということを意味している。橋本康弘も主権者教育という点において「公共」の設置を高く評価できるとしたうえで、「若者の『社会参加意欲の低さ』『社会変革実現への関心の低さ』といった社会を『よりよくする』意識の低さを少しでも改善する意欲的な科目」[*2]として「公共」を位置付けている。

選挙権年齢が18歳に引き下げられたということは、18歳になるまでに自立した政治的判断ができるようになることを学校教育が保障しなければならないということである。「公共」は、「倫理」及び「政治・経済」の前、入学年次及びその次の年次のうちに履修させることになっていることも考え合わせると、中学校まで

の社会系教科目の学習で身に付けた資質・能力を総合・統合して、有権者としての政治的な判断力を身に付けさせることまでが、「公共」に期待されていると言える。したがって、「公共」は、政治に関する知識や技能を習得させるだけではなく、社会の変革のために活かし、実際に行動として示すことができるような資質・能力を身に付けさせるものでなければならない。言わば、主権者として必要な資質・能力の基礎を育成していた従来の学校教育に比べ、これからの公民教育は実際に活躍できる主権者の育成を目指しており、その中核が「公共」なのである。

(3)授業づくりにあたっての留意点

「公共」は、「現代社会」の総合的社会科という性格を引き継ぎながらも、主権者育成という点では、かなり実践的な性格の強い科目であり、いわゆる座学が主流であった従来の高等学校の教科の学習の枠を越えた部分を持つ。そのため、授業づくりにあたっては、次のような留意点を挙げることができるだろう。

①教師から生徒への知識の伝達というスタイルではなく、生徒個人の主体的学習や、生徒同士の学び合いを中心とした学習を核として構成すること
②一つの正答へと導くのではなく、異なる見方・考え方があることに気付いたうえでそれらを受け入れ、多様な回答を生徒一人一人が見出す学習を目指すこと
③異なる見方・考え方に気付かせるためにも、生徒の追究や探究が教室や学校を越えて社会とつながっていくような活動を学習に取り入れること。
④主体的な学習が成立するためにも、生徒が学ぶべき意義を見出すことができ、どのような資質・能力が育成されたか実感できるようにすること

これらは優れた「現代社会」の実践にも見られた性格であり、その意味では、「公共」に向き合うことは、高等学校における教育改善の延長であると言えるだろう。「現代社会」が育成していた学力を保障しつつ、コンピテンシーベースの授業づくりへと発想を転換していくことが必要であると言えるだろう。

（桑原　敏典）

〈脚注及び引用文献〉
＊１　総務省・文部科学省『私たちが拓く日本の未来』2015年。
＊２　橋本康弘編著『高校社会「公共」の授業を創る』明治図書、2018年。

〈参考文献〉
桑原敏典編著『高校生のための主権者教育実践ハンドブック』明治図書、2017年。

2 「公共」の年間指導計画の作成

(1)年間指導計画を作成するにあたっての留意点
①現実社会の課題から学習の問いやテーマを設定すること
　学習指導要領では、「『公共』の学習では、社会との関わりを生徒が実感できる学習とするため、現実社会の諸課題などを学習上の課題とする」[*1]と明記されている。そのため、現実社会に生じている諸課題を学習内容として位置づける必要がある。しかし、課題は多岐にわたるため、「いつ」「何を」「どのように」学習するかに留意しなければならない。
②「見方・考え方」が使えるようにすること
　「公共」の学習では、「見方・考え方」が重視されている。「公共」の主な「見方・考え方」は幸福、正義、公正、民主主義、自由などが挙げられている。これらの見方・考え方を各授業内容に盛り込み、生徒が理解することが求められる。しかし、これらの理解にとどまってはいけない。それを超えて現実社会で「使える」ことができるように学習を工夫することが求められる。そのため、場の工夫が求められる。
③現実社会の課題を解決することができるような学習過程を組織すること
　現実社会の課題が学習内容となるため、それを解決する学習過程が組織されることが求められる。もちろんパターン化することは望ましくはないが、次のような学習過程が考えられる。Ⅰ課題の発見、Ⅱ課題の分析、Ⅲ課題に対する意見の作成、Ⅳ課題についての討論、Ⅴ課題に対する意見文の作成、あるいは提案などの実際の行動。このような学習過程を組織することで課題解決へと向かうことができる。

(2)年間指導計画の具体例
　年間指導計画は１つのプランである。状況が異なれば、異なるプランが作成される。さらに、プランが行為を導くのではない。行為は状況との相互作用によって形成される。そのため、年間指導計画というプランは行為を形成する１つのリソース（学習資源）とみなす必要があろう。このような立場から「公共」のプランとしての年間指導計画を示すこととした。繰り返すが、プランは行為を導く１つのリソースであるため、他のリソースも厚く配置することが望ましい。他のリソースとは、人的リソース、物的リソース等である。しかし、それらについて詳細に記述することは紙幅の都合上、不可能である。よって、各学校、あるいは生徒の状況に応じた多種多様な年間指導計画とそれらに依拠した教育実践が展開されることが期待される。

	時	学習項目	学習内容（○留意点）	評価の観点
1学期	8	A公共の扉 (1)公共的な空間を作る私たち	○（ＡＢＣ共通）生徒の発達や学習の段階に応じて多様な現代の諸課題を扱う。課題に対しての選択、判断の手掛かりを得る。 ①人間としての生き方や人間の尊厳、公共の空間を作る主体 ②個人や社会全体の幸福、公正などの義務、現代の諸課題の解決を見出すこと ③ 人間の尊厳と平等、個人の尊重、民主主義、法の支配、自由・権利と責任・義務など公共的な空間における基本的原理	〈知〉＝知識・技能、〈思〉＝思考力・判断力・表現力等 ○①～③に関する知識を身に付けている〈知〉 ○社会的事象等に関する情報を読み取る〈知〉 ○課題解決に向けて議論したり、公正に判断したりする〈思〉
	8	(2)公共的な空間における人間としての在り方生き方		
	8	(3)公共的な空間における基本的原理		
2学期		B自立した主体としてよりよい社会の形成に参画する私たち	○自立した主体としてよりよい社会の形成に参画することに向けて、現実社会の諸課題に関わる具体的な主題を設定する。 ①法や規範の意義及び役割、多様な契約及び消費者の権利と責任、司法参加の意義などに関わる事柄や課題 ②政治参加と公正な世論の形成、地方自治、国家主権、領土、安全保障と防衛、国際貢献を含む国際社会における役割などに関わる事柄や課題 ③職業選択、雇用と労働問題、財政及び租税の役割、少子高齢社会における社会保障の充実・安定化、市場経済の機能と限界、金融の働き、経済のグローバル化と相互依存関係の深まりなどに関わる事柄や課題	○①～③に関する知識を身に付けている〈知〉 ○収集した情報を適切かつ効果的に読み取ることができる〈知〉 ○課題解決に向けて議論したり、公正に判断したりする〈思〉 ○事実を基に多面的・多角的に考察することができる〈思〉
	8	(1)主として法に関する内容について		
	8	(2)主として政治に関する内容について		
	8	(3)主として経済に関する内容について		
3学期	14	C持続可能な社会づくりの主体となる私たち	○「公共」の総括として位置付け、社会的な見方や考え方を総合的に働かせる。 ①地域の創造、国家・社会の構築、平和な国際社会の形成	○概念や理論を手掛かりに考察、構想、説明、論述する〈知〉〈思〉

（田本　正一）

〈引用文献〉

＊1　文部科学省『高等学校学習指導要領解説公民編』2018年、p.16.

3 「公共」の学習指導案の作成事例
(1) 公共の扉　ア　公共的な空間を作る私たち

1　学習指導要領における位置付け

　これまでも「～の扉」という項目は「世界史」や「日本史」にみられたが、それは科目への興味や関心を高める程度の扱いだった。それが今回の学習指導要領では、内容の取扱いで「A　公共の扉」をまず扱い、その後「B　自立した主体としてよりよい社会の形成に参画する私たち」「C　持続可能な社会づくりの主体となる私たち」という順序で教えるよう指示されている。「A　公共の扉」での学習内容がそれに続くB、Cの基盤となる。さらに、この「公共の扉」も「(1)公共的な空間を作る私たち」「(2)公共的な空間における人間としての在り方生き方」「(3)公共的な空間における基本的原理」という順序で取り扱うようにと書かれている。これから学ぶ「公共」の1丁目1番地が「公共的な空間を作る私たち」である。では、学習指導要領ではどのように説明されているのか。

> 公共的な空間と人間との関わり、個人の尊厳と自主・自律、人間と社会の多様性と共通性などに着目して、社会に参画する自立した主体とは何かを問い、現代社会に生きる人間としての在り方生き方と探求する活動を通して、知識や思考力、判断力、表現力を身に付けることができるよう指導する。

　これまであまりみられなかった「公共的な空間と人間との関わり」については学習指導要領解説に「人間は各人が自らの幸福を願い、その実現のために公共的な空間を作り、協働して生きていること、また、その中で人間としての在り方生き方について思索を続けてきたこと、そして、そのことはこれから先も人間の営みとして続けていくものであり、これらのことはこれから始める学習の全てに共通する考え方である」とある。他者との協働の場が公共的な空間であり、「一人一人の幸福が実現できる社会の形成と維持に向けて他者と協働できる主体となるために必要なことは何かを自ら問い、そのことを通して人間としての在り方生き方を探求する主体」こそが「社会に参画する自立した主体」である。「公共の空間」という他者の存在を意識する場でこそ、個人の尊厳も保たれる。一人よがりの探究ではなく、他者というメタ認知を経た探究を行ってこそ「公共」が期待する個人が確立される。

2　単元の特色

　「現代社会」に代わって誕生してきた新科目である「公共」の概要を、文部科学省の指導要領比較対照表によって見てみよう。それによると、「公共の扉」は「現代社会」の「現代社会の諸課題を扱う私たちの社会」や「生涯における青年期の

意義を理解させる、青年期と自己の形成」に対応している。ここから「現代社会」と同じように、環境や情報・生命などの諸課題と、アイデンティティの確立や自立や自律を達成する青年期の課題に迫る授業を行うことが想定できる。

　ここで、学習指導要領が示すこの単元で身に付ける「知識」を確認しておこう。そこには「自らを成長させる人間」であることが理解でき「自らの価値観を形成するとともに他者の価値観が尊重することができ」「自主的によりよい空間を作り出していこうとする自立した主体になることが、自らのキャリア形成とともによりよい社会の形成に結び付く」ことを「理解」することが示されている。ただし、「理解」にとどまってよいのだろうか。ここで注目すべきは、「思考力、判断力、表現力」を身に付けることを求めている点である。具体的には、「他者との協働により当事者として国家・社会などの公共的な空間を作る存在であることについて多面的・多角的に考察し、表現する」力が求められている。18歳選挙権も実現し、高校時代に主権者として社会と関われる機会が増えた今日、公共空間である社会との向き合い方が試されている。

　また、ここで触れられている「表現力」には、単にプレゼン能力にとどまらず、自治体への政策提言や新聞への投書なども考えられる。また、「人間は…対話を通して互いの様々な立場を理解し高め合うことのできる社会的な存在であること」も強調されており、今回の学習指導要領の改訂のキーワードである「主体的、対話的で深い学び」にもつながる単元ともいえよう。

3　単元計画と実践例
(1)単元計画の手順と具体例
①単元計画の手順
　内容の取扱いでは「公共」の導入と示されており、「以降の学習においても、それを踏まえて学習が行われることに留意すること」と説明される重要な単元である。ただし、この後に続く法や経済、情報、国際社会という膨大な学習内容を考慮すると、２単位・年間70時間の配当のうち、現実的には２時間程度の扱いが妥当だと考えられる。
②単元計画案
○単元名：「『公共の扉』－公共的な空間を作る私たち－」
○単元目標
・自らの体験などを振り返ることを通して、自らを成長させる人間としての在り方生き方について理解する。（理解）
・人間は互いの立場を理解し高め合うことや他者の価値観を尊重できることを理解する。（理解）
・自分自身が公共的な空間を作り出し、よりよい社会の形成者となれることを理

解する。（理解）
・他者との協働によって国家や社会などの公共的な空間を作る存在であることが考察、表現できる。（技能、表現、態度）

〇単元の指導計画（全2時間）

次	学習内容	時	学習活動
1	青年期の課題	1（本時）	青年意識調査を通して、世界の青年と比較し自らの課題を考察する。
2	生き方と社会（公共的な空間）	2	前時で得られた考察を通して、公共的な空間である地域社会や国家に対してどのように関われるか認識する。

(2)教材開発と学習指導案例
①本時（1/2）の学習目標
・「公共」の最初の時間であり、4月当初と考えられる。初めて出会うクラスの仲間との意思疎通を深めるという意味で、自己紹介も兼ねた展開となっており、他者を通して自己理解が深まることをねらいとしている。
・日本の青年の自己肯定感が低いことを認識し、そのことが個人や社会にどのような影響を与えているか理解する。

②教材開発の視点
　『我が国と諸外国の若者の意識に関する調査』（2013年度）を利用することで、日本の青年の特徴を理解することができる。自己肯定感が低い現状を文部科学省も憂慮しており、そこでは自己肯定感を2つの側面から捉えることが可能であるとしている。それは、①勉強やスポーツ等を通じた競い合いなど、自らの力の向上に向けて努力することで得られる達成感などを通じて育まれる自己肯定感、②自分のアイデンティティに目を向け、短所を含めた自分らしさや個性を冷静に受け止めることで身に付けられる自己肯定感である（教育再生実行会議　第10次提言　2017年6月1日）。

　生徒らが自己肯定感（自分のあり方を積極的に評価できる感情、自らの価値や存在意義を肯定できる感情など）を意識的に持つことにより、公共空間に生きる主体者として、積極的に社会（公）に関わる態度を育成することができる。これは、古くは「青少年の間で『公』を軽視する傾向が広がっています。これは、個人の自由や権利が過度に強調されてきた社会的傾向と共に子どもを巡る環境が大きく変化し…社会性が低下していることと無関係ではありません」（文部科学白書2002　21世紀の教育改革）という問題意識ともつながるものであり、「公共」ということと自己肯定感は密接な関係にあるといえる。

③学習指導案例

過程	学習内容	指導上の留意点
導入 (10分)	・2つのグラフを配布する（図表①、図表②）。 ・何がわかるかを発問する。	国名をふせて、日本はどれか尋ねてもよい
展開1 (15分)	・なぜ、日本の青年は自己肯定感が低いのか。 ・4〜5人のグループで考察。 ・グループの代表者が発表。	・ひかえめ、目立ちたくない、自己主張をしたくないなどの意見が予想される ・「けどな」それでいいのかと指導者は問いかける。
展開2 (15分)	・レーダーチャート（別紙）の用紙を配布する。 ・ペア・ワーク（2人組）になり、各3分間ずつで質問し合う。 ・相手がつけてくれた評価を自分で考察する。 ・何人かのペアをお互いに紹介する。	・レーダーチャートには「学習、クラブ、生徒会・HR活動、ボランティア、資格」の5項目を記入させる。これは、質問が散漫にならないためで、予め指導者が質問項目を提示しておく。 ・それぞれ相手に対して5項目を質問、その興味や関心の強さをレーダーチャートに記入し相手を評価する。 ・紹介するときは、自分がみつけた相手の長所を簡潔に述べる。
まとめ (10分)	・自己肯定感と「学校生活の満足度、職場生活の満足度、将来への希望」の3点について相関関係を提示する。 ・自分に満足している者は学校生活にも53.7％が満足（不満は27.4％）職場に満足は57.3％（不満は29.6％）将来への希望は83.1％が持っているが、満足していない者は43.5％しかもっていない。	・自分に満足していたり、長所があったりする者は、学校や職場、つまり社会にも満足している者が多く、将来への希望も持っている者が多い。 ・ということは、よりよい将来をめざして主権者として行動していこうとするのではないか、よりよい社会の形成者となりうるということを指摘する。

自分自身に満足している

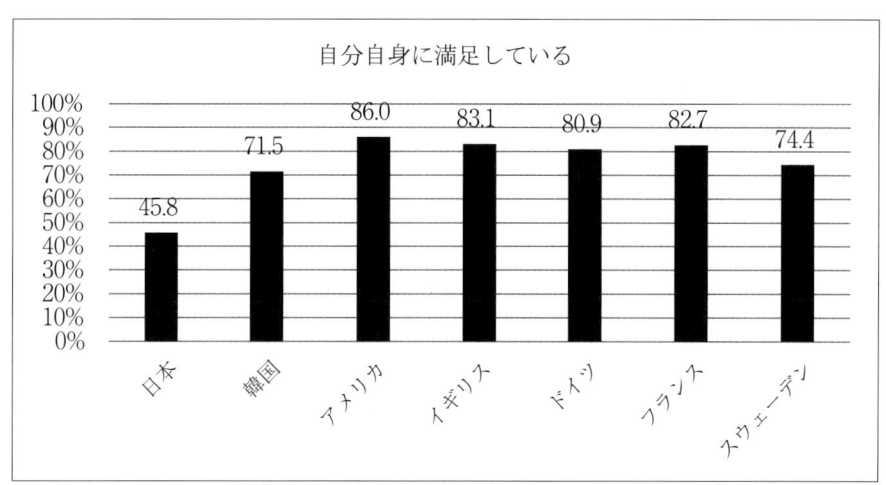

国	%
日本	45.8
韓国	71.5
アメリカ	86.0
イギリス	83.1
ドイツ	80.9
フランス	82.7
スウェーデン	74.4

（注）「次のことがらがあなた自身にどのくらいあてはまりますか。」との問いに対し、「私は、自分自身に満足している」に「そう思う」「どちらかといえばそう思う」と回答した者の合計。

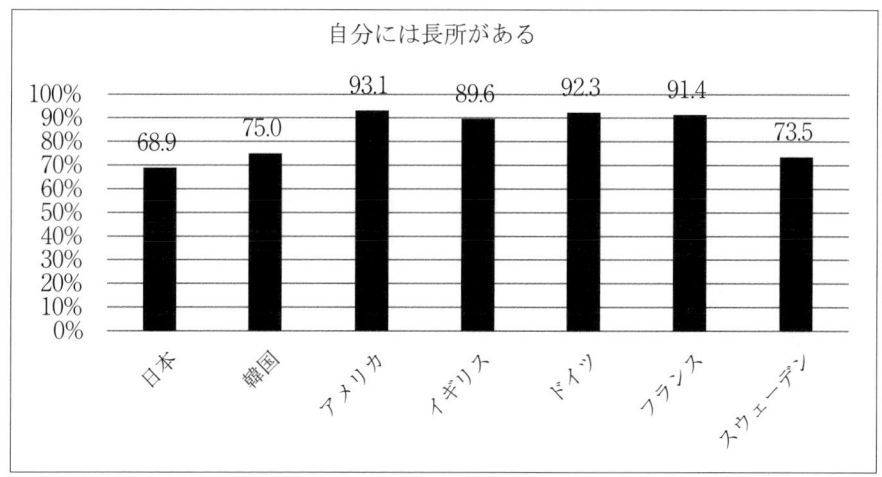

自分には長所がある

国	%
日本	68.9
韓国	75.0
アメリカ	93.1
イギリス	89.6
ドイツ	92.3
フランス	91.4
スウェーデン	73.5

（注）「次のことがらがあなた自身にどのくらいあてはまりますか。」との問いに対し、「自分には長所があると感じている」に「そう思う」「どちらかといえばそう思う」と回答した者の合計。

出典「今を生きる若者の意識～国際比較からみえてくるもの～」（内閣府、2013年）
（我が国と諸外国の若者の意識に関する調査（2013年度）の結果からみえる若者の意識を分析したもの。同様の結果は、第7回世界青年意識調査でも「自分の誇れるものをもっていますか」という問いで「誇れるものはない」と答えた者が8.3％いた。これは、韓国の5.1％はともかく、アメリカ0.5％、スウェーデン0.7％、ドイツ1.6％と比べても格段に多い数字である。）

4　授業実践にあたっての留意点

　生徒参加型の授業を意識した展開となっていること、生徒間の対話を通して、自尊感情をどう引き出すかというのがポイントである。

　かつて「ゆとり世代」とよばれた若者は、消費意欲や競争心が薄れた「さとり世代」とよばれ、今や「つくし世代」とよばれている。他者につくすことによって他者から承認され、相互に認め合いながらコミュニティをつくる、居場所を求める傾向があるというのである。ずいぶんスケールの小さいこじんまりした印象を受ける。確かに、気の合ったもの同士なら盛り上がるが、知らない者とは関わるのが苦手というのが昨今の高校生である。一方で、他者軽視を通して生ずる偽りのプライド（これを「仮想的有能感」とよんでいるが）をもつ生徒も多く、どうも中庸というバランスが乏しい。自分と同じく相手も尊重する自尊感情をどう形成するか、それがひいては「公共」という科目の通年を通した目標でもある。「公共」という社会空間での立ち振る舞いの一歩がこの授業と考えている。

　なお、学習指導要領比較対照表では、この単元は「現代社会」の「青年期と自己の形成」と対応しており、従来からの指導内容である境界人やアイデンティティの形成、社会化などの概念で公共空間と私の理解を深めることも可能である。

（高田　敏尚）

〈参考文献〉
内閣府『子ども・若者白書』（平成26年版）、2014年。
内閣府『世界の青年との比較からみた日本の青年』（第7回世界青年意識調査報告書）、2004年。
速水敏彦『他人を見下す若者たち』（講談社現代新書）、2006年。
藤本耕平『「つくす」若者が「つくる」新しい社会』（ベスト新書）、2016年。
原田曜平『18歳選挙世代は日本を変えるか』（ポプラ新書）、2016年。

3 「公共」の学習指導案の作成事例
(1) 公共の扉　イ 公共的な空間における人間としての在り方生き方

1　学習指導要領における位置付け
(1)学習指導要領における内容

「2　内容」の「A　公共の扉」「(2)公共的な空間における人間としての在り方生き方」に関して、学習指導要領では次のように記されている。

> 主体的に社会に参画し、他者と協働することに向けて、幸福、正義、公正などに着目して、課題を追究したり解決したりする活動を通じて、次の事項を身に付けることができるよう指導する。
> ア　次のような知識及び技能を身に付けること。
> 　(ア)　選択・判断の手掛かりとして、行為の結果である個人や社会全体の幸福を重視する考え方や、行為の動機となる公正などの義務を重視する考え方などについて理解すること。
> 　(イ)　現代の諸課題について自らも他者も共に納得できる解決方法を見いだすことに向け、(ア)に示す考え方を活用することを通して、行為者自身の人間としての在り方生き方について探求することが、よりよく生きていく上で重要であることについて理解すること。
> 　(ウ)　人間としての在り方生き方に関わる諸資料から、よりよく生きる行為者として活動するために必要な情報を収集し、読み取る技能を身に付けること。
> イ　次のような思考力、判断力、表現力等を身に付けること。
> 　(ア)　倫理的価値の判断において、行為の結果である個人や社会全体の幸福を重視する考え方と、行為の動機となる公正などの義務を重視する考え方などを活用し、自らも他者も共に納得できる解決方法を見いだすことに向け、思考実験など概念的な枠組みを用いて考察する活動を通して、人間としての在り方生き方を多面的・多角的に考察し、表現すること。

(2)内容の取り扱い

本単元を実施するにあたって配慮が求められる「3内容の取扱い」には、内容の全体にわたる事項の他に、本単元に関連するものとして以下の記述がある。

> オ　内容のAについては、次のとおり取り扱うものとすること。
> 　(イ)　Aに示したそれぞれの事項を適切に身に付けることができるよう、指導のねらいを明確にした上で、今まで受け継がれてきた我が国の文化的蓄積を含む古今東西の先人の取組、知恵などにも触れること。
> 　(エ)　(2)については、指導のねらいを明確にした上で、環境保護、生命倫理などの課題を扱うこと。その際、Cで探究する課題との関わりに留意して課題を取り上げるようにすること。

補足すると、「(2)公共的な空間における人間としての在り方き方」は「公共」

の導入として位置づけられている「A公共の扉」の3つの単元の2番目として実施するものとされており、Aの内容をふまえてB以降の学習も行われることが求められている。したがって、本単元ではB及びCの学習の基盤を養うことができるよう、十分留意した指導が求められる。また、上記の内容の取り扱いの(イ)については本単元のみのものとして示されたものではないが、内容のア(ウ)と特に結びつくものであると考えられるため、あえて取り上げたものである。

2 単元の特色
(1)内容的特色と本単元の位置付け

本単元を含めた3つの単元から成る内容「A公共の扉」では、社会に参画する際に選択・判断するための手がかりになる概念や理論及び公共的な空間における基本的原理の習得が目指されているが、これらの内容は生徒が自立した主体として社会に参画する際に不可欠なものであり、内容のB及びCのみならず、「倫理」及び「政治・経済」においても課題等を解決したり追究したりする活動において用いられるものである。そういった意味では、本単元を含む内容Aは、内容B及びCの学習の基盤を形成するための「公共」の導入として位置付けられるとともに、教科「公民」全体の基盤を形成するものとして捉えることもできる重要な内容である。

そのような基盤的役割を果たしている内容Aの中で、本単元は2番目に学習するものとして位置付けられている。前単元「(1)公共的な空間を作る私たち」において、私たち人間は、孤立して生きる存在ではなく、地域社会などの様々な集団の一員として生き、他者との協働により国家や社会などの公共的な空間を作り出していく存在であり、社会に参画する自立した主体であるということを学ぶ。その上で、本単元「(2)公共的な空間における人間としての在り方生き方」においては、社会に参画し、他者と協働する倫理的主体として個人が判断するための手掛かりとなる考え方を学び、それらの考え方の活用を通じて、自分も他者も共に納得できる解決方法を考えることの重要性を認識する。そして、次の単元「(3)公共的な空間における基本的原理」では、公共的な空間を作る上では人間の尊厳と平等、法の支配などの様々な基本的原理が必要であることと、それらの基本的原理を用いて公共的な空間において生じる課題を考察することの大切さを学んだ上で、内容B及び内容Cにつなげていくことになっている。

端的に言えば、公共的な空間を作る社会的存在であることをふまえ（前単元）、公共的な空間の担い手としての個人の選択・判断の手掛かりとなる考え方を学び（本単元）、他者と共に公共的な空間を作る上で生じる課題を考察する上で必要となる基本的原理について考える（後単元）ことを通じて、人間としての在り方生き方や公共的な空間と社会の在り方を考える（内容B並びに内容C）上での基盤

となる「人間と社会の在り方についての見方・考え方」を育む（内容A）という構造になっているといえる。社会的存在としての個人が社会においてどのように生きるかという点に特に焦点を当てているのが本単元であるともいえる。

　本単元では、個人の選択・判断の手掛かりとなる考え方として、「その行為の結果である、個人や社会全体の幸福を重視する考え方」と「その行為の動機となる人間的責務としての公正などを重視する考え方」の理解をはかる。この二つの考え方は、規範倫理の代表的なものであるともいえ、前者は功利主義に代表される帰結主義の考え方、後者は義務論や功利主義を批判するロールズの考え方などに代表される非帰結主義の考え方である。行為の結果を重視する考え方と、行為の動機を重視する考え方ともいえる。これらの考え方は、論理的には対立しているような考え方として捉えられることもあるが、個人が社会において何らかの行為を選択・判断しようとするとき、いずれか一方の考え方によるものばかりではなく、それぞれの考え方を組み合わせて行っている場合もある。課題の内容も様々であり、人間の個性や価値観もまた多様であるからである。両者の持つそれぞれの利点や欠点を比較、検討しながら、よりよい選択・判断を追究していくことが、行為者である人間としての在り方生き方を探求していくことにつながっていく。他者と共に生きる社会において、自己が自分の資質・能力を活かしながら課題に取り組み、自分も含めた社会全体がよりよい方向に向かっていくというような個人と社会の関係を構想するなど、キャリア形成をも指向する人間としての在り方生き方を探求し続ける基盤となる考え方を身につけることが求められる。

(2)方法上の特色

　これまでに述べた内容の理解にあたっては、資料に基づく教師の説明と生徒による記憶という活動を中心とした従来型の方法ではなく、主体的社会参画と他者との協働を指向し、課題の追究や解決を目指す思考や議論などの活動の中でそれらの内容を知的に活用することを通じて理解をはかることが目指されている。そして、身につけることが目指される知識及び技能、並びに思考力、判断力、表現力などをこのような学習活動を通して総合的に学ぶことで、単に知識として習得するだけでなく、活動の中で活用可能な形で身につけることを目指し、併せて学習内容の意義についても実感することで公共的な空間における人間としての在り方生き方を追求することを指向するようになることを目指しているものである。なお、ここでの活動は、考え方の学習が中心であり、設定した課題についてのよりよい解決そのものを求めているわけではない。

　課題の追究や解決を目指す活動の中で学ばれる選択・判断の手掛かりとなる考え方に関しては、先人によるこれまでの課題解決を指向した取り組みや考え方を示した諸資料から必要な情報を収集し、読み取る活動を通じて、それらを獲得できるようになるような技能を身につけることが目指されている。

また、本単元並びに次の単元では、思考実験など概念的な枠組みを用いて考察する活動が示されていることも特色である。社会問題の背景にある社会状況は複雑で、そこに関わっているものをすべて把握して全体像を俯瞰するためには、膨大な情報を長い時間をかけて分析していくことが必要であり、それらを行ったうえで課題の本質を把握することは、限られた時間数では現実には難しい。したがって、課題の本質を的確に捉えられるような単純なモデル的事例を示して考えさせたり、複数の解決策がそれぞれ本質的にはどのような考え方に基づくものであるかをある程度抽象化してそれらの違いを把握しやすい形にして示した上で考えさせたりするなど、課題の提示と把握における工夫が求められているのである。
　思考実験的な課題としては、社会心理学研究における社会的ジレンマや哲学・倫理学研究における道徳的ジレンマなどで示されているモデルがある。たとえば、「囚人のジレンマ」や「トロッコ問題」と呼ばれるものなどがそれにあたる。また、事実関係が複雑な問題の本質的な点を単純化して捉えやすく示したものの例として、経済学で提起された「共有地の悲劇」と呼ばれるものがある。このような問題の構造は、地球環境問題が抱えている構造とほぼ同様であり、複雑な事実関係を背景とした問題の本質を捉えさせ、見方・考え方による選択・判断といった思考を働かせることを可能にするものである。
　以上の点を踏まえつつ、以下に具体的な単元計画を示す。

3　単元計画と実践例
(1)単元計画の手順と具体例
①単元計画の手順
　本単元では、課題を追究したり解決したりする活動として構成することになっているが、内容の取り扱いでは「指導のねらいを明確にした上で、環境保護、生命倫理などの課題を扱うこと」が求められている。ここでいう指導のねらいとは、これまで述べてきたように、選択・判断の手掛かりとなる考え方の理解をそのような活動を通じてはかることである。
　単元計画の手順は、おおよそ次の6段階になる。「①(教師によって適切に精選された) 課題の提示」「②(情報の収集と読み取り・分析による) 課題の把握」「③(帰結主義的な考え方や義務論的な考え方などが学べる資料の読み取りを通じて把握した考え方による) 課題の探究」「④(考え方による自分の) 選択・判断並びに (理由を含めた) 考えの説明」「⑤異なる考えによる (共に納得可能な合意を目指す) 議論」「⑥(納得のいく解決が難しい状況の中で自分はどう考えるかを中心とする) 振り返り」である。もちろん、この6段階以外の単元構成もあり得る。
②単元計画案
○単元名：郊外型大型店誘致の是非を考える

○単元目標：
・課題について選択・判断する手掛かりとなる複数の考え方を理解し、それらを活用して自身の考え方を探求することの重要性を理解するとともに、先人の資料から適切な考え方を読み取る技能を身につける。（知識及び技能）
・選択・判断する手掛かりとなる複数の考え方を活用して、課題について多面的・多角的に考察したり、解決に向けて公正に判断する力や、構想したことを論述したり議論したりする力を養う。（思考力、判断力、表現力等）
・課題解決を考える上での自己の考え方について自覚する。（自覚）

○単元の指導計画（全8時間）：

次	学習内容	時	学習活動
1	課題の提示	1（本時）	人口減少が進む架空の小都市の活性化を目的とした郊外型大型店誘致計画の概要を把握する。
2	課題の把握	1（本時）2	居住地、年齢、家族構成、車の所有状況など、誘致に対して利害が異なる多様な立場を示した資料を読み取り、課題の状況を把握する。
3	課題の探究	3	帰結主義や義務論などの先人の考え方を示した資料を読み取り、複数の考え方を活用しながら、課題の構造を明らかにする。
4	選択・判断並びに考えの説明	4・5	ロールプレイング的にそれぞれの立場になりきり、誘致の賛否や留保条件などについて、理由も含めて考えをまとめて発表する。
5	異なる考えによる議論	5〜7	グループ、もしくはクラス全体で議論する。5－利害調整の難しさを実感する。6－「共有地のジレンマ」を扱い、各自の利益の最大化が必ずしも全体の利益拡大につながらないことを認識する。7－再度議論する。
6	振り返り	8	振り返りを文章でまとめると共に、グループ、もしくはクラス全体で意見交換する。

(2)教材開発と学習指導案例
①教材開発の手順
　本単元は、社会問題の探究を可能とする資質・能力の基盤を形成することが目的であり、課題解決という思考活動を通じて選択・判断の考え方を理解し、社会における自己の在り方生き方を考えることの重要性を認識することが求められる。したがって、設定する課題は事実関係がある程度整理されていて把握しやすいものがふさわしく、複雑な事実関係を背景に持つ社会問題を直接課題として設定するよりも、同様の問題構造を持つもので関連する諸条件をある程度整理したモデ

ル的なものを課題として設定する。

② 本時（1/8）の学習目標
・人口減少が進む都市の活性化を目的とした架空の郊外型大型店誘致計画について、利害が異なる多様な立場の人々の間に起きる課題状況を理解する。

③ 学習指導案例（略案）

過程	学習内容・学習活動	指導上の留意点
導入 (15分)	○人口減少が進む架空の小都市における郊外型大型店誘致プランという事例について理解する。 ・人口減少、寂れる中心地、近隣大都市への買い物客の流出、若者の流出、などの状況を理解する。	・課題の背景が明確になるように架空事例の状況を整理して提示する。 ・学習者のレベルに合わせ、諸条件の設定を工夫する。
展開 (30分)	○計画をめぐる様々な立場の人の状況を資料から調べ、その人たちが受けるメリット・デメリットについて考える。 ・ア：初老夫婦（中心街居住、車無し、徒歩で買い物……） ・イ：30代夫婦（郊外団地居住、車有り、買い物は隣町の大型店、小さい子供がいる…） ・ウ（以下略）	・様々な人のメリット、デメリットを考えられるように、立場を記したカードを配布する。 ・生徒のレベルに合わせて提示する立場の数を設定する。 ・考えるのが難しい生徒に対しては、その人の立場や状況を比較させることで、考える視点に気づくことができるようにする。
終結 (5分)	○次回、続きを行うことを伝える。	

4 授業実践にあたっての留意点

本単元の事例設定については、帰結主義や義務論など、背景とする考え方によって選択・判断が異なるような意見が出てくるような条件設定を意図的にしておくことが望ましい。また、生徒のレベルに合わせて、利害関係者の増減や条件の複雑化・単純化を行うなど、生徒が事実関係の把握の時点であまり時間がかからないように配慮することが大切である。最終の振り返りでは、利害が異なる状況を前にした選択・判断を行う上でどのようなことを考え、感じたのかをじっくり考えられるよう、教師がファシリテートすることも重要である。

（吉村　功太郎）

3 「公共」の学習指導案の作成事例
(1) 公共の扉　ウ 公共的な空間における基本的原理

1 学習指導要領における位置付け
「A 公共の扉」の「(3)公共的な空間における基本的原理」に関して、学習指導要領では次のように記されている。

> (3) 公共的な空間における基本的原理
> 　自主的によりよい公共的な空間を作り出していこうとする自立した主体となることに向けて、幸福、正義、公正などに着目して、課題を追究したり解決したりする活動を通して、次の事項を身に付けることができるよう指導する。
> ア 次のような知識を身に付けること。
> 　(ア) 各人の意見や利害を公平・公正に調整することなどを通して、人間の尊厳と平等、協働の利益と社会の安定性の確保を共に図ることが、公共的な空間を作る上で必要であることについて理解すること。
> 　(イ) 人間の尊厳と平等、個人の尊重、民主主義、法の支配、自由・権利と責任・義務など、公共的な空間における基本的原理について理解すること。
> イ 次のような思考力、判断力、表現力等を身に付けること。
> 　(ア) 公共的な空間における基本的原理について、思考実験など概念的な枠組みを用いて考察する活動を通して、個人と社会との関わりにおいて多面的・多角的に考察し、表現すること。

さらに「3　内容の取扱い」において、日本国憲法との関わりを留意する次のような記述がある。

> (3) 内容の取扱いに当たっては、次の事項に配慮するものとする。
> オ 内容のAについては、次のとおり取り扱うものとすること。
> 　(オ) (3)については、指導のねらいを明確にした上で、日本国憲法との関わりに留意して指導すること。「人間の尊厳と平等、個人の尊重」については、男女が共同して社会に参画することの重要性についても触れること。

　本単元は、科目「公共」全体の導入を図る「A 公共の扉」の締めくくりの単元である。生徒には日本国憲法の基礎にある考え方を、以後の学習で活用できる「基本的原理」として学ぶことが求められる。学習指導要領における「(3) 公共的な空間における基本的原理」冒頭の「自主的によりよい公共的な空間を作り出していこうとする自立した主体」は、「公共」に共通する"方向目標"を示したものと考えられる。さらに「幸福、正義、公正など」の概念は、広く過去、現在、未来の社会的意思決定の判断基準となる"時間的に生命力のある概念"を示したものと考えられる。これらを踏まえ本単元では、日本国憲法をはじめとする現代の民主主義的な立憲主義社会に共通する、憲法の基本的原理を習得することがねらいとなる。

2 単元の特色

本単元は、学習指導要領の内容の取扱いに「指導のねらいを明確にした上で、日本国憲法との関わりに留意して指導する」とあるように、憲法条文学習や憲法典学習といった狭い意味での憲法学習ではなく、憲法の基本的原理を広く公共空間の課題解決に活用していく憲法活用学習を展開することを特色とする。

従来の社会科・公民科における憲法学習は、日本国憲法の各条文に依存する憲法条文学習であり、日本国憲法という憲法典を主な学習対象としていた。しばしば、それはテストのための条文暗記学習や権利分類学習に陥っており、教師にとっても、生徒にとっても憲法条文は"使うもの"ではなく、"覚えるもの"に留まっていたのではないか。本単元は、このような憲法条文学習・憲法典学習に対し、"条文学習から原理学習へ" "暗記学習から活用学習へ"といった変革を求める。

学習指導要領及び解説を分析すると、本単元の特色は以下のようになる。

第一に、「人間の尊厳と平等、個人の尊重、民主主義、法の支配、自由・権利と責任・義務」といった日本国憲法の基礎にある考え方を、公共的な空間における基本的原理として、生徒への理解を促すこと。

第二に、公共的な空間における「各人の意見や利害を公平・公正に調整」する学習活動を展開し、そのなかで生徒が上記した基本原理を積極的に活用すること。

第三に、「思考実験」など概念的な枠組みを用いる学習活動を展開し、公共的な空間における基本的原理に関する生徒の思考力、判断力、表現力を鍛えること。

3 単元計画と実践例
(1)単元計画の手順と具体例
①単元計画の手順

指導計画作成の手順は、上記の単元の特色に対応し、「憲法の基本的原理の理解」「基本的原理を活用した意見や利害を調整する学習活動の設定」「思考実験による基本的原理についての思考力・判断力・表現力の鍛練」の三点を満たすように行う。そのため、教師自身が法学・憲法学等の原典にあたり、個人の尊重、民主主義、自由と責任といった主要な基本的原理を学ぶ必要がある。さらに、基本的原理を活用する「模擬会議」「模擬議会」といった主体的かつ活動的な学習活動や、「無知のベール」「囚人のジレンマ」といった典型的な思考実験を、本単元向けにアレンジすることも必要となる。

②単元計画案
○単元名:「公共の空間において憲法の基本的原理を生かそう!」
○単元目標:
・各人の意見や利害を公平・公正に調整する模擬会議を通じ、人間の尊厳と平等、個人の尊重、民主主義、法の支配、自由・権利と責任・義務など、公共的な空

間における基本的原理について理解し、活用できるようになる。（知識・技能）
・公共的な空間における基本的原理について、思考実験、模擬会議、ロールプレイなどを用いて活用の可能性を考察し、場面に応じた判断を行い、表現する力を養う。（思考力・判断力・表現力）
・生徒が公共的な空間において基本的原理を活用する意思決定、議論に主体的に参加しようとする態度を養うとともに、社会的課題の解決に積極的に取り組もうとする意欲を養う。（意欲）

○単元の指導計画（全3時間）：

次	学習内容	時	学習活動
1	憲法の基本的原理	1	中学校社会科における憲法学習を踏まえ「人間の尊厳、平等、個人の尊重、民主主義、法の支配、自由と責任、権利と義務」といった基本的原理の考え方を確認する。それを踏まえて、ワークシート「小さな団地のルールづくり」を記入する。
2	模擬会議（地域）「小さな団地のルールづくり」	1（本時）	ワークシート「小さな団地のルールづくり」をもとにA高齢者、B外国人家族、C女性の一人暮らし、D共働き家族の4世帯が暮らす小さな団地のルールづくりに関する模擬会議を行う。
3	思考実験（国家）「もし生まれ変わるなら自己責任社会か高福祉国家か？」	1	思考実験としてJロールズの「無知のベール」を参考に、個人の自由を重視する「自己責任社会」と医療・教育などが無償の「高福祉国家」のメリット・デメリットを分析し、自分自身が社会的強者か弱者になるか分からない前提で、生まれ変わるならどちらがよいか判断していく。

　本単元は、「憲法の基本原理」「模擬会議（地域）」「思考実験（国家）」の全3時間より計画される。1次では、単元全体で活用する憲法の基本的原理の確認や概念規定を行う。さらに、基本的原理を活用するワークシートを記入し次時への橋渡しを行う。2次では、「小さな団地のルールづくり」に関する模擬会議を実施する。ここでは地域レベルの課題解決をめざし、グループ会議、ロールプレイ、ワールドカフェ式議論など、クラス・生徒の状況に応じたアクティブな学習を選択する。3次では、国家レベルの社会づくりのあり方について「思考実験」を展開し、自由と平等、個人の尊重と人間の尊厳といった原理間のジレンマを経験する。

(2)教材開発と学習指導案例
①本時（2次）の学習目標
・地域のルールづくりに関する模擬会議において、憲法の基本的原理を活用した

意見が形成できるとともに、基本的原理の理解を広げることができる。
② 教材開発の視点
　憲法は、個人の尊重や少数者の人権保障を前提に、社会の構成員が社会的課題の解決に向けた議論に参加し、解決案やルールを策定し、最終的に多数決や全会一致によって、社会的意思決定を行うことを志向している。つまり、人間の尊厳や平等が実現されることを目標に、民主主義的な議論によってルールづくりを展開する。その際に個人や少数者に配慮することによって、自由と平等、権利と義務のバランスを図る。
　本時では、このような視点から、以下のワークシートをメイン教材として活用し、本ワークシートに基づく憲法の基本的原理を体験する模擬会議を展開する。
【ワークシートの概要】

小さな団地のルールづくり

　ある新しい団地に、A高齢者夫婦（75歳以上）、B外国人家族（夫婦と子供一人）、C女性の一人暮らし、D共働き家族（夫婦と子供二人）の4世帯が暮らしはじめることになりました。団地には、「ゴミステーション」、「防犯カメラ」が設置されていました。さらに団地の近くには、この団地をはじめ周辺の成人男性が協同で管理している「小さな神社」がありました。
　この団地では、「ゴミステーション」、「防犯カメラ」、「小さな神社」の管理ルールを決めるため、住民が集まって会議を行うことになりました。
Q1：会議の参加者と決定の方法は？
Q2：「ゴミステーション」の管理ルールは？（高齢者に配慮）
Q3：「防犯カメラ」の維持費の負担は？（世代間利益に配慮）
Q4：「小さな神社の管理1」への参加ルールは？（信教の自由に配慮）
Q5：「小さな神社の管理2」への女性参加の方法は？（男女共同参画社会に向けて）

③ 学習指導案例（2次「小さな団地のルールづくり」）

過程	学習内容	指導上の留意点
導入 （5分）	○前時に記入したワークシート「小さな団地のルールづくり」を憲法の基本的原理を視点に再確認する。	・個人的な意見ではなく、憲法の基本的原理に基づきすべての住民が個人として尊重され、最大多数の最大幸福をめざす。
展開 （30分）	○4名程度の小グループになり、ワークシートの各問題について最もよいと思うルールをつくる。 Q1：会議にはどのようなメンバーを呼ぶべきですか？また議決はどのような方法で行いますか？	・各生徒が意見を発表した後、最もよいルールを考える。さらに複数の問題を関係づけたルールづくりも促す。 ・民主主義の理念と世代間の協働の観点から子供を含めた全員参加の意義を必ず検討させる。

	Q2:「ゴミステーション」の管理について、A高齢者夫婦から「高齢のため、身体が上手く動かず、掃除を免除して欲しい」との願いがありました。4世帯で、どのような役割分担をすべきですか？	・社会的弱者への配慮が不可欠であることを気づかせる。また安易に同じ責任を課す形式的平等をめざすのではなく、能力に応じた責任を課す実質的平等を実現するルールづくりを促す。
	Q3:「防犯カメラ」は、特に子育て家族から「子供たちを犯罪から守るために欲しい」との声があり設置されていました。維持費が年間5万円かかります。どのように維持費の負担ルールを決めますか？	・人間の尊厳と平等、最大多数の最大幸福、世代間の協働などの観点からのルールづくりを促す。またプライバシー保護の観点から「防犯カメラ」設置自体の是非に関する検討も加える。
	Q4:「小さな神社」の管理について、外国人家族の父親から「私には自己が信じる別の神への信仰があるので、地域の神社には立ち入りたくない」との要望がありました。どのように神社の管理に参加するルールを決めますか？	・信教の自由は憲法が保障する市民的自由の基本であり特別な配慮が必要であることに気付かせる。また様々な宗教背景を有する人々の「自由・権利と責任・義務」が調和できるルールを考えさせる。
	Q5:「小さな神社」の管理について、女性住民から「従来は成人男性が担当していたが、私も参加したい」との要望がありました。どのような参加方法がありますか？	・伝統的に成人男性のみが参加している風習と男女共同参画社会のジレンマを経験させる。結論を出すことを急がず、十分な議論を促す。
終結 (15分)	○応用的な表現活動 クラスの状況や進度に応じて以下の活動を選択し会議をまとめる。 A小グループでまとめた意見をクラス全体に発表する。 B各小グループに4つの立場（高齢者夫婦、外国人家族、女性の一人暮らし、共働き家族）を割り振り、各立場からクラス全体に発表する。 C各生徒に4つの立場の一つの役割を与えて、その立場になりきったロールプレイを行い、会議を行う。	・本時全体の模擬会議は、生徒の状況、クラスの人数などに応じて以下の方法を適宜、選択する。 A各小グループに、特に議論して欲しい問題（Q1からQ5）を指定しても良い。 B本時の冒頭から立場を決めたグループ議論（例えば1グループは高齢者の立場からルールづくり）をし、後半にそれぞれのグループから選出された4人組（4つの立場が揃う）を作るワールドカフェ方式も可能。 Cロールプレイでは各立場になりきり感情や動きも含め表現する。

【評価の観点】
・憲法の基本的原理の各概念を適切に理解できているか。
・憲法の基本的原理を活用した議論やルールづくりができているか。
・他の生徒と積極的な意見交換や基本的原理の共有ができているか。

4 授業実践にあたっての留意点

　本単元を実践するための留意点は、以下の三点である。

　第一に、従来の社会科・公民科における憲法条文学習や社会認識学習に囚われることなく、憲法の基本的原理を抽出し、その概念を生徒たちがしっかり活用できることを重視する。そのために架空事例、思考実験を積極的に取り上げ、憲法条文や社会事象のディテールを教授することに拘らないように留意する。

　第二に、生徒間の多様な意見交換に価値を見出し、教師による説明や講義は、最小限に留める。教師は生徒が行う議論のファシリテーターに徹する。これは、生徒自身が憲法の基本的原理を活用し、憲法を"使うもの"とすることが重要だからである。さらに、生徒自身が主体となるように、教室自体を公共的な空間とすることに意義がある。憲法の基本的原理の入力よりも、出力を重視した授業設計が必要である。

　第三に、教師自身には、憲法学の原典にあたる教材研究が必要である。例えば、近代立憲主義に立つ憲法の名宛て人は国家である。憲法は、まず国家に対する制限規範であることが前提である。つまり、憲法は主権者である市民が国家に宛てた約束書である。また、市民と市民との関係については、憲法条文を直接適用するのではなく、民法を通した間接適用が通説である。このような見方・考え方も憲法の基本的原理のひとつである。生徒自身が公共的な空間の在り方を考える際に、人間の尊厳や平等を活用することは重要である。しかし、憲法は歴史的に様々な犠牲のもとに、国家権力に対して個人の尊重や市民的自由を確立し、健全な権力批判を憲法上の重要な権利に位置付けてきた。このことは、本単元を実践する前に、十分に留意すべき点である。

　この点は、本単元の後に続く「B自立した主体としてよりよい社会の形成に参画する私たち」の「ア法に関する事項」との役割分担も留意する必要があろう。

　以上のような留意点はあるものの、本単元が憲法の基本的原理を生徒自身のものとし、活用し、使えるようになることは、科目「公共」がねらう主権者教育の観点からも最重要課題と言えよう。

（中原　朋生）

〈参考文献〉
阪本昌成『憲法理論Ⅱ』成文堂、1993年。
法教育研究会『はじめての法教育』ぎょうせい、2005年。
R.ノージック著・嶋津格訳『アナーキー・国家・ユートピア』木鐸社、2016年。
J.ロールズ著・川本隆史他訳『正義論　改訂版』紀伊国屋書店、2017年。

3 「公共」の学習指導案の作成事例
(2) 自立した主体としてよりよい社会の形成に参画する私たち
ア 法に関する内容について

1 学習指導要領における位置付け

「2 内容」の「(1)主として法に関わる事項」に関して、学習指導要領では次のように記されている。

> ア 次のような知識及び技能を身に付けること。
> (ア) 法や規範の意義及び役割、多様な契約及び消費者の権利と責任、司法参加の意義などに関わる現実社会の事柄や課題を基に、憲法の下、適正な手続きに則り、法や規範に基づいて各人の意見や利害を公平・公正に調整し、個人や社会の紛争を調停、解決することなどを通して、権利や自由が保障、実現され、社会の秩序が形成、維持されていくことについて理解すること。
> (エ) 現実社会の諸課題に関わる諸資料から、自立した主体として活動するために必要な情報を適切かつ効果的に収集し、読み取り、まとめる技能を身に付けること。
> イ 次のような思考力、判断力、表現力等を身に付けること。
> (ア) アの(ア)から(ウ)までの事項について、法、政治及び経済などの側面を関連させ、自立した主体として解決が求められる具体的な主題を設定し、合意形成や社会参画を視野に入れながら、その主題の解決に向けて事実を基に協働して考察したり構想したりしたことを、論拠をもって表現すること。

本単元では「法や規範の意義及び役割」、「多様な契約及び消費者の権利と責任」、「司法参加の意義」と三つの主題が示されている。これらの主題について、生徒の学習意欲を高める具体的な問いを立てることが必要となる。

また、本単元を実施するにあたっては、「3 内容の取扱い」にも注目しておく。関連する箇所に、以下のような記述がある。

> (3) 内容の取扱いに当たっては、次の事項に配慮するものとする。
> カ 内容のBについては、次のとおり取り扱うものとすること。
> (エ) アの(ア)の「法や規範の意義及び役割」については、法や道徳などの社会規範がそれぞれの役割を有していることや、法の役割の限界についても扱うこと。「多様な契約及び消費者の権利と責任」については、私法に関する基本的な考え方についても扱うこと。「司法参加の意義」については、裁判員制度についても扱うこと。

「私法に関する基本的な考え方についても扱う」とあるように、本単元では法の基本的な見方・考え方を習得、活用しながらそれぞれの主題を考察し、解決策を構想するなどして社会参画をすることが重要となる。

2　単元の特色

　本単元では、法的な見方・考え方を理解すること、それを活用して「法や規範の意義及び役割」、「多様な契約及び消費者の権利と責任」、「司法参加の意義」の主題について考察したり議論したりすることを通して、個人や社会にとってよりよい法や制度の在り方を構想し表現することが目的となる。
　これを前提として、本単元の特色は以下の四つである。
　第一に、生徒の学習意欲を高める現代の法的問題を取り扱うことである。例えば、大学入試におけるアファーマティブアクション、契約自由の原則とその例外、民法改正による18歳成年と親権、成年後見、隣人訴訟、司法取引、死刑の是非などの法的な社会問題を取り上げてもよいし、身近な紛争状況を設定して交渉や調停をさせてもよい。刑事模擬裁判や模擬評議などに取り組ませて司法の手続きを模擬的に体験させることも考えられる。
　第二に、法の意義を理解させることである。法には、社会統制機能（人の行動を規制し社会の秩序を維持することで人々の自由を守る）、活動促進機能（契約などを通して人々の活動を予告可能で安全なものにする）、紛争解決機能（紛争が生じたときにその紛争を解決する）、資源配分機能（人々の自由・平等を実質的に保障するために国家が資源を配分する）などの機能がある。これを学習指導要領解説は「法は刑罰などによって国民の行為を規制し社会の秩序を維持するだけではなく、国民の活動を積極的に促進し、紛争を解決するなど、日常生活に密接に関連していることを理解できるようにする」と表現している。「法によって自由が縛られる」というようなネガティブなイメージをもつ生徒もいるが、法の意義を理解させて、法は相互尊重のためのルールであり、人々の生活を豊かにするために存在していることを理解させることが求められる。
　第三に、法的な見方・考え方を習得、活用させることである。例えば、あるルールをつくるときに多くの利害関係者が参加できているかといった手続き的正義、あるルールを評価するときに目的は合理的か手段は目的を達成するために相当かといった目的の合理性と手段の相当性、契約を結ぶ際の情報の非対称性と公正さ、私的自治、不法行為、所有などの基本的な見方・考え方を習得させることが重要である。習得した法的な見方・考え方を活用して三つの主題を考察させることで深い学びになる。
　第四に、あるべき法やルール、制度、問題や紛争の解決策について構想させることである。これによって、問題や紛争の背景にある利害の対立に目を向けたり、問題や紛争を解決するために公平・公正といった見方・考え方を活用したり、人々がルールを理解して守るための方法を考えたりといった表現活動ができるようになる。また、自分たちでつくったルールや法、制度などを守るという規範意識を涵養し、都合が悪い人が多ければルールや法、制度をつくり替えるといった主体

性を育成し、社会参画に結び付けることができる。

3 単元計画と実践例
(1)単元計画の手順と具体例
①単元計画の手順
　以下の手順で単元計画を構成したい。第一に、単元目標を明確に設定する。第二に、それぞれの主題について生徒の学習意欲を高めるような具体的な法的問題を見つける。第三に、習得・活用する法的な見方・考え方を明らかにする。第四に、法的な見方・考え方をどのように活用して考察・構想させるか明確にする。
②単元計画案
○単元名：法に関わる事項
○単元目標：
・法の規範の意義および役割、多様な契約及び消費者の権利と責任、司法参加の意義を理解させ、必要な情報を収集し、読み取り、まとめる技能を身に付けさせる。（知識・技能）
・解決が求められる具体的な主題について、主題の解決に向けて考察したり構想したりしたことを、論拠をもって表現する力を養う。（思考力・判断力・表現力）
・現代の諸課題を主体的に解決しようとする態度を養うとともに、他者と協働しながら、よりよい社会の実現に向けて積極的に社会に関わろうとする意欲を喚起する。（意欲）

○単元の指導計画（全9時間）：

次	学習内容	時	学習活動
1	法の規範の意義および役割	1	身近な紛争を解決するためにルールをつくり、つくったルールを評価する。
		2	法と道徳の違い、法の限界を理解する。
		3（本時）	民事紛争解決をはかり、法の意義やあるべき法制度を考察する。
2	多様な契約及び消費者の権利と責任	4	私的自治、契約自由、所有権絶対、過失責任など私法の基本的な考え方を理解する。
		5	契約自由の原則とその例外を理解する。
		6	消費者の保護と自立について具体的な場面を考察する。
3	司法参加の意義	7	刑罰の目的、刑事手続きの基本原則、適正手続きについて理解する。
		8	取り調べの可視化についてあるべき制度を構想する。
		9	模擬裁判員裁判を行い、国民の司法参加の意義について考察する。

(2)教材開発と学習指導案例
①本時（3／9）の学習目標
・法的な見方・考え方を活用して民事紛争解決をはかり、法の意義を踏まえてあるべき法制度を考察することができる。
②教材開発の視点
　四つの段階で授業を構成する。第一段階では、社会問題を把握させる。ここでは映像などを使って具体的にイメージをもたせ生徒の切実性を高めさせたい。第二段階では、法的な見方・考え方を習得させる。第三段階では、法的な見方・考え方を活用して当事者の主張を整理し、公正な紛争解決を考えさせる。第四段階では、公正な手続を通じて権利の救済を図る、社会の秩序を回復し新たな規範を社会に提示するという民事裁判の意義を考察させる。
　具体的な教材としては、認知症鉄道事故裁判を取り上げる。認知症鉄道事故裁判とは、認知症の高齢者が線路に立ち入り列車と衝突して鉄道会社に振替輸送費などの損害を与えたとして、鉄道会社がその妻や長男らに対し、不法行為や監督義務責任に基づき約700万円の損害賠償を請求した裁判である（最高裁判所平成28年3月1日第三小法廷判決）。
　本件を取り上げる理由は以下の二点である。第一に、認知症患者に関わる事故が今後ますます増加することが予想されるからである。現在の日本は、高齢化率27％を超える超高齢社会であり、内閣府『平成29年版高齢社会白書』では2025年には高齢者の約5人に1人が認知症患者になると推計されている。誰もが認知症高齢者に関与する機会がある時代であり、生徒自身や身近な人が認知症患者の介護を経験する可能性がある。生徒にとって身近で切実な問題といえる。
　第二に、名古屋地裁、名古屋高裁、最高裁それぞれで判決が違い、法の意義を踏まえてあるべき法制度を考察しやすいからである。名古屋地裁は、同居していた妻は目を離さず見守ることを怠った過失（不法行為）があったとし、別居しているが介護方針を決めていた長男は父親の行動を監督して他人に損害を与えることを阻止すべき監督義務違反があったとして鉄道会社の約700万円の損害賠償請求を認めた。名古屋高裁は、徘徊したとしても線路内に入ることまでは予見できないとして妻と長男の不法行為責任は否定し、監督義務者として妻にのみ損害賠償として約360万円の支払いを命じた。最高裁は、妻も長男も監督義務者に当たらないとして鉄道会社は逆転敗訴となった。最高裁の判決の評価については賛否が分かれた。遺族のことを考えれば妥当な判決であるという意見がある一方、監督義務者が本人にかわって責任を負うという民法の趣旨は、被害を受けた側の救済であり、もし個人が認知症患者に被害を受けた場合に誰も責任を取らないのはおかしいという意見もあった。また、最高裁の判決では「監督義務を引き受けたとみるべき特段の事情」がある場合に、監督義務者責任を負うとしている。判断

基準は、①本人の生活状況や心身の状況、②親族関係の有無・濃淡、③同居の有無など日常的な接触の程度、④財産管理への関与の状況、⑤本人の日常生活における問題行動の有無、⑥問題行動に対応するための介護の実態、である。これについても賛否が分かれた。本件の介護の実態から導き出した判断基準としては妥当であるという意見もあれば、献身的に介護をしている人ほど監督責任を負うリスクが高まり、病院や施設が認知症の高齢者を引き受けなかったり施設内に閉じ込めたりすることになりかねないという意見もあった。このように、裁判所が示した判決に対して賛否があるため、公正な手続を通じて権利の救済を図ったり社会の秩序を回復し新たな規範を社会に提示したりするという民事裁判の意義を踏まえてあるべき法制度を考察しやすいと考えた。

③学習指導案例

過程	学習内容	指導上の留意点
導入 (10分)	○社会問題を把握する。 ・ニュース映像を見ながら本件の概要をつかむ。	・要介護認定区分、現在の高齢化率について簡潔に解説し、生徒の切実性を高める。
展開 (25分)	○法的な見方・考え方1「責任能力」を習得する。 ・本件認知症男性の責任能力はあるか考える。 ○法的な見方・考え方2「監督義務」を習得する。 ・妻や子は監督義務者か考える。 ○法的な見方・考え方3「不法行為」を習得する。 ・妻や子に過失があるか考える。 ○鉄道会社の主張は妥当か考える。 ○地裁、高裁の判決を分解する。 ・判決の論拠を考える。	・民法713条「責任能力」を提示し、裁判所は責任能力はないと認定したことを説明する。 ・民法714条「監督義務者」を提示する。考えるヒントとして夫婦の協力扶助義務を説明する。 ・予見、回避ができたにもかかわらずそれをしなかった場合、過失となることを説明する。 ・鉄道会社は、老人ホームに入れず、玄関センサーもオフだったため家族全員に過失があると主張したことを説明する。 ・習得した法的な見方・考え方を活用させる。
終結 (15分)	○最高裁判決は妥当か議論する。 ・遺族のことを考えれば妥当 　⇔被害を受けた側が救済されないのはおかしい。 ○法の意義を考察する。 ・判決の影響を考える。 ○あるべき法制度を考察する。 ・認知症患者が起こした事故の責任は誰が負うべきか考える。 ・介護の実態からは妥当 　⇔監督義務者が不明確になった。	・遺族の懸命な介護の実態を補足説明する。 ・被害を受けたのが企業ではなく個人だったらどうかと問いかける。 ・権利の救済、社会の秩序維持という法の意義を解説する。 ・妥当な判決を出すために法を利用するという考え方がある一方、本判決で監督義務者が不明確になったという意見もあることを補足説明する。

【ワークシート】
・本件の事例、法的な見方・考え方、裁判所の判決、最高裁判決をめぐる議論の論点が示されたワークシート

【評価の観点】
・公正な手続を通じて、法の意義を理解できたか。
・監督義務、不法行為という法的な見方・考え方を習得できたか。
・法的な見方・考え方を活用してあるべき法制度を考察することができたか。

4　授業実践にあたっての留意点

　本単元を実践するにあたっての留意点を、三点から述べる。第一に、生徒の実態に配慮することである。クラスの中に認知症患者を介護中の生徒がいることを想定し、認知症患者の人権に十分に配慮しながら丁寧に発問したり解説したりすることが不可欠である。第二に、法律専門家と連携することである。十分に準備をして理解しているつもりでも、私たち教員は教育の専門家であって法律専門家ではない。弁護士や裁判官などの法律専門家と連携し、法的な見方・考え方の解釈や裁判所が出した判決の解釈について助言をもらうことが必要である。第三に、議論させる際に生徒から出てくる意見を事前に十分に想定しておくことである。そのために論点を明確にしておくことが重要である。

　提示した事例の他、本単元で取り扱うことが可能な事例を簡潔に述べる。例えば「多様な契約」では、ディズニー映画『リトルマーメイド』を教材にできる。人魚姫アリエルが海の魔女アースラと声と引き換えに足をもらうという契約書にサインする場面を視聴して、「アリエルとアースラが結んだ契約は有効か？」を話し合わせる。契約相手を害したり自己責任を問えなかったりする場合は契約の拘束力が否定されることを説明し、アリエルとアースラの契約は成立しているが、公序良俗違反で効力を有しないことに気づかせることができる。また、未成年者取消権（アリエルは16歳）や、消費者契約法などに触れることもできる。生徒の身近なものを取り上げて教材開発することで、より法への関心を高めさせたい。

（小貫　篤）

〈参考文献〉
高井隆一『認知症鉄道事故裁判』ブックマン社、2018年。
窪田充見「最判平成28年3月1日-JR東海事件上告審判決が投げかけるわが国の制度の問題」『ジュリスト』1491号、62-68頁。
米村滋人「責任能力のない精神障害者の事故に関する近親者等の損害賠償責任」『法学教室』2016年6月号、50-56頁。

3 「公共」の学習指導案の作成事例
(2) 自立した主体としてよりよい社会の形成に参画する私たち
イ 政治に関する内容について

1　学習指導要領における位置付け

「2　内容」の「B ア(イ)政治に関する内容について」に関して、学習指導要領では次のように記されている。

> ア　次のような知識及び技能を身に付けること。
> (イ) 政治参加と公正な世論の形成、地方自治、国家主権、領土（領海、領空を含む。）、我が国の安全保障と防衛、国際貢献を含む国際社会における我が国の役割などに関わる現実社会の事柄や課題を基に、よりよい社会は、憲法の下、個人が議論に参加し、意見や利害の対立状況を調整して合意を形成することなどを通して築かれるものであることについて理解すること。
> イ　次のような思考力、判断力、表現力を身に付けること。
> (ア) アの(ア)から(ウ)までの事項について、法、政治及び経済などの側面を関連させ、自立した主体として解決が求められる具体的な主題を設定し、合意形成や社会参画を視野に入れながら、その主題の解決に向けて事実を基に協働して考察したり構想したりしたことを、論拠をもって表現すること。

本単元を実施するにあたっては、「3　内容の取扱い」にも注目しておく必要がある。関連する箇所に、以下のような記述がある。

> カ(オ)　アの(イ)の「政治参加と公正な世論の形成、地方自治」については関連させて取り扱い、地方自治や我が国の民主政治の発展に寄与しようとする自覚や住民としての自治意識の涵養に向けて、民主政治の推進における選挙の意義について指導すること。「国家主権、領土（領海、領空を含む。）については関連させて取り扱い、我が国が、固有の領土である竹島や北方領土に関し残されている問題の解決に向けて努力していることや、尖閣諸島をめぐり解決すべき問題は存在していないことなどを取り上げること。「国家主権、領土（領海、領空を含む。）」及び「我が国の安全保障と防衛」については、国際法と関連させて取り扱うこと。「国際貢献」については、国際連合における持続可能な開発のための取組についても扱うこと。

(イ)は、現実社会の政治的課題を基に、よりよい社会の形成に向けて意見や利害の対立を調整し合意形成を図る民主政治への理解を求めている。その具体的な姿として提示されたのが「議論」への参加である。(ア)や(イ)と同様、課題解決に向けて設定した主題に対し、社会参画や協働を例示して考察や構想したことを、「論拠」をもって「表現」することを示している。

2 単元の特色

　本単元の性格を再確認したい。本単元((イ)政治に関する内容)は、「A公共の扉」で身に付けた見方・考え方や公共的な空間における基本的原理などを活用して、課題(主題)解決的な学習活動を通じた深い理解を図り、よりよい社会の形成に必要な知識・技能、思考力・判断力・表現力等を身に付けることを主なねらいとしている。そのため、本単元は学習指導要領が示す通り、(ア)法→(イ)政治→(ウ)経済の学習の順序にしばられることなく、生徒や学校・地域などの実態や学習者の意欲の喚起などに配意して、創意工夫した順序で指導することが重要である。すなわち、本単元では、法、政治、経済などに関する系統的な知識偏重の授業に陥ることなく、各学校の実態に配意しつつ、どのような主題を設定して考察・構想したり、論拠をもって表現するかということを授業の前に明確にしたりすること、いいかえれば教師のカリキュラムデザインが求められる。その際、現実社会の政治的な課題に関する主題を設定し、多面的多角的に考察させ、よりよい解決策を導くための議論の場面を効果的に位置付けるとともに、議論を深めるに必要な情報を豊富な資料から収集・選択し、まとめる技能を身に付けさせることが肝要である。なお、本単元が取り扱う課題は、学習指導要領の解説(前頁)が示すように、身近な「地方自治」から「国家主権・領土」、「我が国の安全保障と防衛」「国際貢献」へと空間的に拡がり、「国際法」や「国連」との関連などの内容的な深まりを持つことに配意する必要がある。

　次に、より詳しく、本単元の特色に触れておきたい。観点は、四つである。

　第一に、「主権者意識」や「当事者意識」を育むことである。よりよい社会を築いていく主体は個人であって、選挙をはじめとする様々な政治参加の方法を通して国民主権が実現される仕組みになっていることへの自覚を深めることは、特に、18歳選挙権の施行とともに、在学中に有権者となりゆく高校生にとって必須の課題である。

　第二に、「民主主義の基本的原理」に立脚して「現実社会の政治的課題」を取り扱うことである。民主主義は、憲法の下、表現の自由や知る権利などが保障され、政治に関する事柄を議論したり、意見を発表したりする中で、対立を調整し、合意を形成することなどを通して築かれることを理解させることが求められており、その際、現実の政策争点などのリアルな主題をもとに考察や構想を深化させることが、今日求められる「深い学び」を具現化させるために必要である。

　第三に、「社会の形成への参画」を意図した「協働的な学び」を積極的に推進することである。政治的主体としての意識を高め、議論を深めていくためには、社会の形成を意図した模擬的な活動を行ったり、現実社会との関わりを重視した協働的な学びの場面を設定したりすることが重要である。その際、専門家の協力を得ることをはじめ、豊富な諸資料を積極的に活用して、グループワークやディ

ベートを行うなど、円滑な議論を促す環境を整えることが必要である。
　第四に、「熟議」を促し「合意形成の過程と結果」を振り返る場面を設定することである。生徒が政治的主題に関する議論に参加し、意見や利害の対立状況を調整して合意を形成したりする活動を通して、それまで気づかなかった考えに出会い、自身の見解や判断に変化を生じさせたり、考えを深めることが期待される。熟議はこうした相互作用を活性化させるために必要である。また、熟議に基づく合意形成の過程と結果について、相互に評価し、自己評価を行う機会をつくることは、民主政治を担う主権者としての資質・能力を高めるに重要である。
　以上の四点を踏まえつつ、以下に具体的な単元計画等について説明を加える。

3　単元計画と実践例
(1)単元計画の手順と具体例
①単元計画の手順
　「政治参加と公正な世論の形成、地方自治」の事項を事例とする。本単元計画を考えるにあたり、学習指導要領解説に「社会参加と公正な世論の形成、地方自治」については、以下のように捉えることができるとされた記載が参考になる。

> （略）その際、民主政治の下では、主権者である国民が、政治の在り方について最終的に責任をもつことになること、それゆえ、メディアリテラシーなど、主権者として良識ある公正な判断力等を身に付けることが民主政治にとって必要であることや、身近な生活に関わる事例を用いることにより、地方自治に対する関心を高めることが大切である。
> 　なお、『政治参加と公正な世論の形成、地方自治』については、関連させて取り扱い、地方自治や我が国の民主政治の発展に寄与しようとする自覚や住民としての自治意識の涵養に向けて、民主政治の推進における選挙の意義について指導することが必要である。

②単元計画案
〇単元名：「政治参加・公正な世論の形成と地方自治」に参画する私たち
〇単元目標：
・身近な地域社会の諸課題の実態について、実際に調査したり、諸資料から情報を収集したりしてまとめる技能を身に付け、課題解決に向けて取り組む地方自治の現状とそのしくみについて理解する。（知識・技能）
・地域の政治的諸課題の解決に向けて、公正な判断のもとに政策争点を導き、合意形成や社会参画を視野に入れながら、協働して考察したり構想したりしたことを、論拠をもって表現し、議論する力を養う。（思考力・判断力・表現力）
・現実の政治課題の解決を求めて、模擬選挙や模擬議会への積極的な参画を通して、主権者として必要な資質や態度を養うとともに、他者と協働しながら、よりよい社会の実現に向けて関わる政治的な主体としての意欲を育む。（意欲）

〇単元の指導計画（全6時間、「公共」4時間と「総合的な探究の時間」2時間）

次	学習内容	時	学習活動
1	地域の政治的課題と地方自治の取り組み	1	地域が抱える諸課題についてレポートし、その解決に向けて取り組む地方自治の現状を議会事務局などから説明してもらう。（アンケートや現地調査などを夏期休業に行い、事前にレポートを作成しておく）
2	現実の地域社会における政治的な課題と選挙後の政策実現状況の分析	2	前回の地方議会議員選挙で実際に使用された選挙公報をもちいて、自らが重視する政策争点に着目して、候補者が選ばれるための工夫を分析する。また、選挙後の政策実現状況について協働して話し合う。
3	政策争点の集約と模擬選挙公報に基づく政策の議論	3（本時）	自らが重要だと考える政策争点を持ち寄り、考え方の近いグループを結成して、模擬選挙公報を作成し、各グループから政策争点の解決策を提案する。発表を聞いて、利害対立や合意形成について議論する。
4	模擬選挙の実施（総合的な探求の時間に実施する）	4～5	各クラスから選出された地方議会議員候補者による立会演説会を行い、その後、投票と開票を行い、選挙結果と併せて候補者を選ぶ基準について自らの考えをまとめる。（選管の協力を得てリアルに体験する）
5	模擬議会を開催し、現実の地域課題を解決する地方自治を考える	6	模擬議会を開催し、地域課題の解決に向けた政策争点への取り組み方策について、議論を行い、団体自治・住民自治などの仕組みの理解の上で、問題解決の本質に迫る民主政治の担い手としての資質を高める。

なお、授業展開に当たっては、「公共」大単元Bの諸単元との関連はもとより、中学校や高等学校各科目での既習の内容との関連を図ることが重要である。

(2)教材開発と学習指導案例
①本時（3/6）の学習目標
・自らが重要とする政策争点を公正な判断に立って選択し、グループ内で解決策を検討して模擬選挙公報にまとめ、論拠をもって表現する。また、自他のグループの発表から合意形成に向けての議論を行い、課題解決への考察を深める。
②教材開発の視点
　「地方自治は民主主義の学校」とされる。本単元では、国民主権が民主主義の根幹であり、憲法の下、主権者である国民の多様な意見を政治に反映することの意義について、身近な現実の政治課題をもとに「よりよい社会の形成」に参画する主体として考察を深めさせたい。そのため、地域における現実の政治課題を取り上げ、その解決に取り組む地方自治の姿を概観するとともに、過去の地方選挙

で使われた実際の選挙公報と選挙後の政策実現状況等を分析する。また、自ら地域社会の課題解決に必要な政策争点を選択し、グループを作って協働して模擬選挙公報にまとめたり、その具体化について論拠をもって表現したり、各グループの発表から合意形成に向けての議論を通して考えを深める。さらに、模擬選挙や模擬議会などを通して、具体的な社会事象を扱い模擬的な活動を行う。

③学習指導案例

	学習内容	学習活動	留意点
導入5分	○前時までの想起 ・過去の選挙公報と政策実現状況の分析 ○本時の概要把握 ・政策争点の選択と模擬選挙公報の議論	・地域の課題を想起する。 ・過去の選挙公報と政策実現状況の分析概要を想起する。 ・政策争点を選択し、模擬選挙公報を作成して、政策実現の議論を行うことを把握する。	・地域課題や選挙公報の分析概要一覧を提示する。 ・本時の流れを説明し、学習意欲を高める。
展開40分	○政策争点の選択 ・地域の政治的諸課題を解決する政策争点を選択・発表する ・同じ政策争点を持つ者によるグループづくりを行う ○模擬選挙公報の作成と考察 ・各グループで選択した政策争点を検討し合い、模擬選挙公報にまとめる ○模擬選挙公報の発表と意見交換 ・各グループがまとめた模擬選挙公報の内容を発表する ・発表を聞いて利害対立などの解決に向けて議論する	・地域の諸課題の解決に向け、公正な判断のもとに自らが重視する政策争点を選択し、その内容を表明する。 ・同じ政策争点を選択した者でグループを作り、その解決策を検討する。 ・各グループ内で選択した政策争点の妥当性やその解決策などについて検討する。 ・検討結果をもとに、模擬選挙公報を作成し、論拠をもって表現できるよう準備する。 ・各グループから模擬選挙公報の内容（優先順の高い政策、政策実現のための方策など）について発表する。 ・各グループの発表を聞いて、自分のグループと利害対立や合意形成が困難なことなどを発見して、議論する。	・選択に当たっては、既習の内容を踏まえる。 ・表明はグループ形成を視野にし、簡潔に行う。 ・検討に当たり、現実の政策実現状況（なぜ、実現できないかなど）を踏まえる。 ・模擬選挙公報は模造紙にまとめ黒板に掲示する。 ・発表は要点を絞り、分かりやすく行う。 ・各発表から自らの主張との共通点や相違点をまとめる。
整理5分	○本時のまとめ ・ワークシートを作成しながら、学習内容を振り返る ○次時の予告 ・次時の模擬選挙について予告する	・地域の政治課題を解決する政策争点の選択、模擬選挙公報の作成・発表、他グループとの意見交換をワークシートにまとめる。 ・模擬選挙に向けての事前準備のスケジュールを知る。	・ワークシートは模擬選挙公報の政策比較をはじめ、学習の過程を振り返る内容とする。 ・作成後はポートフォリオに綴じる。

【評価の観点】
・地域の諸課題の解決に向けて重要な政策争点を選択できたか。

・グループにて政策争点を検討し、協働して模擬選挙公報を作成できたか。
・自他のグループの発表から合意形成について議論し考察を深められたか。
【ワークシート】
・政策争点の選択基準、模擬選挙公報の比較検討、学習活動の自己・相互評価

4　授業実践にあたっての留意点

　本単元の実践するにあたっての留意点について、三つ取り上げる。
　第一に、模擬選挙や模擬議会などの実施にあたっては、学校内外の連携・協働体制づくりが必要である。本指導計画では模擬選挙を「総合的な探求の時間」に実施しているが、「特別活動」や他の「教科」「科目」などとの関連を視野に入れ、実施のねらいや実施時期・内容などを調整した上で、教育課程全体に計画的に位置づけることが重要である。また、教育基本法（政治的中立）や公職選挙法の趣旨や内容に十分配意し、選挙管理委員会や明るい選挙推進協会などの専門家や関係機関との連携や協働を積極的に図り、協力を得ることが肝要である。
　第二に、身近な地域の課題を主題として議論を行うに当たっては、生徒が所属するコミュニュティの特性、家族の職業や価値観等に起因して、実に多様で複雑な利害関係が存在する。公正な世論形成、メディアリテラシーなどに配意しながら、熟議の場を設定することが必要である。そのため、現実社会の課題を豊富な資料から読み取り、エビデンスに基づき多面的・多角的に考え、公正に判断し、論拠をもって表現し、合意形成を図ることが重要である。本単元では、資料に選挙公報を取り上げたが、新聞・白書・年鑑、RESAS（地域経済分析システム）の活用などを図りたい。
　第三に、本単元では現実社会の課題を扱うことから「少子高齢化や人口減少」などの主題が数多く取り上げられることが予想される。これらの課題は「公共」はもとより、多くの「教科」「科目」で取り扱われるとともに、地域を超えた日本全体の課題でもある。市町村間の移住促進競争のみでは解決しない、国家・社会の問題であることに気付くよう留意する必要がある。生徒が身近な地方自治の学習を通して、社会形成に参画する主体としての視野を拡げることが肝要である。
　学習指導要領に記載される本単元の学習内容は多岐にわたる。知識偏重に陥ることなく、創意工夫する十分な準備が教師に求められている。

（堂徳　将人）

〈参考文献〉
オードリー・オスラー、ヒュー・スターキー『シティズンシップと教育』勁草書房、2009年。
日本公民教育学会『公民教育事典』第一学習社、2009年。
総務省・文部科学省『私たちが拓く日本の未来』2015年。

第3章　高等学校公民科「公共」の年間指導計画と学習指導案の作成

3　「公共」の学習指導案の作成事例
（2）自立した主体としてよりよい社会の形成に参画する私たち
　　ウ　経済に関する内容について

1　学習指導要領における位置付け
　「2　内容」の「B(ウ)」は、学習指導要領に次のように記されている。

> 　職業選択、雇用と労働問題、財政及び租税の役割、少子高齢社会における社会保障の充実・安定化、市場経済の機能と限界、金融の働き、経済のグローバル化と相互依存関係の深まり（国際社会における貧困や格差の問題を含む。）などに関わる現実社会の事柄や課題を基に、公正かつ自由な経済活動を行うことを通して資源の効率的な配分が図られること、市場経済システムを機能させたり国民福祉の向上に寄与したりする役割を政府などが担っていること及びより活発な経済活動と個人の尊重を共に成り立たせることが必要であることについて理解すること。

　上記のように、経済的主体に関する学習項目は、「職業選択」から「経済のグローバル化と相互依存関係の深まり」まで合計7項目である。
　本単元を実施するにあたっては、「3(3)内容の取り扱い」にも着目する必要がある。関連する箇所に、以下のような記述がある。

> (3)　内容の取り扱いについては、次の事項に配慮するものとする。
> 　イ　この科目においては、教科目標の実現を見通した上で、キャリア教育の充実の観点から、特別活動などと連携し、自立した主体として社会に参画する力を育む中核的機能を担うことが求められることに留意すること。
> 　カ　内容のBについては、次のとおり扱うものとする。
> 　　(カ)　「職業選択」については、産業構造の変化やその中での起業についての理解を深めることができるようにすること。「雇用と労働問題」については、仕事と生活の調和という観点から労働保護立法についても扱うこと。

　現在、高等学校卒業者は上級学校進学・就職がそれぞれ約50％ずつである。上級学校への進学者も、大学等の卒業後、その多くが正規雇用か非正規雇用の労働者となる。このような実態を踏まえ、キャリア教育の充実の観点からも、特別活動（主にホームルーム活動）との連携を視野に入れることが求められている。
　さらに、中学校の公民的分野でも触れることとされている「起業」に関する理解も求めている。また、労働基準法や男女雇用機会均等法をはじめ、2015年に改正された労働者派遣法・パートタイム労働法などの「労働保護立法」も扱うことで、国が施策として、労働者の権利を守り保護していることを学習する必要がある。
　なお、中学校学習指導要領では、「仕事と生活の調和という観点から労働保護立法に触れる」とある。公共との違いに留意する必要がある（下線は、筆者加筆）。

2 単元の特色
(1)単元において目指す能力
　本稿では、生徒に「職業選択」「雇用と労働問題」を自分事として捉えさせ、主体的な学習を促すため、身近な現実社会の問題・課題を取り上げる。
　我が国では現在、一般事務系や製造業を中心としてパートタイム・アルバイトを含む非正規の労働者の割合が全労働者の40％に迫っている。働いても貧困から抜け出せない「ワーキングプア」の増加や正規労働者の間でも能力主義や成果主義などの導入によって、賃金格差が広がっている。このような状況下、現在は高校生であっても全労働者の約1／3が非正規雇用という現実は他人事ではない。
　そこで、アルバイト経験がある（または上級学校進学後にアルバイト実施予定の）高校生を対象に、労働問題の中の「労働時間」「正規雇用と非正規雇用」に関わる内容を取り上げ、それぞれの特徴などを調査・分析・検討し、さらに自分自身の仕事（作業）に関する特性を理解するために仮想質問による思考等の活動を通して、経済的主体として社会参画を図る基礎的能力の向上を目指す。

(2)労働問題の本質の追究 ＊1
　雇用と労働問題に関わる課題解決を目指すに当たって、「なぜ正社員の労働時間は短くならないのか」という労働問題の本質に迫る課題を設定する。年間労働時間に関するグラフを提示し、日本の就業者全体の平均労働時間が短くなっていることを読み取らせる。次に、その背景にあるものを考えることを通して、短時間労働者の比率が増加し、正社員の労働時間は短くなっていないことがワーク・ライフ・バランスの実現を妨げているという指摘があることを押さえる。
　さらに、1990年代半ばから最近まで実質賃金が減少してきたという事実を押さえる。消費者物価が比較的安定的に推移してきた一方、時間当たりの実質賃金が下落する中で、生活水準を保つために労働時間を削減することができなかった。実際に、残業代があるからこそ生計を維持することができていたという現実がある。最近の働き方改革により、労働時間が減少することによる残業代の減少が収入減をもたらしては、生活水準を維持することが難しくなる。つまり、長期にわたる労働時間を減らすためには実質賃金の上昇が不可欠であり、そのためにはエネルギー政策や通商政策を通じて交易条件を改善するという一見無関係にみえる政策対応が本質的に重要であることを一連の学習によって導くことが望まれる。

3 単元計画と実践例
(1)単元計画の手順と具体例
　経済に関する項目内容は、全て我が国が現在抱えている直近の問題である。各学習項目に当てられる授業時間は2～3時間であるため、本稿では紙幅の関係で主に「職業選択」「雇用と労働問題」に絞り、計6時間の指導計画等を記述する。

(2)単元計画の具体例
○単元名：「私たちの雇用と労働問題」
○単元目標
・我が国の労働に関わる問題（主に労働時間）を自分事として、他者と協働しながら、課題を追究しようとする意欲を喚起する。【関心】
・人工知能（AI）の技術革新や労働時間と正規雇用・非正規雇用の関係性とその社会的背景にあるものを、具体的な資料・データを収集し、的確に解釈できる力を養う。【思考・判断】
・個人・グループで調べた雇用に関する内容を、他者が論理的に分かるようにまとめる力を養う。【表現】
・我が国の雇用・労働に関する問題を把握し、その解決のために国などが果たしている役割を理解する。【知識・理解】
○単元指導計画（全6時間）
　他の5つの項目との授業時間の関係から、本単元を全6時間と設定した。

次	学習内容	時	学習活動
1	「労働」の定義	1	「労働」は不効用であることを理解する。経済学的にどのように解釈すべきかを考える。
2	労働問題の理解（課題追究①）	2～3	◎なぜ正社員の労働時間は短くならないか現在の我が国の労働（労働時間、正規雇用・非正規雇用）に関する特徴、問題になっている事項を取り上げる。主要国の年間労働時間推移のグラフを読み取る。
3	労働問題に対する国の対策理解・背景の追究（課題追究②）	4	労働問題の対策として国（厚生労働省等）が実施していることや規制強化に動き出した背景を個人・グループで調べる。他者と協働し情報交換をしながら理解を深める。
4	仮想質問（AIの進化と私たちの労働）による思考	5（本時）	「職業選択」に関わった仮想質問（人工知能であるAIの進化により、今後私たちには、どのような能力が求められるか考える。）
5	レポートの作成（課題の探求）	6	労働における「公正」「公平」とは何か等に対する自分の考えをレポートにまとめる。

○第1時の授業内容
①最初に生徒に「私たちは何のために生きるのか」と哲学的な問いを投げかける。
・考える視点は「経済」である。解答例としては「私たちは効用を最大化するために生きている」である。私たちは自分の好みの商品やサービスを、自分の効用（満足度）を最大にするために最適な選択をして消費する。
②次に、個人の効用に影響を及ぼすのは他にあるか考える。

・解答例としては、余暇に関わる「時間」である。経済学では、人は自分が自由に使える時間が多いほど、効用（満足度）が高まると想定している。
③自分の効用を最大にするために、時間をどのように使いたいか考える。
・本時は導入であるので、アルバイト経験がある生徒から、労働政策（法）に関して理解していること等を話してもらうこともよい。
○第2〜3時の授業内容
◎なぜ正社員の労働時間は短くならないのか。労働時間のグラフを提示する。
・正規雇用と非正規雇用（派遣労働）の特徴を調べる（ワークシート記入）。
・具体的な資料やデータを元にした個人での調査学習の後、グループで情報交換を行いながら理解を深める。
＊正規雇用の特徴（例）
・残業等がある。・長時間労働（残業）の可能性がある。・スキルアップが可能。
＊非正規雇用（派遣労働）の特徴（例）
・正規従業員へのステップアップや個人技能向上の機会が乏しい。
＊企業側
・仕事と労働者のマッチング機能が優れているため、失業者の失業期間を減らすことができる。→企業側からすると求人期間を減らすことができる。
・正規従業員の場合、雇用調整が必要になり、解雇する際には様々な制約がある。パートタイム労働者であっても労働基準法が適用されるため、事実上の解雇規制がある。
○第4時の授業内容
①労働に関して国（厚生労働省）はどのような施策をしているか調べる。
・労働基準法を制定して、労働者の権利を保障している。
・国は雇用安定措置やキャリアアップ措置など、派遣で働く方にとって大切な情報や権利を盛り込んだ法律を制定している。
・2010年2月厚生労働省は、違法な派遣に対して厳しく指導監督するという通達「専門26業務派遣適正化プラン」を出した。厚生労働省のホームページ参照。
②派遣規制の強化の背景にはどのようなことが考えられるか考える。
・（例）派遣労働の規制緩和が不安定なため、派遣先企業が低賃金での雇用を増やしたから。
③企業側・労働者側・国側に分かれて雇用に関わる意見交換を行う。
・時間に余裕があれば、生徒を企業側・労働者・国側に分けて、それぞれの立場で雇用条件や労働政策に関わるロールプレイをしてもよい。
○第5時の授業内容（本時）〈ホームルームの時間を活用してもよい〉
・学習指導案例

過程	学習内容	指導上の留意点
導入 (10分)	○技術革新や産業構造の変化によって、昔（10～30年程度前）にあった職業・仕事で現在なくなったものと、その後に新たに登場した職業・仕事は何か考える。	・少子高齢化、高度情報化、グローバル化などのように社会が変化してきたかに気づかせる。
展開 (30分)	◎今後、人工知能（ＡＩ）が益々進化することにより、①労働市場にはどのような影響があるか、②これから私たちは何をすればいいか、③ＡＩ技術の進化を見通して、私たちにはどのような能力が求められるか考える。 ①に関して ○ＡＩの登場により、労働市場にどのような影響があるか考える。 ②に関して ○ＡＩの進化に対して、私たちは何をしていけばよいのか個人で考えた後に、グループで話し合う（出された意見を付箋紙に記入し、模造紙に貼っていく。ブレーンストーミング法を活用する）。 ○ある程度の考えが出たところで、付箋紙をグループ化する。各グループに簡単な見出しをつける。 ○模造紙にグループごとに並べて、線で結びながらそれぞれの関係性を示す。 ③に関して ○②で作成した表を基に、これからの自分にはどのような能力を身につけなければならないか考える。	・マイケル・オズボーン博士の研究発表を紹介する。10年後になくなる可能性が高い職業、新たに登場する職業、なくならない可能性が高い職業。 ・自動車の自動運転に関しても人工知能（ＡＩ）が取り入れられているが、障害物等を認識した場合、どのように判断させるのかが議論になっていることに触れる。 ・時間があれば、ＡＩが進化し、人間が働かなくてもいいような時代が果たして幸せといえるかどうかを考えさせてもよい。 ・ＡＩの進化により、人間が労働しなくてもよくなった場合、君はどうする。という仮想質問を考えさせてもよい。
まとめ (10分)	○他者との意見交流を通して、人工知能（ＡＩ）の進化と自分の職業選択について考えたことをまとめる。	

○第6時の授業内容
・職業選択に生かすため、近年の技術革新と労働問題に関する追究結果を基に、労働に対する自分の考えを「効率と公正」の視点からレポートにまとめる。

4　授業実践にあたっての留意点

　本単元を実践するにあたっての留意点を以下の三点から述べる。
　第一に、現在の労働環境・労働問題を的確に把握し、社会システムの疑問を追究していくことである。現在、我が国では生活していく上で不遇の状況に置かれている労働者が多数存在している。その原因を「仕事内容、能力や労働に関わる意欲に関することが問題だから」などと短絡的に考えるようなことがあっては決してならない。仕事内容や個人の能力の差違による可能性は、あくまで原因の解釈の一つでしかない。生徒には、現実の社会での出来事を見据えながらも、労働に関わる社会システムの疑問を追究していこうとする態度を育成していきたい。
　第二に、小学校、中学校、公共の扉（Ａ）で学習したことを十分活用することである。生徒の将来の生き方までを含んだ「職業選択」「雇用と労働問題」に関わる事項を扱い、現代の働き方に関わる事項の討議を通して、将来、自立した経済的主体として活動していくための知識・技能を高めさせることが重要である。これには、Ａの公共の扉で学習した思考実験等を活用した仮想質問も取り入れながら学習を進めていくとよいと考える。
　第三に、他教科・領域との連携である。キャリア教育の視点から特別活動（ホームルーム活動）、生涯を見通した自己の生活設計（ライフプランニング）について主体的に考えることに関連していることから家庭科との連携方法を模索してもよいと考える。

（田村　徳至）

〈引用文献〉
＊１　川口大司『労働経済学　理論と実証をつなぐ』有斐閣、2017年、16-17頁。

〈参考文献〉
玄田有史「日本労働研究雑誌」No.681、pp. 8-10、2017年4月。
大竹文雄・李嬋娟「派遣労働者に関する行動経済学的分析」、独立行政法人経済産業研究所、RIETI Discussion Paper Series 11-J-054、2011年4月。

3 「公共」の学習指導案の作成事例
(2) 自立した主体としてよりよい社会の形成に参画する私たち
エ 情報に関する内容について

1 学習指導要領における位置付け

「2 内容」の「B 自立した主体としてよりよい社会の形成に参画する私たち」の「情報に関する内容」に関して、学習指導要領では次のように記されている。

> ア 次のような知識及び技能を身に付けること。
> (エ) 現実社会の諸課題に関わる諸資料から、自立した主体として活動するために必要な情報を適切かつ効果的に収集し、読み取り、まとめる技能を身に付けること。

アの(エ)は、技能に関わる事項である。本単元を実施するにあたっては、「3内容の取扱い」にも注目しておく必要がある。関連する箇所に、以下のような記述がある。

> カ 内容のBについては、次のとおり取り扱うものとする。
> (キ) アの(エ)については、(ア)から(ウ)までのそれぞれの事項と関連させて取り扱い、情報に関する責任や、利便性及び安全性を多面的・多角的に考察していくことを通して、情報モラルを含む情報の妥当性や信頼性を踏まえた公正な判断力を身に付けることができるよう指導すること。その際、防災情報の受信、発信などにも触れること。

「情報に関する内容」は、「現実社会の諸課題に関わる諸資料から、自立した主体として活動するために必要な情報を適切かつ効果的に収集し、読み取り、まとめる技能を身に付けること」を主なねらいとする。法、政治、経済それぞれの事項を学ぶ上での技能に関わる事項であり、どのように学ぶのかという「学び方」である。社会認識の前提となる社会的事象はすべて情報であり、それらの情報の妥当性や信頼性を踏まえることによって公正な判断力を身に付けることができる。

学習指導要領では、内容のAおよびBを経て、内容のCでは、探究活動をすることが求められている。探究活動の学習過程は、「①課題の設定」「②情報の収集と読み取り・分析」「③課題の探究」「④自分の考えの説明、論述」という四つの段階である。「公共」の全体の中での本単元の位置付けとして、探究活動で必要となる「②情報の収集と読み取り・分析」ができる技能を身に付けることが重要となる。

2 単元の特色
(1)単元構想の視点

法、政治、経済それぞれの事項と関連させて取り扱うことから、「情報に関する内容」は、法的視点、政治的視点、経済的視点に着目して、単元構想することが求められる。また、情報自体の課題について単元構想する場合は、情報の社会

的視点に着目して単元構想をする。
(2)「情報に関する内容」の授業モデル
　情報を主体として扱う場合は情報についての理解が学習目標となる。一方、情報を客体として扱う場合は情報を学習方法として扱うことになる。
・「情報主体」の学習
　情報そのものの在り方を問い、情報の存在意義や役割を考察する授業
・「情報客体」の学習
　情報を方法、手段と捉え、情報をどのように活用すればいいのかを考察する授業
　また、情報を情報の発信者の立場で取り上げる場合と受信者の立場で取り上げる場合が考えられる。
・「情報の発信」の学習
　情報の発信者の立場から、メディアや情報の役割について考察する授業
・「情報の受信」の学習
　情報の受信者の立場から、メディアや情報の役割について考察する授業
　もちろん、発信者、受信者の双方の立場で考える学習も考えられる。

情報に関する内容の学習モデル
（筆者作成）

A 情報主体　情報の発信
B 情報主体　情報の受信
C 情報客体　情報の発信
D 情報客体　情報の受信

(3) 4つの学習モデル
A「情報主体」―「情報の発信」学習
　情報の発信者の立場から、メディアや情報の役割について考察し、情報そのものの在り方を問い、情報の存在意義や役割を考察する学習である。メディアの働きや役割を考察する学習となる。
B「情報主体」―「情報の受信」学習
　情報の受信者の立場から、メディアや情報の役割について考察し、情報そのものの在り方を問い、情報の存在意義や役割を考察する学習である。メディアからの情報を基に、情報の背景を読み解く学習となる。
C「情報客体」―「情報の発信」学習
　情報の発信者の立場から、メディアや情報の役割について考察し、情報を方法、手段と捉え、情報をどのように活用すればいいのかを考察する授業である。表現方法としての情報発信の方法や内容を考える学習（情報モラル）となる。
D「情報客体」―「情報の受信」学習
　情報の受信者の立場から、メディアや情報の役割について考察し、情報を方法、手段と捉え、情報をどのように活用すればいいのかを考察する授業である。社会

事象を考察するときの資料として情報を読み取る学習となる。

3　単元計画と実践例
(1)単元計画の手順と具体例
①単元計画の手順
　情報としての諸資料については、「各種の統計、年鑑、白書、新聞、読み物等」が例として挙げられている。時事問題や社会問題を学習に取り上げる場合、新聞は教材としての価値が高い。新聞に載っているということ自体が時事問題や社会問題の重要度を示している。そこで、一次資料として、まず新聞を用いて、どのような記事が多いのかを分析することにより、今何が問題なのかを捉えることができるようにする。新聞は、見出し、写真、グラフや表など、様々な情報が組み合わされているので、複合的な情報として情報読解力を育成するにも適している。課題が設定できれば、課題に応じてその他の資料を二次資料として活用し、情報収集を進める。

　本単元では、考察・構想に必要となる情報を生徒が適切に収集し、読み取り、まとめる活動を行う。本時は、「情報主体」―「情報の発信」のB型学習モデルの学習として、情報の受信者の立場から、災害時のメディアや情報の役割について考察し、情報そのものの在り方を問い、情報の存在意義や役割を考察する学習である。メディアからの情報を基に、情報の背景を読み解く学習を行う。

②単元計画案
○単元名：「情報社会に生きる私たち―防災情報の受信・発信―」
○単元目標：
・現実社会の諸課題に関わる諸資料から、自立した主体として活動するために必要な情報を適切かつ効果的に収集し、読み取り、まとめる技能を身に付けるようにする。（知識・技能）
・情報に関する責任や、利便性および安全性を多面的・多角的に考察していくことを通して、情報モラルを含む情報の妥当性や信頼性を踏まえて公正に判断する力を養う。（思考力・判断力・表現力）
・情報の持つ価値や危険性を認識し、メディアの特性を理解したうえで、現代の諸課題を主体的に解決したり、他者と協働しながら、よりよい社会の実現に向けて積極的に社会に関わったりするために、情報を積極的に活用しようする意欲を喚起する。（意欲）

○単元の指導計画（全9時間）：

次	学習内容	時	学習活動
1	課題の発見・情報の取り出し【A型】	1	複数の新聞から北海道胆振東部地震に関する記事を集める。
2	情報の吟味・分析【B型】	2（本時）	新聞記事を分析・考察し、何が問題なのか、問題の背景を読み取る。
3	課題の選択【D型】	3	課題を整理し、自分が考えていきたい課題・テーマを選択する。
4	情報の収集【D型】	4	課題・テーマについての情報を複数の方法（新聞、インターネットなど）で収集する。
5	個人の意思決定【D型】	5	課題・テーマについての自分の考えをまとめる。
6	情報交換・交流【D型】	6	類似したテーマを探究する生徒同士でチームを組織し、意見を出し合う。
7	集団の合意形成・意思決定【C型】	7	チームでより良い改善案・解決策を決め、まとめる（レポート、新聞、プレゼンテーションなど）。
		8	
8	相互評価【C型】	9	チームの意見をクラスで発表し、質疑応答に対応する。各チームの構想について相互評価を行う。

　新聞社は独自の価値判断をして記事を作成しているので、複数紙を読み比べて価値判断や意思決定をさせることが望ましい。もし一社の新聞しか使えない場合は、記事からの情報は事実認識に留め、価値判断や意思決定は様々な情報を組み合わせて、多面的、多角的に判断させることが必要である。

(2)**教材開発と学習指導案例**
①**本時（2/10）の学習目標**
・北海道胆振東部地震の新聞記事を分析・考察し、何が問題なのか、問題の背景を読み取ることができる。
②**教材開発の視点**
　本時で扱う北海道胆振東部地震は、2018年9月6日午前3時7分に発生し、地震の規模を示すマグニチュードは6.7であった。
　この地震では、ライフラインに大きな被害が出た。電気は地震発生から18分後の午前3時25分、北海道の全域の約295万戸が停電した（ブラックアウト）。水道は停電や水道管の破損などのため、全域断水や一部断水の地域が45市町村あった。交通機関も、北海道新幹線と在来線の運行ができなくなりマヒ状態になった。
　また、停電の影響で、ほとんどの家庭でテレビが見られなくなった。ラジオの放送はおおむね聞くことはできたが、停電や伝送設備の損傷で電波の送受信ができなくなった地域があった。ネットへのアクセスは設備に損傷がなかったエリアでは可能だったが、時間の経過とともに、端末本体のバッテリーや基地局の非常

用電源がなくなるとアクセスしにくくなっていった。

このように、北海道胆振東部地震は地震による直接的な被害もさることながら、ブラックアウトの発生により広範囲に被害が広がり、またその影響で多くのデマや流言が発生した。このことから、学習指導要領解説で示されている「自由な社会の下では情報を作り出すことや利用することが原則として自由であり、そのことが生活を豊かなものとしていること、その反面情報を適切に用いなければ社会や個人にとって多大な損害をもたらしたり、誤った選択や判断をさせてしまったりすることがある」ことを理解させるのに適した事例と言える。

③学習指導案例

過程	学習内容	指導上の留意点
導入 (10分)	○前時で集めた新聞記事を、テーマごとに分類する。 A　防災都市計画 　　（法的・政治的視点） B　災害医療・救助 　　（法的・政治的視点） C　家庭での防災 　　（経済的・社会的視点） D　インフラリスク 　　（経済的視点） E　災害デマ・流言 　　（社会的視点）	・複数の新聞から集めた災害時における情報の問題点についての記事をA〜Eに分類する。 ・法的、政治的、経済的、社会的視点を入れたテーマ設定をする。 ・Eの社会的視点では、情報モラルを含む情報の妥当性や信頼性を踏まえた公正な判断力を身に付けることができることを意図して記事を選定しておく。
展開 (30分)	○A〜Eのエキスパートグループで、各テーマについて何が問題なのか、問題の背景を話し合う。 A　防災都市計画 ・なぜブラックアウトが起きたのか。 B　災害医療・救助 ・どのような「受援計画（助けを受ける計画）」が必要なのか。 C　家庭での防災 ・災害時に備えて、どのような備蓄が必要なのか。 D　インフラリスク ・インフラリスクに備えて、どのような対策が必要なのか。 E　災害デマ・流言 ・なぜ災害時にデマや流言が発生するのか。 ○1班〜5班のホームグループで、エキスパートグループで議論したことを他のテーマの人に説明する。	・Aについては、ブラックアウトが珍しい事象なので記事で大きく扱われていることに気付かせ、ブラックアウトが発生すれば大きな被害が出ることを読み取らせる。 ・Bについては、受援計画の策定が不十分な自治体が多いことが問題視されていることを読み取らせる。 ・Cについては、備蓄の必要性は知っていても実際に準備ができている人は少ないという実態があることが課題であり、自助の必要性を読み取らせる。 ・Dについては、災害時にどのような生活インフラの喪失があり、結果的にどのような影響が考えられるかを読み取らせる。 ・Eについては、デマや流言が発生しやすい要因や拡散した要因を読み取らせる。
終結 (10分)	○5つのテーマについての自分の考えをワークシートにまとめる。	・次時に向けて、5つのテーマの中で、自分が深く考えたいテーマは何かを考えさせる。

【ワークシート】5つのテーマに関するワークシート
【評価の観点】
・北海道胆振東部地震の新聞記事から、問題の背景を読み取ることができたか。
・新聞記事で示されている問題について、他の生徒に説明することができたか。

4 授業実践にあたっての留意点

　学習指導要領では、「防災情報の受信、発信などにも触れること」とされている。災害時の記事は必ず新聞に掲載されているので、教材として使いやすい。記事になるのは、災害発生時が最も多いが、その後の復興の様子も継続的に記事になる。時間経過とともに、記事を継続的にスクラップしていく必要がある。また、事実を報道する記事だけでなく、解説記事や社説、コラムなども活用することで、改善策や解決策を考えるヒントになる。

　本時では、ジクソー学習を取り入れ、テーマごとの記事からわかる課題や問題点について議論する。まずホームグループで、各テーマの担当を決める。テーマごとにホームグループから集まったエクスパートグループでは、担当するテーマについて議論する。エクスパートグループで議論をした後、ホームグループに戻り、エクスパートグループで議論した内容を互いに紹介しあう。

　なお、本時を実践するにあたっての留意点は、以下の二点である。第一に、エクスパートグループでは、目的に応じて情報を選別して読み取り、議論が拡散しないようにあらかじめ論点を提示する。Aのテーマであれば、「なぜブラックアウトが起きたのか。」というように、各テーマで論点を提示し、議論が深まるようにする。第二に、ホームグループでは自分の言葉で他の人にわかりやすく説明させる。自分が担当したテーマについて、ホームグループで自分しか説明する人がいない状況を作ることにより、より主体的、協働的な学びができるようにする。

　　　　　　　　　　　　　　　　　　　　　　　　　　　　（橋本　祥夫）

〈参考文献〉
福長秀彦「「北海道胆振東部地震」と流言の拡散～SNS時代の拡散抑制を考える～」『放送研究と調査』2月号、NHK放送文化研究所、2019年。
橋本祥夫「新聞を活用した協働的問題解決学習」『社会科教育』1月号、明治図書、2017年。
中西仁・小林隆編著『初等社会科教育』ミネルヴァ書房、2018年。

3 「公共」の学習指導案の作成事例
(3) 持続可能な社会づくりの主体となる私たち

1 学習指導要領における位置付け
「2 内容」の「C 持続可能な社会づくりの主体となる私たち」に関して、学習指導要領では次のように記されている。

> 持続可能な地域、国家・社会及び国際社会づくりに向けた役割を担う、公共の精神をもった自立した主体となることに向けて、幸福、正義、公正などに着目して、現代の諸課題を探究する活動を通して、次の事項を身に付けることができるよう指導する。
> ア　地域の創造、よりよい国家・社会の構築及び平和で安定した国際社会の形成へ主体的に参画し、共に生きる社会を築くという観点から課題を見いだし、その課題の解決に向けて事実を基に協働して考察、構想し、妥当性や効果、実現可能性などを指標にして、論拠を基に自分の考えを説明、論述すること。

本単元を実施するにあたっては、「3　内容の取扱い」にも注目しておく必要がある。関連する箇所に、以下のような記述がある。

> キ　内容のCについては、次のとおり取り扱うものとする。
> (ア)　この科目のまとめとして位置付け、社会的な見方・考え方を総合的に働かせ、Aで身に付けた選択・判断の手掛かりとなる考え方や公共的な空間における基本的原理などを活用するとともに、A及びBで扱った課題などへの関心を一層高めるよう指導すること。また、個人を起点として、自立、協働の視点から、多様性を尊重し、合意形成や社会参画を視野に入れながら探究できるよう指導すること。
> (イ)　課題の探究に当たっては、法、政治及び経済などの個々の制度にとどまらず、各領域を横断して総合的に探究できるよう指導すること。

補足すると、「C 持続可能な社会づくりの主体となる私たち」は「公共」のまとめとして位置付けられ、同単元には「A 公共の扉」「B 自立した主体としてよりよい社会の形成に参画する私たち」で学習したことを基にして、課題解決的な学習を展開することが求められている。そして、課題解決的な学習の具体的な姿として、学習指導要領に提示されているのが、「論述」すなわちレポートの作成である。

2 単元の特色
「公共」に配当された時間数は、全体で70時間である。その中で、内容のA及びBを実施した上で、さらに本単元を実施しなければならない。「A→B→C」の学習の順序は学習指導要領で決められている。そこで危惧されるのが、内容のA及びBに多くの時間が割かれ、本単元の実施が不十分なままに、「公共」が終了してしまうことである。

本単元の性格を再確認する必要がある。本単元は、「公共」の「まとめ」である。内容のＡ及びＢにおける生徒の学習は、Ｃの「まとめ単元」において総合されることになる。言い換えるならそれは、ＡとＢに関連した学習が、学習指導要領に示されたように確実に展開されたかどうかを、Ｃにおける生徒の学びの姿で評価されるということを意味する。評価の重要性が叫ばれているところである。「教員が何を教えるか」という視点のみを重視するのであるなら、「公共」の評価は、いわゆるペーパーテストだけで十分かもしれない。しかし、今求められているのは、それに加えて「生徒は何ができるようになったか」を評価することである。それに適した評価の在り方として、例えば「パフォーマンス評価」が注目されている。パフォーマンス評価とは、現実世界の課題と類似した、本物らしさを持った課題に取り組ませ、リアルな状況の中で知識や技能を使いこなす力を評価するものである。本単元で取り扱うレポートの作成という課題を、この文脈に位置付けるとするなら、それは「パフォーマンス課題」ということになる。課題を遂行する過程で、生徒には、内容のＡ及びＢの学習を想起し、自律的に課題解決的な学習に関与することが求められる。したがって、その結果として完成したレポートの評価は、教師が一年間を通して実施してきた「公共」の授業が、本当に生徒の学習を深めることに役立ったかどうかを評価することにつながるものである。「公共」の学習を充実したものとするためにも、本単元の充実は必須となる。
　さて、より詳しく、本単元の特色に触れておきたい。観点は、四つである。
　第一に、生徒に「現代の諸課題」と関連したテーマを自ら決定させることである。本単元に至るまでに、生徒は内容のＡ及びＢにおいて、現代の諸課題に対して数多くのことを学習している。生命倫理的な課題、人権に関する課題、国内外の地域間格差に関する課題、グローバル社会の課題、こういった課題の中から、関心のある課題を生徒に一つ決定させる必要がある。
　第二に、課題を探究させる際に、「選択・判断の手掛かりとなる考え方や公共的な空間における基本的原理」を活用することを、生徒に強く意識させることである。学習指導要領には、幸福、正義、公正等が事例として挙げられているが、これに限らず、授業の中で教師が提示した考え方や基本的原理を積極的に活用させたい。教科書や資料集にも、数多くのヒントが隠されているにちがいない。
　第三に、「協働的な学び」を授業の中で積極的に組織することである。教師の助言や指示が適切であったり、参考にする書籍等が充実していたりしても、生徒一人でレポートをまとめ上げるのは至難の技である。そこで、必要となるのが、一緒にレポート作成を進める同級生との協働性である。単元の様々な箇所に、協働的な学びの場面を設定し、レポートの執筆を円滑に進めさせる必要がある。
　第四に、「発表」の機会を用意することである。学習指導要領で考えられている育成すべき資質・能力の一つに、「思考力、判断力、表現力等」がある。レポー

トの作成自体が、思考し判断した結果をレポートとしてまとめることであるから、表現力の育成に貢献するとも考えられるが、生徒にはそれに加え、人前で発表する機会も提供したい。こうして実現される表現活動は、自らの声を社会に向けて発信する行為となり、社会参画の意識を高めるのに役立つことになる。
　以上の四点を踏まえつつ、以下に具体的な単元計画等について説明を加える。

3　単元計画と実践例
(1)単元計画の手順と具体例
①単元計画の手順
　学習指導要領の『解説』に、本単元の手順の一例が示されている。具体的には、「①課題の設定」「②情報の収集と読み取り・分析」「③課題の探究」「④自分の考えの説明、論述」という四つの段階である。さらに、同箇所には次のような記述も見られ、より多様な学習活動を展開することを、教師に求めている。

> なお、課題の探究の仕方には一定の方法があるわけではない。例えば、事柄を比較する、分類する、関連付けるなど、考えるための技法を活用し、課題を整理したり、社会的事象等に関する様々な情報や意見をグラフや図表などから読み取ったり、これらを用いて分かりやすく表現したりすることも一つの方法である。調べたことを分析し、それを論述したり、ディベートの形式を用いて議論を深め、自らの考えや集団の考えを発展させたりする方法も考えられる。

　とはいえ、やはり核となる学習活動は、個別テーマ学習であり、レポートの作成であろう。上記に記した四つの学習段階（①→④）を踏まえ、課題解決的な学習過程を重視した単元計画を作成すると、次のようになる。

②単元計画案
○単元名：持続可能な社会づくりに向けての私の提案
○単元目標：
・現代の諸課題の実態やその原因、課題を解決するために実施されている様々な取り組みについて理解するとともに、諸資料から様々な情報を適切かつ効果的に調べまとめる技能を身に付けるようにする。（知識・技能）
・現代の諸課題について、概念を活用して多面的・多角的に考察したり、解決に向けて公正に判断する力や、合意形成や社会参画を視野に入れながら構想したことを、論述したり議論したりする力を養う。（思考・判断・表現）
・持続可能な社会づくりに向けて、現代の諸課題を主体的に解決しようとする態度を養うとともに、他者と協働しながら、よりよい社会の実現に向けて積極的に社会に関わろうとする意欲を喚起する。（主体的に学習に取り組む態度）

○単元の指導計画（全8時間）：

次	学習内容	時	学習活動
1	課題の設定	1（本時）	これまでの一年間の「公共」の学習を振り返って、現代の諸課題から関心のあるテーマを一つ選択する。
2	情報の収集と読み取り・分析、レポートの構成の作成	2	選択したテーマと関連する情報を収集し、読み取り、分析する。
		3	収集・読み取り・分析の結果に基づき、レポートの構成を作成する。
3	中間発表会	4	類似したテーマを探究する生徒同士で小集団を組織し、意見を出し合い、適宜レポートの修正を図る。
4	レポートの作成（課題の探究）	5	課題の探究を深め、レポートを作成する。（レポートを作成する過程で新たな調査を必要とする場合には、それを実施する。）
		6	
		7	
5	最終発表会	8	完成したレポートの要旨をクラスで発表し、質疑応答に対応する。

　なお、レポートの分量に関しては、時間数と生徒の実態に応じて、教師が予め決定し、生徒に提示する必要がある。また、レポートの構成に関しても、適宜教科書や資料集を参照させたり、教師が実際に参考例を示したりしながら、教師には生徒を支援することが求められる。さらに、文献の引用の仕方、引用文献及び参考文献の示し方等についても、生徒に説明する必要があるだろう。こういった、レポートの「体裁」に関しては、1時間目において、教師から生徒に対して一括して提示されなければならない。

(2)**教材開発と学習指導案例**
①**本時（1/8）の学習目標**
・「公共」の学習を振り返り、クラスの他の生徒と意見交換をしながら、レポート作成を通して探究したいテーマを一つ選択することができる。
②**教材開発の視点**
　「公共」の他の単元と異なり、本単元ではクラスで共通の教育内容を設定することが難しい（ただし、クラスで共通のテーマを探究する方法もあり、それについて後で触れる）。そのため、ここでは教育方法的な留意点等を述べるに留める。
　留意すべきは、次の三点であろう。第一に、「公共」のここまでの一年間の学習をしっかりと振り返らせることである。振り返させる際には、「何を学んだか」という内容だけでなく、「どのように学んだか」つまり「現代の諸課題」をどのような「考え方や基本的原理」から考察したかという学び方にも目を向けさせる。第二に、探究するテーマを「一つ」選択させることである。少子高齢社会の問題や環境問題といった大まかなテーマではなく、「○○市の子育て支援政策の成果と課題」や、「循環型社会の実現に向けてのバイオマス発電の可能性と課題」といっ

たような具体的なテーマを決定させることである。そして、第三に、以上のことに取り組ませるにあたり、協働的な学びを活用することである。学び方を振り返ること、具体的なテーマを決定すること、これらはなかなか一人では難しいものである。適宜小集団を組織して、生徒の理解の深化に努めたい。

③学習指導案例

過程	学習内容	指導上の留意点
導入 (10分)	○「公共」のまとめとして、レポート作成を行うことを知る。 ・レポートを完成させるのに使用できる時間は、8時間である。 ・レポートの分量は○頁である。	・本単元に使用される8時間の大まかな流れを説明する。 ・レポートの分量は、生徒の実態に応じて予め決定しておく。
展開 (30分)	○レポート作成の手順を知る。 ・課題の設定→情報の収集と読み取り・分析→課題の探究→自分の考えの説明、論述 ○「公共」の一年間の学習を振り返り、レポート作成を通して探究したいテーマを検討する。 ・教科書や資料集、配布資料やノートから、関心のあるテーマをいくつか列挙する。 ・その中から、具体的なテーマを一つに絞り込む作業を行う。 ○小集団を作り、探究テーマの妥当性に関しては意見交換をする。 ・自分の意見を伝えるとともに、他者の意見を受け入れて、テーマの最終決定を行う。 ○探究テーマを決定する。 ○情報収集の見通しを立てる。 ・図書館の活用、インタビュー調査、インターネットの活用、市役所等での資料収集など。	・教科書や資料集を参照させる。 ・「解説」に示された具体的な手順を示す。 ・ワークシートを配布して、記入を求める。 ・内容だけでなく、学び方も振り返りの対象とさせる。 ・付箋紙を活用して、KJ法からテーマ決定にたどり着かせる。 ・具体的なテーマでないと、資料収集とレポート作成が難しいことを伝える。 ・同様のテーマを選択した生徒間で小集団を作ることも考える。 ・テーマごとに情報収集の仕方が異なることを理解させ、いつ・どこで・誰に（と）情報収集を行うのかを予想・計画させる。
終結 (10分)	○レポート作成にあたっての注意事項を確認する。 ・論文の構成、文献の引用の仕方、参考文献の記し方等について知る。	・レポートの具体例を示しながら、留意点等について適宜説明を加える。

【ワークシート】探究テーマと情報収集の計画に関するワークシート
【評価の観点】
・レポート作成の手順を理解することができたか。
・レポート作成で探究する具体的なテーマを一つ決定することができたか。
・他の生徒と意見交換をして、レポート作成の意欲を高めることができたか。

4　授業実践にあたっての留意点

　本単元を実践するにあたっての留意点を、三点から述べる。
　第一に、テーマを決定させ探究させるにあたり、完全に個別テーマ学習として展開するのか、クラスで一つのテーマを設けて、その探究を小集団で或いは個人で実施するのかということも検討すべきである。学校全体で重視する教育課題、地域との協働やキャリア教育、さらには、国際支援の取り組み等があれば、それを大枠として設定し、そこから個別テーマを決定させる方法もある。
　第二に、レポート作成というパフォーマンス課題を最終的に生徒に課すにあたって、評価基準を予め生徒に示しておくことも必要になる。評価には最大限の注意を払うべきであろう。例えば、レポートは、学習指導要領に示された「地域の創造、よりよい国家・社会の構築及び平和で安定した国際社会の形成へ主体的に参画し…（中略）…妥当性や効果、実現可能性などを指標にして、論拠を基に自分の考えを説明、論述する」（内容C／ア）で評価されることを、生徒に伝える。
　第三に、合意形成や社会参画を強く意識させて、生徒にレポート作成に臨ませることである。学習指導要領には、「現実社会の諸課題を探究する」とのみ記されているが、社会参画を視野に捉えるなら、「課題の解決策を探究し、それを提案する」といった形でレポートを作成することが求められる。解決策を提案させることにより、生徒は現代の諸課題を自分事として捉えることができるようになる。
　なお、本稿では、学習指導要領に示された論述に係わる学習活動、つまり、レポートの作成を中心に単元計画案を示した。しかし、レポートの作成に限らず、「公共」のまとめ単元には、その他の学習活動を想定することも可能である。
　例えば、社会参加学習型の学習活動を計画することができる。他教科等と連携しながら、地域課題の解決に向けた取り組みを、地域の人々と協力しながら進めることも一つの方法であろう。また、シミュレーション型の学習活動を構想することもできる。各種団体等が開発している学習プログラムを積極的に活用すれば、活用されたプログラム次第では、本単元のねらいを十分に達成できるはずである。学習の見通しが立てやすく、タイムマネジメントがしやすいという意味で、教師が授業を進める際に、それらプログラムは大きな手助けとなるだろう。
　ともかく、時間の確保が最重要課題である。十分な用意が、教師が求められる。

（唐木　清志）

〈参考文献〉
川喜田二郎『発想法―創造性開発のために―』中公新書、1967年。
木下是雄『理科系の作文技術』中公新書、1981年。
西岡加名恵編著『「逆向き設計」で確かな学力を保証する』明治図書、2008年。

第4章

高等学校公民科「倫理」の年間指導計画と学習指導案の作成

第4章 高等学校公民科「倫理」の年間指導計画と学習指導案の作成

1 「倫理」の特質

(1)学習指導要領に見られる新たな視点

　新学習指導要領における「倫理」の基本的な性格として、『高等学校学習指導要領解説　公民編』（以下『解説』）には、「人間としての在り方生き方についての見方・考え方」を働かせ、現代の諸課題を追究したり、解決へ向けて構想する活動を通して、人間尊重の精神と生命に対する畏敬の念に基づいて平和的で民主的な国家社会の有為な形成者として必要な公民としての資質・能力を養うことが挙げられている。「人間としての在り方生き方」についての教育とは、生徒が生きる主体としての自己を確立する上での核となる「自分自身に固有な選択基準ないし判断基準」である「人生観、世界観ないし価値観」を形成することを目指すとされ、学習活動において働かせるべき「人間としての在り方生き方についての見方・考え方」については、社会的事象等を、倫理、哲学、宗教などに関わる多様な視点（概念や理論など）に着目して捉えることで、課題解決のための選択・判断に資する概念や理論などと関連付けることであり、現代社会に生きる主体としての自己の形成を目指すことが意図されている。

　今回の「倫理」における新たな視点として、生徒自身が様々な概念や価値そのものを吟味する学習課程が取り入れられていることが挙げられる。たとえば「内容とその取扱い」大項目「A 現代に生きる自己の課題と人間としての在り方生き方」では、着目すべき概念や価値として「個性、感情、認知、発達」、「幸福、愛、徳」、「善、正義、義務」、「真理、存在」などが具体的に示されている。授業でこれらの概念や価値について触れる際には、心理学や宗教、先哲の思想について、原典資料に触れながら考察を深めるとされるが、『解説』では、授業で取り上げる先哲の思想も従来よりも具体的に記述されている。たとえば「世界と人間の在り方について思索する」上では「古代ギリシアの思想」から「現象学、言語哲学、構造主義」に至る思想について理解を深めるとされている。

　もう一つの新たな視点は、対話や議論する学習の重視である。現代の倫理的諸課題の答えは必ずしも一つではないということを前提に、探究において様々な価値観や意見をもつ人と対話することで理解や考察を深めることが求められている。このためには、自ら主体的に課題を考察し、問題そのものを把握して、それらの課題についての先哲の思想を理解・活用しながら自らの意見をまとめ、分かりやすく他者に伝える力を身に付けることが必要である。授業では、生徒が能動性や活動性、主体性を包括しつつ、より高次な精神的活動や心理的関与を伴った学習活動の実現を意図したアクティブ・ラーニングを積極的に取り入れることが重要である。特に大項目「B 現代の諸課題と倫理」では、先哲を含む他者や自身の考えを、対話を通して吟味することで、様々な現代の倫理的課題について、問い自

体の問い直しも含めて検討し、自ら課題解決へ向けて探究していく学習が重視されている。

(2)学校の公民教育における「倫理」の位置付け
　今回の学習指導要領において、「倫理」は公民科の中の一選択科目として設定されている。今回「公共」が必修になったことで、「倫理」を履修する生徒は必ず「公共」を学習している。したがって「倫理」においては、「公共」との接続や「公共」の学びの成果を生かして指導を進めることが求められる。すなわち、「公共」においては、自己や公共的空間、自己と公共的空間の関係性などについて、幸福や正義、公正を重視する考え方を用いて探究した。そして社会に参画する際の選択・判断の手掛かりとなる概念や理論と公共的な空間における基本的原理を理解し、対話や他者との協働を通して現代の様々な諸課題を追究解決する活動を行うことで多面的・多角的な考察力や、公正な判断力、合意形成や社会参画を視野に入れながら議論する力などが養われている。
　「倫理」は、個々の生徒が、「公共的な空間」を意識しつつ、さらに人間としての在り方生き方について倫理、哲学、宗教、芸術などに関わる視点から人生観、世界観や価値観を形成する科目として位置付けられる。大項目Ａは「(1)人間としての在り方生き方の自覚」と「(2)国際社会に生きる日本人としての自覚」の二つの中項目からなる。中項目(1)では心理学、宗教や、西洋哲学を中心とした思想学習を通じて、それらの思想が世界や人間をどのように捉えているかを「個性、感情、認知、発達」、「幸福、愛、徳」、「善、正義、義務」、「真理、存在」などの概念や価値に注目しながら捉え、考察を深める学習が展開される。中項目(2)では、日本古来の思想やそこでの人間や自然の捉え方に注目しながら国際社会の中で生きる日本人としての自覚を深めることが意図されている。
　大項目Ｂは、中項目「(1)自然や科学技術に関わる諸課題と倫理」、「(2)社会と文化に関わる諸課題と倫理」の二つからなり、全体を通じて大項目Ａで学習した概念や価値についての考察を生かし、自然や科学技術、社会と文化などについての今日的課題を生徒が選択して主体的に探究し、解決に向けて判断するための力を養うことが意図されている。中項目(1)では医療や環境問題、中項目(2)ではＡＩなどの先端技術、福祉、そして文化や宗教、平和など、様々な価値観の相違によって容易に答えが見いだせない現代社会の課題について生徒自身が他者と対話し、それを基に自らの考察を深めることが求められている。

(3)授業づくりにあたっての留意点
　授業づくりにあたって留意すべきことは、思想史を単に知識として注入する授業に偏らず、生徒が古今の先哲の思想を活用して主体的に考え、現代の社会に生

きる人間として社会の在り方や人間の生き方について選択・判断できる力を育てることである。授業を行うにあたっては原典資料の活用と哲学に関わる対話的手法の導入の二点が挙げられているが、原典資料を授業で活用する際には、その資料はいかなる概念や価値について語っているかを明確にする必要がある。授業では、なぜそれらの概念や価値が問題となるのかを、自己の課題と結びつけながら問い直すことから始め、先哲はその概念や価値をどのように捉えていたか、今の社会に生きる自分自身にとってそれが妥当なものであるのかなどについて考えさせたい。その際、複数の先哲の資料を提示し、比較したり、批判的に考えることで、自己の概念定義や価値観を育てることが重要である。

哲学に関わる対話的手法については、大項目Bだけでなく、科目全体にわたって取り入れることが考えられる。たとえば大項目Aにおいては、学習指導要領に示される「幸福、愛、徳」、「善、正義、義務」、「真理、存在」などの概念や価値についてそれらが何を意味しているか基本的な問いを立て、先哲の捉え方や、宗教におけるそれらの見方などを参照しながら、自己自身の在り方生き方と関連させて意見を構想し、さらに他者との対話の中でそれらの概念や価値について考察を深めることが考えられる。これらを通じて生徒は最終的に人間の在り方生き方について一定の意見を形成できるのである。

大項目Bの学習は、大項目Aの学習を現代社会における倫理的課題と結びつけて行われる。現代社会では科学技術、情報技術、グローバル化の進展により、新たな事象が出現し、それに伴い人類が初めて直面する様々な倫理的課題が生じている。それらの問題に自分たちはどう対応し、社会の中でどう生きていくか、ここまでの学習の成果を生かして他者と対話しながら、様々な価値観に触れ、他者と協働しながら解決へ向けて議論を深める学習が求められる。

学習手法としては思考実験を活用したグループ、クラス単位でのサークル対話、調べ学習と発表による知見や価値観の共有などが考えられるが、扱う課題における本質的な倫理的問題が何か、そして対話で援用できる概念や価値は何かを明確にして学習を進めることが肝要であろう。

(原　宏史)

〈参考文献〉
お茶の水女子大学附属小学校他『新教科「てつがく」の挑戦』東洋館出版社、2019年。
松下佳代『ディープ・アクティブラーニング』勁草書房、2015年。
Jana Mohr Lone and Michael D. Burroughs, *Philosophy in Education: Questioning and Dialogue in Schools,* Rowman & Littlefield, 2016.

2 「倫理」の年間指導計画の作成

(1)年間指導計画を作成するにあたっての留意点
①「公共」で身に付けた概念や理論を活用すること
　「公共」で学習した結果重視と動機重視という二つの概念や理論は、「倫理」でも活用できる。例えば「人道目的の武力介入は許されるか」という問いを立てた場合、無辜の命が救えるなら許されるか（結果重視的）、それとも一切の武力は許されないか（動機重視的）といった論点整理が可能になる。「公共」と「倫理」は同じ教員が担当するとは限らないので、両科目の独自性を尊重しつつ、取り扱う概念や理論をあらかじめ担当者間で共有しておくことも大切になる。
②幅広い知的蓄積から現代の倫理的課題についての思索の手掛かりを得ること
　人名や用語を数多く覚えるだけでもいけないが、一方で知識を軽視してもいけない。例えば「いじめ」を許さない理由について地に足の着いた思索をするためには、実存主義や人道主義の知識は不可欠だろう。試験のための暗記学習を避けるなら、具体例をもとに用語を使って作文させるなどの工夫もできる。知識を正確に吸収し、知識を基礎にして思索を深める学習が求められる。
③生徒自身の課題と関わらせて思索できるよう工夫すること
　今回の改訂で、原典購読や哲学対話といった学習活動が導入されたが、活動はあくまで目的ではなく手段である。大切なことは、いかに生徒自身の課題と関わりの深いテーマを設定し、生徒を葛藤に引き込むことができるかである。青年期、友情、恋愛、進路選択といった課題を、仲間と共有しながら思索する活動は、知識を自由に使いこなして表現する力を身に付けることにつながる。

(2)年間指導計画の具体例
　教科書を使った年間授業計画例は、それぞれの教科書の指導資料や、出版社のホームページにも載っている。ただしくれぐれも注意したいのは、それがそのまま、いずれかの学校の計画として使えるわけではないということである。「公共」で何を学んだか、どのような知的蓄積を活用するか、そして何より、目の前の生徒が、自己の生き方や社会との関わりの中でどのような課題を抱えているかによって、全体の構成は変わるはずである。右の計画も、比較的多くの学校で採用すると思われる典型的な時間配分の一例を示したに過ぎない。次頁以降の学習指導案が示す通り、実際に取り上げる題材、問いの立て方、活動の取り入れ方などは、ひとえに授業者の幅広い裁量が尊重されている。各学校や生徒の状況に応じて、多様な計画と実践が展開されることが期待される。

	時	学習項目	学習内容（○留意点）	評価の観点
1学期	15 10	A　現代に生きる自己の課題と人間としての在り方生き方 (1)人間としての在り方生き方の自覚	○（AB共通）生徒の発達や学習の段階に応じた代表的な先哲の言説を扱う。人生観、世界観の手掛かりを得る。 ①個性、感情、認知、発達、豊かな自己形成、他者と共によりよく生きる自己の生き方、様々な人間の心の在り方 ②幸福、愛、徳、人間としての在り方生き方、様々な人生観、人生における宗教や芸術のもつ意義	〈知〉＝知識・技能、〈思〉＝思考力・判断力・表現力等 ○①〜④に関する知識を身に付けている〈知〉 ○原典などの諸資料から情報を読み取る〈知〉 ○自己の課題を現代と結び付けて考察、表現する〈思〉 ○先哲の考え方を手掛かりに考察、表現する〈思〉
2学期	10 10 10	(2)国際社会に生きる日本人としての自覚	③善、正義、義務、社会の在り方と人間としての在り方生き方、様々な倫理観 ④真理、存在、世界と人間の在り方、様々な世界観 ○小中の知識を基に「公共」の考え方を活用する、対話的手法を取り入れる ①古来の日本人の心情と考え方や先哲の思想、我が国の風土や伝統、外来思想の受容、国際社会に生きる日本人としての在り方生き方、日本人にみられる人間観、自然観、宗教観などの特質	○①に関する知識を身に付けている〈知〉 ○原典などの諸資料から情報を読み取る〈知〉 ○先哲の考え方を手掛かりに考察、表現する〈思〉
3学期	15	B　現代の諸課題と倫理 (1)自然や科学技術に関わる諸課題と倫理 (2)社会と文化に関わる諸課題と倫理	(1)生命、自然、科学技術などに関する倫理的課題 (2)様々な他者と協働、共生福祉、文化と宗教、平和などに関する倫理的課題 ○小中の知識、「公共」及びAで身に付けた思想を基に現実社会の課題を探究する ○課題を選択する、対話的手法を取り入れる	○((1)(2)共通）概念や理論を手掛かりに考察、構想、説明、論述する〈知〉〈思〉 ※「学びに向かう力、人間性等」は、科目目標において全体としてまとめて示すことを想定し、項目ごとには内容を示していない。

（渥美　利文）

〈参考文献〉
直江清隆・越智貢編『高校倫理からの哲学（全4巻＋別巻）』岩波書店、2012年。
高校倫理研究会『高校倫理が好きだ！　現代（いま）を生きるヒント』清水書院、2016年。
服部進治『葛藤を組織する授業―アナログな知性へのこだわり―』同時代社、2017年。

3 「倫理」の学習指導案の作成事例
(1) 現代に生きる自己の課題と人間としての在り方生き方
ア 人間としての在り方生き方の自覚

1 学習指導要領における位置付け
　本稿で示す単元に関連する学習指導要領の記述は次のとおりである。

> 　人間の存在や価値に関わる基本的な課題について思索する活動を通して、次の事項を身に付けることができるよう指導する。
> ア　次のような知識及び技能を身に付けること。
> 　　（中略）
> 　(ｳ)善、正義、義務などに着目して、社会の在り方と人間としての在り方生き方について思索するための手掛かりとなる様々な倫理観について理解すること。
> 　　（中略）
> 　(ｵ)古今東西の先哲の思想に関する原典の日本語訳などの諸資料から、人間としての在り方生き方に関わる情報を読み取る技能を身に付けること。
> イ　次のような思考力、判断力、表現力等を身に付けること。
> 　(ｱ)自己の生き方を見つめ直し、自らの体験や悩みを振り返り、他者、集団や社会、生命や自然などとの関わりにも着目して自己の課題を捉え、その課題を現代の倫理的課題と結び付けて多面的・多角的に考察し、表現すること。
> 　(ｲ)古今東西の先哲の考え方を手掛かりとして、より広い視野から人間としての在り方生き方について多面的・多角的に考察し、表現すること。

　一部省略して引用したが、アで知識として列挙された(ｱ)～(ｴ)は、いずれも「…に着目して、～について思索するための手掛かりとなる様々な〇〇観について理解すること」という文構造を基本としている。これをふまえて、3つの点に注目したい。第一に、「…に着目して」という形で、(ｱ)～(ｴ)の学習事項ごとに複数の見方・考え方が示されている。「善、正義、義務」などの概念はそれ自体が哲学・倫理学の探究テーマでもあり、「倫理」がこうした諸概念の活用を本領とする科目であることがうかがえる。第二に、知識として示された〇〇観は、いずれも何かについて思索するための「手掛かり」であり、その習得自体で学習が完結すべきものではない。第三に、アの(ｵ)で先哲の思想に関する原典などの諸資料の読解・活用が技能として明記され、重視されている。
　同項目について、「内容の取扱い」には次のように書かれている。

> 　小学校及び中学校で習得した概念などに関する知識などを基に、「公共」で身に付けた選択・判断の手掛かりとなる考え方を活用し、哲学に関わる対話的な手法などを取り入れた活動を通して、生徒自らが、より深く思索するための概念や理論を理解できるようにし、Bの学習の基盤を養うよう指導すること。

「「公共」で身に付けた選択・判断の手掛かりとなる考え方」とは、「行為の結果である個人や社会全体の幸福を重視する考え方」や「行為の動機となる公正などの義務を重視する考え方」などを指している。規範倫理学の基本であるこれらの考え方は、「倫理」の学習でも当然重要であり、その理解と活用をより深めていくことが期待される。さらに、ここでの学習を通じて様々な「より深く思索するための概念や理論」、具体的には先哲の思想を習得し、大項目Bにおける探究的な学習の基盤を養うこととされている。

注目すべきは「哲学に関わる対話的な手法などを取り入れた活動」への言及である。学習指導要領の解説によると、ここでいう「対話」には、生徒間の話し合い活動だけでなく、先哲の思索と向き合う言語活動なども含まれる。このように捉えれば、先にみた原典など諸資料の読解・活用とも関連することがわかるが、こうした言語活動をどのようにデザインしていくか、工夫が求められている。

2　単元の特色

学習内容として、この中項目では、人間心理、源流思想（古代ギリシア哲学、キリスト教、イスラーム、仏教、中国思想）、西洋近現代思想などを扱うことになる。まず留意すべきは、学習事項は何かについて思索するための「手掛かり」だということである。従来、この分野では、学習事項を思想史順に並べて単元の体裁をつくる進め方が一般的であった。この方法はたしかに知識の整理を助けるが、知識の効率的な習得自体が目的化してしまい、思索すべきテーマが意識されないまま学習が進みがちであったことは否めない。言い換えれば、個々の思想内容がオムニバス式に習得されるにとどまり、単元がもつべき学習の展開や深化が軽視されがちである。思想史順の学習自体は何ら否定されるものではないが、そこに一貫した思索のテーマを設定し、それを各時の主な問いに反映させる意識をもつことが必要である。

思索のテーマを設定する際、活用したいのが「見方・考え方」である。学習指導要領に示されたものだけでも、「個性、感情、認知、発達」といった心理学的な諸概念、「幸福、愛、徳」「善、正義、義務」「真理、存在」といった哲学・倫理学的な諸概念がある。学習指導要領の解説では、それぞれに対応した問いが列挙されており、大いに参考になるだろう。ここで留意したいのは、「倫理」におけるこうした諸概念（見方・考え方）の扱いである。それらは、特定の定義で選択・判断の基準として使われるだけでなく、定義づけ自体が探究のテーマとなり、鍛え直されていくものである。たとえば、「幸福」という概念は「公共」の授業でも扱うが、そこでは社会的な行為や政策などを評価・判断する際のツールとして、「関係者の利益を増進すること」のような特定の定義で用いられることが多いと思われる。これに対して「倫理」の学習では、「そもそも幸福とは何か」といっ

た「そもそも」の問いがより重要となる。

　学習の方法として、先にみた原典などの諸資料の活用、そして「哲学に関わる対話的な手法などを取り入れた活動」に取り組みたい。生徒の特性や授業者の個性に応じて、様々な活動がありうるだろう。本稿の授業案で示すように、諸資料の活用と対話的手法とを組み合わせる学習も考えられる。

　最後に、大項目Bの基盤を養うという位置付けを具体化する仕掛けを設けたい。主体的な探究学習は、ある時期に形式的な指導をするだけで始められるものではない。ほとんどの場合、最も困難なのは、生徒が自ら課題を発見し、問いを設定することである。そこで、本項目の学習においても、自らの在り方生き方や現代の諸課題と関わって、どのような課題があるのか、そこからどのような問いを設定すればよいのか、授業者が意識的にお手本を示したり、生徒自身がトレーニングをしたりする場面を設けることが望ましい。

3　単元計画と実践例
(1)単元計画の手順と具体例
①単元計画の手順

　上記のポイントをふまえて学習のフローを構想すると、たとえば次のような形がありうる。

学習活動	次	学習方法
❶ 単元を貫く問い（テーマ）を設定する ❷ 問いに対する思想家の考え方を理解する	1	諸資料活用
❸ ❷の考え方を活用、吟味、評価する		対話的手法
❹ 異なる思想家の考え方を理解する	2	諸資料活用
❺ ❹の考え方を活用、吟味、評価する		対話的手法
❻ 問いについて自分の結論をまとめる	3	パフォーマンス課題

　❶について、この中項目では授業者が問いを設定する形が基本となるだろう。その際、学習指導要領に示された見方・考え方や、同解説に示された問いを参考にできる。大項目Bに向けた基礎づくりをねらうなら、冒頭で資料のみを提示して、生徒が自ら問いを設定する学習を取り入れてもよい。❶❷のいずれか、または両方で、原典などの諸資料を活用することができる。すなわち、思想家がどのような問いを立てたか、すぐには解決できない問いに対してどのような答え方をしたか、などが記された原典などの資料を教材として用いる。原典が難解な場合は関連する現代の文章（入門書など）からの抜粋でもよいだろうが、重要なことは、問いや答えを導き出した思考の過程や根拠づけに注目させることである。

　❸は「倫理」における思考・判断・表現の場面である。教師の解説によって「思

想家Aは…と言った。これは〜という意味である」と理解させるにとどまらず、その言明の意味するところを生徒自らが吟味しながら敷衍したり、自己の経験や現実の諸課題に照らして主張の妥当性を評価したりする活動を取り入れたい。

❹❺は上記と同様の過程を異なる思想家に当てはめたものである。この部分は、その単元にあてる時数に応じて加減すればよい。

最後に、❻では単元の冒頭で設定した問い（テーマ）にかえり、学習してきた思想家の概念や理論を活用しながら自分なりの見解をまとめる。時数に余裕がない場合は、この部分は期末考査や小レポート課題となることもあるだろう。

②単元計画の具体例
○単元名：古代ギリシアの思想 ―「正義」をめぐって―
○単元目標：
・古代ギリシアにおける「正義（正しく生きること）」をめぐる思索の特色を理解するとともに、諸資料から先哲の思想を適切に読み取る。（知識・技能）
・先哲の思想をふまえて「正義」について多面的・多角的に考察するとともに、さまざまな倫理観に関する主張を吟味・評価し、自身の考えを対話の形で表現する。（思考力・判断力・表現力）
・先哲の思想をふまえて自らの考えや新たな問いを見出すとともに、協働して探究を進めようとする意欲を高める。（意欲）
○単元の指導計画（全3時間）：

次	学習内容	時	学習活動
1	ソクラテスとトラシュマコスの対話	1（本時）	トラシュマコスの主張（正義とは強い者の利益になることである）を吟味し、ソクラテスの思想をふまえて反論を考える。
2	プラトンの思想	2	正義の概念を中心に、プラトンの思想を理解する。
3	アリストテレスの思想	3	正義の概念を中心に、アリストテレスの思想を理解する。

単元計画の手順として示したフローをアレンジし、❻のパフォーマンス課題に第1次で取り組む構成である。学習事項は思想史順に並んでおり、「正義」という探究課題で単元を貫くことで生徒自身の思索の深まりを図っている。

(2)教材開発と学習指導案例
①本時（1/3）の学習目標
・ソクラテスの思想の特色をつかみ、トラシュマコスの主張（正しいこととは、強い者の利益になることである）に反論する対話文をつくることができる。
②教材開発の視点
「倫理」の教材は、他科目と比べて文字のみの資料が多くなる。しかも、元来思想は結論以上に思考過程が重要であるため、どうしても分量が多くなりがちである。ソクラテス（プラトン）の思想は、基本的に対話文の形で記されているた

め、原典（の日本語訳）資料が比較的読みやすい。とはいえ、文字ばかりが長々と並ぶ教材をただ提示して、「何が述べられているか？」「あなたはどう考えるか？」などと発問をしても、生徒を授業に巻き込みにくいだろう。

　資料を教材として成立させるには、読解・活用に目的意識を持たせる仕掛けが必要である。そこで本時では、対話文の資料を示した後、「この対話の続きを創作しよう」という学習活動を指示する。これは同時に「哲学に関わる対話的な手法などを取り入れた活動」でもある。「倫理」の学習にふさわしい対話の作法を、ソクラテスから学ぶのである。なお、対話文以外の資料でも、「著者・思想家○○に手紙を書こう」など学習活動を工夫することで同様の効果を期待できるだろう。

　この学習活動は原理的にはプラトン対話篇の多くの箇所に適応できるが、何をどのように抜粋するかに授業者のねらいが表れる。本時では、プラトン『国家』の中から、トラシュマコスが自身の主張を述べ終え、ソクラテスが反論を始めようとする場面まで生徒に示す。この箇所は、主張の論証過程が比較的つかみやすく、具体例を挙げながら考えやすい問いが示されている点が教材向きである。ねらいは、特定の主張に反論するという型を定めることで対話を方向付けて焦点化すること、先に学習したソクラテスの思想を活用してより理解を深めること、この２点である。

③学習指導案例

過程	学習内容	指導上の留意点
導入 （5分）	○単元全体の問いを設定する。 ・「正義（正しく生きる）」とはどのようなことか？	・生活実感の中から正義をどのように理解しているか問いかけたり、「公共」で学んだ理解を確認したりするとよい。
展開① （15分）	○ソクラテスの思想を理解する。 ・問答法 ・相対主義への批判、真理の探究 ・魂への配慮	・トラシュマコスへの反論に関連する事項にしぼって簡潔に整理する。
展開② （25分）	○２人ペアになり、配役をしてトラシュマコスとソクラテスの対話を音読する。 ○全体で、トラシュマコスの主張の含意を吟味する。 ・正義はノモス（人為的な決めごと）にすぎない。時代や地域、政治体制などによって異なる。 ・正義は特定の誰かの視点（利害）と結びついて決められる。	・台詞読み合わせのように読む。 ・３人グループとして１人を記録役としてもよい。 ・まず「正しいことは、強い者の利益になることである」という命題の形でまとめ、生徒各自がその意味や根拠を説明できるようにする。 ・ソクラテスが反論しそうなポイントを、ヒントとしてあらかじめ示しておくとよい。

	・正義は法と結びつき、力（権力）による裏付けがある。 ○ソクラテスがどう反論したかを考え、対話文の続きをメモする。	・難しい場合は、一つ一つのキーワード（例：魂への配慮）に注目して考えさせる。
終結 （5分）	○いくつかのペアが発表する。	・ソクラテスの思想のキーワードとの関連を確認する。

【ワークシート】プラトン『国家』第1巻338B〜339Aの抜粋、トラシュマコスの主張のまとめ記入欄、対話文の続きを創作する記入欄を含むワークシート
【評価の観点】
・トラシュマコスの主張とその根拠を適切につかむことができたか。
・ソクラテスの思想をふまえて反論を考えることができたか。
・対話文を創作する学習に協働して取り組むことができたか。

4　授業実践にあたっての留意点

　本授業では、パフォーマンスを伴う活動（対話文の創作）を単元のはじめに置いた。これは、まさに対話こそがソクラテス（プラトン）に関する重要な学習事項であること、また本時の活動が協働によって生徒の意欲を喚起しやすいことが背景にある。このような活動を単元のまとめに置き、知識事項の習得が一通り済んでから小規模なアウトプットを求める単元構成にすることもできる。
　また、活動に取り組みやすくするために、ソクラテスの思想をふまえて反論を考える、という制約を設けた。この制約を外して、自由に対話を展開させる学習にできれば、より生徒各自の考えを形成する方向になるだろう。
　本単元では「正義」を一貫したテーマとして設定したが、たとえば「幸福」や「徳」でも同様の展開ができる。ソクラテスに関する事項は一度にまとめて学ぶという人物重視型だけでなく、複数のテーマで異なる視点から何度もソクラテスの思想に触れるようなテーマ重視型の年間計画を考えてみてもよいのではないか。

（山本　智也）

〈参考文献〉
プラトン『国家』藤沢令夫訳　岩波文庫、1979年。
直江清隆・越智貢編『高校倫理からの哲学3　正義とは』岩波書店、2012年。
村井大介「高等学校「倫理」における問答法を実践する授業」井田仁康ほか編『中等社会科21世紀型の授業実践』学事出版、2015年。

第4章　高等学校公民科「倫理」の年間指導計画と学習指導案の作成

3　「倫理」の学習指導案の作成事例
(1)　現代に生きる自己の課題と人間としての在り方生き方
　　　イ　国際社会に生きる日本人としての自覚

1　学習指導要領における位置付け
(1)学習指導要領における内容
　学習指導要領における内容については、以下のようになっている。

> 日本人としての在り方生き方について思索する活動を通して、次の事項を身に付けることができるよう指導する。
> ア　次のような知識及び技能を身に付けること。
> (ｱ)古来の日本人の心情と考え方や日本の先哲の思想に着目して、我が国の風土や伝統、外来思想の受容などを基に、国際社会に生きる日本人としての在り方生き方について思索するための手掛かりとなる日本人に見られる人間観、自然観、宗教観などの特質について、自己との関わりにおいて理解すること。
> (ｲ)古来の日本人の心情と考え方や日本の先哲の思想に関する原典や原典の口語訳などの諸資料から、日本人としての在り方生き方に関わる情報を読み取る技能を身に付けること。
> イ　次のような思考力、判断力、表現力等を身に付けること。
> (ｱ)古来の日本人の考え方や日本の先哲の考え方を手掛かりとして、国際社会に主体的に生きる日本人としての在り方生き方について多面的・多角的に考察し、表現すること。

　内容の取扱いについては、以下のような指導内容となっている。

> イ　内容のAについては、次のとおり取り扱うものとすること。
> (ｷ)(2)のアの(ｱ)については、古来の日本人の心情と考え方や代表的な日本の先哲の思想を手掛かりにして、自己の課題として学習し、国際社会に生きる日本人としての自覚を深めるよう指導すること。その際、伝統的な芸術作品、茶道や華道などの芸道などを取り上げ、理解を深めることができるよう指導すること。
> (ｸ)(2)アの(ｲ)については、古来の日本人の心情と考え方や代表的な日本の先哲の思想を取り上げ、それらが日本人の思想形成にどのような影響を及ぼしているかについて思索するために必要な技能を身に付けることができるよう指導すること。

　学習指導要領解説によると、「この中項目は、グローバル化が進展する現代の状況を踏まえ、古来の日本人の心情と考え方や代表的な日本の先哲の思想について日本人としての在り方生き方に関する適切な課題を見いだし、それらの課題について思索する活動を通して、我が国の伝統と文化や日本人としてのものの考え方の特質を理解し、国際社会に主体的に生きる日本人としての在り方生き方についての自覚を深め、人格の形成に努める実践的意欲を高め、大項目B以下の現代の諸課題について倫理的に追究する態度を育成することを主なねらい」とある。

つまり、グローバル化の状況下で、いかに日本人としての在り方や生き方の課題を日本の伝統文化や思想を手掛かりとして見出し、実践していくかということである。

その際、以下のような知識、技能を身に付けることが述べられている。

①「ア(ア)」について

例えば、欧米との比較を意識して、日本人の心情や考え方の基底に流れている物事の捉え方や望ましい人間関係のあり方がどのようなものかを思索する。その視点として、例えば、和、無や無常、もののあはれ、誠、間柄などに着目して課題追究や解決に向けて構想したりすることである。古来の日本人の心情や考え方と人との関わりが捉えられることができるようにすることによって、日本思想の展開過程を深く理解することができるのである。なぜならば、このことが外来思想を受容し発展させた基礎となっているのであり、またその後の日本の伝統思想を形成するにあたって底流になっているからである。こうした理解を踏まえて仏教や儒教を受容することによって、従来の仏教や儒教がどのように変化し、また何が変化しなかったのかに目を向けることができるのである。

日本人に見られる人間観、自然観、宗教観などの特質を知識の集積として学ぶのではない。それらを手掛かりとして、追究、構想する活動を生徒が行うことによって、外来思想を受け入れる際にも、伝統を失うことなく調和を図りながら、日本人としての在り方生き方についての根源的な問いを探求することができるのである。

具体的に挙げると次のようなものになる。

①日本人に見られる人間観、自然観、宗教観の事例：古来の日本人に見られるもの、仏教、儒教、国学、西洋の思想、民俗学の成果など。

②芸術、文化：無常観と関わりのある侘や寂、雅や粋という美意識。世阿弥、伝統的な芸術作品、茶道や華道などの芸道など。

③古来の日本人の心情と考え方の事例：原始神道に見られる人間と自然とのかかわりについての意識、日本人の死生観、善悪についての道徳観、民俗学の成果、原典や原典の口語訳など。

教材として取り上げる具体例としては、古事記、日本書紀、万葉集や本居宣長の国学などを使って、罪やけがれの考え方、それを禊、祓いによって清めるという考え方を学ぶ。またこれらが仏教や儒教などの外来思想を受容することによってどのように変化したか、しなかったかについて、仏教における厩戸王(うまやどおう)(聖徳太子)や平安時代・鎌倉時代の仏教を展開した先哲が、それまでの仏教の在り方をどのように受け止め、それに対してどのように独自な思想を展開したかについて理解し、それらが日本人の思想形成にどのように影響を及ぼしているかについて理解することができるようになることが重要である。儒教についても、伊藤仁斎など

江戸時代における儒学派を起こした代表的な先哲の儒教の受容と変容から日本人の思想形成への影響を理解することができるのである。同様に、西洋の思想や文化についても、福沢諭吉や和辻哲郎などこれに基づいて新しい思想や文化を形成しようとした先哲を取り上げ、それらが現代に生きる日本人の思想形成にいかなる影響を与えているかについて理解できるようになることが大切である。そして、ただ知識としてこれらのことを理解するのではなく、これらの理解の際の課題意識を自己の課題と結びつけて考える視点を働かせることが肝要である。

②「ア(イ)」および「イ」について

次の２つの技能を用いる学習場面に分けて考えることができる。古来の日本人の心情と考え方や日本の先哲の思想に関する原典や口語訳などの諸資料から、日本人の人間観、自然観、宗教観などの特質に関わる情報を読み取る技能と読み取った情報を自己との関わりにおいて課題として吟味し、まとめる技能である。この技能は、「思考力、判断力、表現力等」に関わる事項であり、(ア)で培った理解を多面的・多角的に考察し、その過程や結果を適切に表現できるようにすることが必要である。例えば、生きる上で直面せざるをえない事柄をめぐる問いを自ら考えるために、古来の日本人の考え方に関する資料や文献と対峙し、その上で、そのことに関して、他者と問い合い、共に考えてみる。さらに他国の思想や倫理、哲学等の文献などから同様の問いに関する応答を求めて比較・検討してみるなど、今日の国際社会において日本人として主体的に生きていくための必要な能力を育成していくことが必要である。

ここでの主体的に生きる日本人とは、日本の伝統的な思想や文化に対する理解を深めることによって日本人としての自覚を持ち、またそのことによって他国の人々や文化を尊重することを行って生きる人間のことである。偏狭で排他的な自国賛美に陥らないことが肝要である。日本の文化や思想を深く知り、自らのあり方生き方を追求していく過程の中で、他国の文化や思想を学び、日本の文化への受容やその比較をしていくと、おのずと他国の文化や思想を尊重するようになるであろう。他国の文化や思想を尊重する気持ちは、やがてグローバルな視野の中で、日本の文化や思想の位置付けを行い、日本の文化や思想を尊重する精神を養うことに繋がるのである。

2 単元の特色

中央教育審議会答申での、今回の改訂における「倫理」に関係する点を挙げておく。

社会との関わりを意識して課題を追究したり解決したりする活動の充実。知識や思考力等を基盤として社会の在り方や人間としての生き方について選択・判断する力。新設された「公共」で学習した主体的に社会に参画し他者と協働するこ

とに向けて選択・判断するための手掛かりとなる概念や理論を活用するスキルをもって、古今東西の思想や宗教、芸術などを手掛かりに多面的・多角的に思索し、それを倫理的諸課題の解決や自己形成に資することとある。

これは、学校教育法第30条第2項における「生涯にわたり学習する基盤が培われるよう、基礎的な知識及び技能を習得させるとともに、これらを活用して課題を解決するために必要な思考力、判断力、表現力その他の能力をはぐくみ、主体的に学習に取り組む態度を養うことに、特に意を用いなければならない」と規定された学力観、すなわち、①基礎的な知識・技能、②思考力・判断力・表現力、③主体的な学習への取り組む態度である。それに多様性と協働性を加えた学力を求めているのである。

その背景には、1997年にOECDが着手したPISA調査にある。その調査によると、人生における生徒の成功はいっそう広い範囲のコンピテンシーに左右されることがわかってきた。そして、OECDのDeSeCoプロジェクトによって、キー・コンピテンシーが定められた。それは、次の3つに代表される。①相互作用的に道具を用いる。②自律的に活動する。③異質な集団で交流する。

このキー・コンピテンシーが学習指導要領に反映され、「倫理」もこのキー・コンピテンシーの能力を促進するために再編されたといえよう。

3 単元計画と実践例
(1)単元計画の手順と具体例

実質的に50～60時間しかない年間授業時間数なので、「国際社会における日本人としての自覚」に充てられる時間数は、15時間程度であろう。

---
①全体の導入：日本は、どのようにして外来の宗教、思想、文化、芸術を取り入れ、日本独自のものを形成していったか。（1時間）
②日本人に見られる自然観・宗教観・人間観（2時間）
③仏教の受容と展開（4時間）
④儒学の受容と国学（4時間）
⑤西洋近現代思想の受容（4時間）

---

(2)教材開発と学習指導案例
①本時（日本は、どのようにして外来の宗教、思想、文化、芸術を取り入れ、日本独自のものを形成していったか）の学習目標
・古来より、日本独自の自然観・宗教観・人間観と外来思想の受容による独特の思想・文化等が形成されてきたのかを概観できるようにする。
・丸山眞男の論文「原型・古層・執拗低音」を資料として用いて、日本の思想、文化等の特質を学び、実感しながら他国の文化からの影響を実感し、他国への尊重の精神を養う。

②学習指導案例

	学習内容	学習活動	留意点
導入	カリフォルニアロールの衝撃。 カリフォルニアロールは、アメリカに渡った寿司のアレンジであることを説明する。	カリフォルニアロールを実際に食べてみる。 カリフォルニアロールを寿司というべきか議論する。	試食しなくても良いが、分かりやすい写真を提示すること。
		日本の伝統的な寿司ではない、アメリカ人に合うように工夫されているから認めるべきだ等。	カリフォルニアロールを作成した由来を説明すること。
	ラーメンは日本独特の食文化か。	ラーメンの源流は、中国の麺料理。それを日本流にアレンジしたことを調べる。	
	ラーメンが中国に逆輸入。	写真や動画を見せて、生徒に感想を聞く。	
	では、他の文化や思想は、どうであるのか。		
展開	丸山眞男「原型・古層・執拗低音」の論文を読む。	各自で読む。読んだ後、グループに分かれて、難解な個所を教え合う。	前もって読んできてもらうか、大部な内容なので、5節のみ読ませても良い。
	独特の日本の思想、文化や芸術はあるのだろうか。	グループで内容について議論する。	日本の歴史から事例を挙げるように示唆する。
	外国の思想、文化や芸術にもあるのだろうか。	左のテーマで討論を行ってみる。 プレゼンを行う。	外国の歴史から事例を挙げるように示唆する。
まとめ	日本の思想、文化、芸術などがその独自性を他国の思想、文化や芸術などから影響を受けて、形成していったことを学ぶ。	自国の思想、文化や芸術に誇りを持つと同時に、他国の思想、文化や芸術のすばらしさにも目覚め、他国を自然と尊重できる態度に変貌する。	基本的には、生徒たちの意見を尊重するが、極端な排外主義的な結論にならないように留意する。

4　授業実践にあたっての留意点

(1) 提示した授業実践に合うように、日本の仏教の受容、儒教の受容、西洋思想の受容を概観して、その後の授業に繋げることを意識することが重要である。例えば、生徒になぜ様々な文化や思想が日本に入ってくると日本風にアレンジされてしまうのだろうという疑問や課題を持たせる。その疑問や課題の手掛かりとして丸山眞男の論文に対峙させるという方法があるだろう。

(2) 原始仏教と日本での仏教諸学との比較、儒教と日本の儒学の諸学との比較、西洋思想を取り入れた福沢諭吉や西田幾多郎、また社会という概念と間柄（和辻哲郎）などの考え方の比較のような事例が考えられる。

(3) 現代的課題として、市民や市民社会という概念が日本に輸入されて、それがどのように受容され変容されたのかを追究させるという授業プランが考えられる。この追及によってシティズンシップを内包した公民的資質の育成にも繋がるのではないか。

(西尾　理)

〈参考文献〉
守本純一郎著・岩間一雄編『改訂新版 日本思想史』未来社、2009年。
丸山眞男「原型・古層・執拗低音」『丸山眞男集 第12巻 1982-1987』岩波書店、1996年。
ライチェン、サルガニク編著『キー・コンピテンシー 国際標準の学力をめざして』
　　明石書店、2006年。
文部科学省『高等学校学習指導要領解説 公民編』平成30年7月

3 「倫理」の学習指導案の作成事例
（2）現代の諸課題と倫理　ア 自然や科学技術に関わる諸課題と倫理

1　学習指導要領における位置付け

　大項目Ｂ「現代の諸課題と倫理」を踏まえ、中項目として「(1)自然や科学技術に関わる諸課題と倫理」がある。具体的には「自然や科学技術との関わりにおいて、人間としての在り方生き方についての見方・考え方を働かせ、他者と対話しながら、現代の諸課題を探究する活動を通して、次の項目を身に付けることができるように指導する」とある。

　そして「ア 生命、自然、科学技術などと人間との関わりについて倫理的課題を見いだし、その解決に向けて倫理に関する概念や理論などを手掛かりとして多面的・多角的に考察し、公正に判断して構想し、自分の考えを説明、論述すること」とある。

　また、(1)のアの「生命」については「生命科学や医療技術の発達を踏まえ、生命の誕生、老いや病、生と死の問題などと通じて、生きることの意義について思索できるようにすること」とある。これは先端医療技術の「生命倫理」だけを特化するものではなく、生命観や死生観などを含めた広義な内容となっている。「自然」については、「人間の生命が自然の生態系の中で、植物や他の動物との相互依存関係において維持されており、調和的な共存関係が大切であることについても思索できるようにすること」とある。「科学技術」については、「近年の飛躍的な科学技術の進展を踏まえ、人工知能(AI)をはじめとした先端科学技術の利用と人間生活や社会の在り方についても思索できるよう指導すること」とある。ここでは、人工知能(AI)についても取り上げている。

2　単元の特色

　『高等学校学習指導要領解説　公民編』では、大項目Ａの学習の成果を活用し、「選択・判断の手掛かりとなる先哲の考え方などを基に、現代の科学技術の根底にある自然観に加えて、日本的な自然観や東洋的な自然観などにも触れながら、多面的・多角的に考察することができるようにすることが大切である」とする。

　この際に、「どのような前提に立ち、どのような立場で、どのような面から課題を設定し、探究を進めようとしているのか、自らの考えを導き出した理由や根拠が十分かつ明瞭なものであるか、感情や利害のみに基づいて結論を導き出していないか、結論を出すに当たって様々な意見を公平に考慮しているかなど、理性的で倫理的な立場を忘れず、筋道を立てて考え、自らの考えを批判的に吟味することが大切である」と丁寧に解説している。

　そして「現代の諸課題は必ずしも一つの正答があるとは限らないことから、そ

のような課題を多面的・多角的に考察して、公正に判断して構想するためには、様々な意見をもつ人と対話したり議論したりする力を身に付けることが求められる」とする。

　つまり「様々な条件や状況を考慮しながら対話や議論を深める必要があり、自らの意見を相手に正確に伝えるとともに相手の意見を理解し、それぞれの意見の違いが根底においてどのような人生観、世界観ないし価値観に基づいているかを明らかにし、その上でなお、問題解決の方法を探っていくことが求められる」とし、「現代の諸課題を自己の課題とつなげて探究することが大切である」とする。

　次に「生命」「自然」「科学技術」について、具体的に次のように解説している。「生命」を取り扱う場合では、「例えば、生命への人為的な操作や治療を超えた介入など、近年の生命科学や医療技術の発達に伴い、従来の死生観のみでは対処できない様々な問題が生じていることなどにも触れながら、老いや病や障害とともに生きる意義と社会の在り方といった視点から倫理的課題を見いだし、探究する活動が考えられる」とある。さらに「私たち一人一人の生命の尊さに関わる問題であるとともに、家族や地域をはじめとする人と人との関わりや、福祉や社会保障制度など社会に関わりが深い問題であることにも留意する必要がある」とする。

　「自然」を取り扱う場合では、「例えば、地球の歴史と共に形成された生態系の中で人間の生活が維持され、豊かな人間性が育まれていることにも触れながら、環境汚染や環境破壊、気候変動や資源の有限性に関わる問題が、地球規模の問題であるとともに、将来の世代に対する責任も考慮すべき問題であることを踏まえ、人間の将来に責任をもって生きるとはどのようなことかといった視点から倫理的課題を見いだし、探究する活動が考えられる」とある。ここでは「世代間倫理」を指摘している。さらに「自然保護や動物愛護などの取組などを通して、人類の知恵がこれまで様々な問題を解決してきたことについて理解できるようにするとともに、動物に関わる倫理の問題や自然環境に関わる地球規模の問題を、同時に身近な地域の問題として捉えることができるように留意する必要がある」とする。

　ここでは、その内容に新たに「動物の権利」が盛り込まれている。

　「科学技術」を取り扱う場合では、「例えば、高度な情報通信技術やロボット技術などの先端科学技術の特質及びその進展がもたらす人間や社会に対する影響について考えるとともに、科学技術の進展が人間生活を便利にした面と、そこから生じた諸問題などの具体的な諸側面についても触れながら、人間にとって科学技術とは何か、またそれをどのように利用していけばよいかといった視点から倫理的課題を見いだし、探究する活動が考えられる」とある。さらに「新しい科学技術の開発に当たっての安全性や倫理性の確保の問題及び科学技術に関わる者の公正性や社会的責任についても理解を深めることができるように留意する必要がある」とする。ロボット技術とは、人工知能（AI）をも含む技術である。

3 単元計画と実践例
(1)単元計画の手順と具体例
①単元計画の手順

　大項目B「現代の諸課題と倫理」を踏まえ、中項目として「(1)自然や科学技術に関わる諸課題と倫理」「(2)社会と文化に関わる諸課題と倫理」がある。中項目の(1)と(2)の「福祉」「文化と宗教」「平和」とは関連性があり、有機的に結びつくものである。たとえば、「自然」に関するならば「日本的な自然観や東洋的な自然観」にも触れるなど、「文化と宗教」との視点を忘れてはならない。あるいは「植物や他の動物との相互依存関係において維持されており、調和的な共存関係が大切である」と言う指摘は、仏教の「縁起」や「空」の思想を想定しているとも言えよう。

　また、(1)の「生命」「自然」「科学技術」というテーマも、有機的に結びつくものであり、一つ一つが単独で完結するものではない。むしろ関連性を持つような授業展開がのぞましい。

　「生命」に関する具体例としては、先端医療技術への倫理的な課題を考察する「生命倫理(学)」(バイオエシックス)に関わる次のようなテーマが挙げられる。「脳死・臓器移植」「再生医療」「尊厳死・安楽死」「終末期医療」「生殖医療技術」「インフォームド・コンセント」「バイオテクノロジー」「ヒトゲノム」「エンハンスメント」などである。さらに「生殖医療技術」には「人工授精」「体外受精」「代理出産」「出生前診断」などの医療技術がある。しかし、「老いや病や障害とともに生きる意義と社会の在り方といった視点」から倫理的な課題を見いだし、探究する」ならば、ただ単に先端医療技術に関わるテーマを取り上げるのではなく、「病気」や「老い」とは何かについても構想し探究しなければならない。

　「自然」に関する具体例としては、次のようなテーマが挙げられる。「環境汚染」「環境破壊」「気候変動」「資源の有限性」「エネルギー問題」「自然保護」「動物愛護」「エコロジー」などである。ここでは「将来の世代に対する責任も考慮すべき」とあるので、「環境倫理」でいう「世代間倫理」についても探究しなければならない。また、「動物愛護」という「動物の権利」についても考える必要がある。

　「科学技術」に関する具体例としては、次のようなテーマが挙げられる。「人工知能(AI)」「ロボット技術」「高度情報化社会」などであるが、「人工知能(AI)」をはじめとした先端科学技術を意図している。ここでは「技術倫理」について探究しなければならない。科学技術の進歩は、人間にとって恩恵をもたらすだけではなく、負の側面も合わせ持っている。しかし、負の側面を人間の叡智をもって克服しているといえよう。負の側面を強調するだけではなく、どのように解決を見いだしていくのかを、「安全性・倫理性の確保の問題」「科学技術に関わる者の公正性や社会的責任」から対話や議論を深めることが肝要である。

②単元計画案
○単元名：先端医療技術への倫理的な課題を考察する
○単元目標：
・先端医療技術の倫理的な諸課題の事例やその原因を知り、課題を解決するために必要な取り組みについて理解し、関連する資料から様々な情報を適切に、効果的に調べまとめる技能を身に付けるようにする。（知識・技能）
・先端医療技術の倫理的な諸課題について、先哲の思想を手がかりに多面的・多角的に考察し、課題の解決に向けて公正に判断する力や、合意形成や社会参画を視野に入れながら構想したことを、議論したり、論述したり、発表したりする力を養う。（思考力・判断力・表現力）
・先端医療技術の倫理的な諸課題を、自らに関わる課題と捉え主体的に解決しようとする態度を養い、他者と協働しながら、よりよい社会の実現に向けて積極的に社会に関わろうとする意欲を培う。（意欲）
○単元の指導計画（全6時間）

1時間	脳死・臓器移植・再生医療
2時間	尊厳死・安楽死
3時間	終末期医療（ホスピスなど）
4時間	インフォームド・コンセント（病名告知など）
5時間	生殖医療技術（人工授精・体外受精・代理母など）
6時間	発表会・まとめ

　「生命」を取り扱う場合には、このような先端医療技術に関わる「生命倫理」的な課題を探究するだけではなく、「老い」「病い」「障がい」なども教材として取扱い、どのように共に生きる（共生）のかを考察することも肝要である。また、「生命倫理」（バイオエシックス）の課題については具体的な事例を提示し、先哲の思想を手がかりにして自らの課題として、どのように向き合って解決し、あるいは他者に寄り添うのかを考えなければならない。
(2)教材開発と学習指導案例
①本時（1/6）の学習目標
・脳死・臓器移植の現状について具体的な事例を通して理解し、その課題をどのように解決すべきかを、他の生徒と意見交換をし、自らの意見を発表する。また、再生医療の今後の動向についても調べる。
②教材開発の視点
　本単元では、先端医療技術における生と死の問題などと通じて、生きることの意義について思索できるようにすることにある。また、具体的な事例を提示することで、活発な意見交換を行い、協働的な学びを活用できるようにすることが必要である。

③学習指導案例

過程	学習内容	指導上の留意点
導入 (10分)	○脳死状態について、医学的に正確な知識を得る。 ○新聞記事などを活用して、脳死・臓器移植の具体例を提示し、自らの課題として捉える。	・死の三兆候、脳死と植物状態との相違、生命維持装置(人工呼吸器)の発達、脳死状態などの基礎知識をイラストなどで簡潔に説明し、理解を深める。
展開 (30分)	○海外の臓器移植の現状も提示し、「臓器移植法」について説明する。2009年の改正後に何が変わったのかを説明する。ドナーカードについても説明する。 ○グループごとに、脳死・臓器移植の課題について議論する。1人称の死、2人称の死、3人称の死の視点で、本人、家族、医療関係者の立場から、課題を考える。医師や看護師など医療人の立場からも考えるようにする。 ○生体腎の臓器売買の実態について説明する。富める国と貧しい国との南北問題について理解し、その解決策についても考える。 ○再生医療について簡潔に説明し、臓器移植の今後の医療について考え、今後の先端医療技術についても説明する。	・「日本臓器移植ネットワーク」等の資料を活用し、臓器移植の現状を把握させる。 ・グループ活動中は、机間観察を行い、グループの活動状況に応じて質疑に答える。活発な議論を喚起するようにする。 ・臓器移植における「南北問題」を理解させる。紛争・貧困・飢餓・病気などに苦しむ人々は、薬の入手さえも困難である。公正な医療資源の配分をどうすべきかを考えさせる。 ・再生医療が、どこまで技術が進展しているのかを説明する。
終結 (10分)	○いくつかのグループの代表者が、グループの意見を集約し発表する。	・グループ別討議の内容について、グループごとに振り返り(フィードバック)を行う。

【ワークシート】具体的な事例を紹介したワークシート。

【評価の観点】
・脳死・臓器移植の現状について具体的な事例を通して理解することができたか。
・脳死・臓器移植の課題について、自らの課題として考察することができたか。
・自らの意見を発表し、他の生徒と意見交換をすることができたか。

4 授業実践にあたっての留意点

　アメリカを中心として発達した「生命倫理学(バイオエシックス)」は、パーソン論と自己決定権を中心に多様な議論が展開している。加藤尚武によれば、バイオエシックスの五原則とは「(1)成人で判断能力のある者は、(2)身体と生命の質を含む「自己のもの」について、(3)他人に危害を加えない限り、(4)たとえ当人に

とって理性的にみて不合理な結果になろうとも、(5)自己決定の権利をもち、自己決定に必要な情報の告知を受ける権利がある」と定義している（『生命倫理を学ぶ』世界思想社、1998年、13頁）。このように他者危害の原則では、他人に危害を加えない限り、愚かな行為（愚行権）を容認することになる。よって、「生命倫理学」に依拠するだけの授業展開にならぬように十分な配慮が必要である。幅広い「生命」をテーマとした授業を構想し、生きる主体としての自己の確立と良識ある公民的資質（citizenship）の涵養がなされなければならない。

　「生命の教育」では、次のような内容を押える必要があり、学習内容は多岐にわたるものである。(1)生命尊重の精神と生命に対する畏敬の念を涵養する。(2)基本的人権の尊重と公民的資質を養成する。(3)自己決定への能力の育成と共同体との利益の調和を図る。(4)科学技術の発展と社会との調和を図る。(5)多様性と多元主義を尊重する。(6)他者との共生（共に生きる）を考える。

　幅広く「生命」について取り上げるならば、たとえば「健康」とは、「病気」とは何か、「病者」とはどのような存在なのかについて学ぶことが考えられる。「病気は診るが、病者は診ない」と言われることがある。果たして、どのような事なのだろうか。公共的空間における病者の存在について探究すべきである。

　また病者への差別や排除の課題もある。ハンセン病、精神病、エイズなどいくつもの事例がある。ハンセン病者への否定的な眼差しによる差別は、洋の東西を問わずあった。中世のヨーロッパ、日本のハンセン病者への歴史的な過程を考察し、近代化になり「らい予防法」による強制隔離政策が実施された。ハンセン病の差別や排除について取り上げ、議論すべきである。

　現代では、生老病死が家庭から乖離し、病院内での出来事となっている。また、食事や洗濯、排泄物処理から、教育や介護、冠婚葬祭にいたるまで家族の機能の多くを外部化している。とくに死が隠蔽され、見えない死となっている。今では臨終の場が身近になく、自分たちの日常生活の中に組み入れられていない。このような状況下で、「生命」について取り上げることを忘れずに、主体的に考察することが可能な事例を設定することが望まれる。授業担当者の人間性や生きざまが、より一層問われる教材なのである。

（小泉　博明）

〈参考文献〉
小泉博明編著『テーマで読み解く　生命倫理』教育出版、2016年。
島田燁子・小泉博明編著『人間共生学への招待・改訂版』ミネルヴァ書房、2015年。

3 「倫理」の学習指導案の作成事例
(2) 現代の諸課題と倫理　イ　社会と文化に関わる諸課題と倫理

1　学習指導要領における位置付け

「倫理」の「2　内容」の大項目「B　現代の諸課題と倫理」の中項目「(2)社会と文化に関わる諸課題と倫理」に関して、学習指導要領には次のように記されている。

> 様々な他者との協働、共生に向けて、人間としての在り方生き方についての見方・考え方を働かせ、他者と対話しながら、現代の諸課題を探究する活動を通して、次の事項を身に付けることができるよう指導する。
> ア　福祉、文化と宗教、平和などについて倫理的課題を見いだし、その解決に向けて倫理に関する概念や理論などを手掛かりとして多面的・多角的に考察し、公正に判断して構想し、自分の考えを説明、論述すること。

本単元を実施するにあたっては、「3　内容の取り扱い」にも注目しておく必要がある。関連する箇所に、以下のような記述がある。

> ウ　内容のBについては、次のとおり取り扱うものとすること。
> (ア) 小学校及び中学校で習得した概念などに関する知識などや、「公共」及びAで身に付けた選択・判断の手掛かりとなる先哲の思想などを基に、人間としての在り方生き方についての見方・考え方を働かせ、現実社会の倫理的諸課題について探究することができるよう指導すること。また、科目のまとめとして位置付け、適切かつ十分な授業時数を配当すること。
> (イ) 生徒や学校、地域の実態などに応じて課題を選択し、主体的に探究する学習を行うことができるよう工夫すること。その際、哲学に関わる対話的な手法などを取り入れた活動を通して、人格の完成に向けて自己の生き方の確立を促し、他者と共に生きる主体を育むよう指導すること。
> (エ) (2)のアの「福祉」については、多様性を前提として、協働、ケア、共生といった倫理的な視点から福祉の問題を取り上げること。「文化と宗教」については、文化や宗教が過去を継承する人類の知的遺産であることを踏まえ、それらを尊重し、異なる文化や宗教をもつ人々を理解し、共生に向けて思索できるよう指導すること。「平和」については、人類全体の福祉の向上といった視点からも考察、構想できるよう指導すること。

補足すると大項目Bは、「倫理」のまとめとして位置付けられ、そのねらいを達成するために重要とされている。適切な時間を配当する工夫が必要である。

「公共」および「倫理」の大項目「A　現代に生きる自己の課題と人間としての在り方生き方」までに学習した成果（選択・判断する手掛かりとしての様々な先人の考え方など）を活かしながら、生徒が現代の倫理的課題を選択し、広く深く探究できる授業が求められている。人間としての在り方生き方についての見方・

考え方を働かせながら、生徒が主体的に倫理的課題を選択し、解決してみる学習ができるように工夫する必要がある。

大項目Ｂの中項目(2)では、社会と文化、特に今日の福祉や宗教、平和に関する社会的事象が抱える倫理的な問題から、生徒が自分たちの倫理的課題を見つけ選び取り、主体的に探究する。なお、これらの探究には、自然や科学技術の在り方を探究する中項目(1)の学習と関連づける必要もある。

こうした「倫理」における課題探究をさせてみることを通して生徒に、他者と共によく生きていくため、自らの価値観を形成しようとする態度や、これからの社会で出会う倫理的課題を解決していく力、すなわち倫理的な課題について論理的に思考を深め、それを説明し他者と対話をする力を育て、現代に生きる人間として、自らの価値観について自覚を深めさせようとするのである。

2　単元の特色

中項目(2)の内容を扱う単元計画には、次の三つの特色があると考えられる。

一つ目は、この単元の学習成果は、この科目「倫理」の基本的性格であり、全体を通じて育成しようとする資質・能力像でもある、平和で民主的な国家および社会を形成する力が実際に身についているかどうかを評価するものとなっている。なぜなら、この単元で生徒が自ら説明、論述することは、平和で文化的な未来社会と、それを創るための民主主義的な方法について探究した結果であると考えられるからである。

二つ目は、この単元で扱う内容および（学習指導要領「解説」に例示されている通り）見いだすことが期待されている倫理的課題は、現実社会や今日の文化が直面している問題を含み、他の公民科科目で扱う諸問題の根本ともいえる。すなわち、「公共」や「政治・経済」での追究と探究、「倫理」の大項目Ａでの思索を通して獲得した見方・考え方ないしは手掛かりにより、生徒がたどり着いてくれることを期待する問いである。こうした根源的あるいは基底的な問いを生徒が見いだし、それと対決し、自分の考え方を練り上げてみる単元にする必要がある。

三つ目は、中項目(1)に続いて行う中項目(2)の課題探究は、生徒がその意義をよく理解し、よりよい見通しを立てて主体的に学習することが期待される。

自身にとっても切実な倫理的な課題に向き合うために、手掛かりになると考えられる先哲の考え方を、資料をよく読み込んで吟味し、必要なら受け入れるという倫理学的な対話が不可欠な活動として求められている。こうした課題探究を丁寧に繰り返してみることで生徒は、人間としての在り方生き方を形成していく力を獲得できると考えられる。

これらの特色を持つと考えられる本単元について学習指導要領は、適切かつ十分な授業時数を配当し、実践を工夫するよう求めている。

3　単元計画と実践例
(1)単元計画の手順と具体例
①単元計画の手順

　今日の社会と文化に関わる倫理的な課題として例示されている福祉、文化と宗教、そして平和は、互いに深く関係しているため、どれを中心的な課題に選んだとしても、その他の視点からも捉えてみることで、よりよい解決策や考え方にたどり着ける。

　主に探究する課題を選ぶには、生徒の疑問、興味・関心に従うだけでなく、学校のカリキュラム全体を見渡して、中項目(2)までにどういう授業を展開することになるか、それらをどう活かして探究させればよいかを検討する。また「倫理」の大項目Aと、大項目Bの中項目(1)までの授業実践で、生徒たちがよく理解できている概念や理論、先哲の考え方は何かも振り返る。これらを手掛かりにして他者と対話する「倫理」としての課題探究をさせてみることが重要だからである。

　また「倫理」の課題探究プロセスを明示して、生徒に理解しやすくすることが重要である。計画を立てるなどして、生徒が単元の見通しを持つことで、主体的に探究することにつながるからである。

②単元計画の具体例
○単元名：社会と文化に関わる諸課題と倫理
○単元目標：
・現代の社会と文化には、国際平和の実現や人類福祉の向上について倫理的な問題があることを理解するとともに、手掛かりとなる先哲の諸資料や言説を調べまとめる。(知識・技能)
・現代の倫理的問題から、平和の追求とその上での福祉の向上について、自分たちにとって切実な倫理的課題を見いだす。その倫理的課題の解決に向けて、概念や理論、考え方を手掛かりにして対話的かつ論理的に考え、選択・判断し、課題についての自分の考え方をまとめて説明する。(思考力・判断力・表現力)
・平和の追求と福祉の向上に関する倫理的課題を主体的に解決しようとする。他者と対話的かつ論理的に考えることを通して、今後の倫理的課題に対する自分の価値観ないしは人間としての在り方生き方を形成できることを自覚する。(意欲)

○単元の指導計画（全5時間）

次	学習内容	時間	学習活動
1	社会や文化に関わる倫理的課題を明らかにする	0.5	前単元での自然と科学技術に関わる探究を基に、社会や文化に関わる課題を整理する。
2	平和とは何かについて明らかにする	2.5	平和に関する課題をどう考えていくか整理し、平和とはどういう意味か、平和を追求するにはどうすればよいか、それはなぜか、自分の考え方をまとめ、吟味する。
3	福祉とは何かについて明らかにする	0.5	福祉とはどういう意味か、それはなぜか、自分の考え方をまとめ、吟味する。
4	平和の追求と福祉の向上に対する自分の考え方を構築する	1.5	私たちはいかに平和を追求し、福祉を向上させるべきか、それはなぜか、まとめ上げた考え方を発表・評価し合い、新たな課題を得る。

(2)教材開発と学習指導案例
①教材開発

　主な教材は二つに分けられる。一つは教材としての倫理的問題や生徒の見いだす課題とそれに関連する資料である。もう一つは、自分たちの倫理的課題に向き合い思考を深め、追究していく手掛かりとなる先哲の考え方ないしは言説である。

　先ず、生徒にとっても切実な倫理的課題については、現代の国際平和や人類の福祉に関わる資料を探し教材化する。具体的には次のようなものが考えられる。

　現実の国際社会で生じている紛争や平和に関する資料（「公共」や「政治・経済」の教科書等から）。平和に関する異なる立場からの言説（科学者として平和に関する発言を続けた湯川秀樹の言説、政治家として国際平和に寄与していると評価されるバラク・オバマのノーベル賞受賞演説[*1]および広島演説[*2]、未成年の女性として平和的活動を推し進め、ムスリムでもあるマララ・ユスフザイの国連演説[*3]など）。他に、日本国憲法の前文や関係条文（「公共」あるいは「政治・経済」の教科書等から）も考えられる。

　これらを教材にすることで、生徒が倫理的問題を多面的・多角的に理解でき、自分たちの課題を見いだせるようにする。

　次に、見いだした平和等に関する倫理的課題を、生徒が思索するすなわち対話を通して思考する手掛かりとなる先哲の考え方に関しては、学習指導要領「倫理」の「2　内容」の「A　現代に生きる自己の課題と人間としての在り方生き方」の「(1)人間としての在り方生き方の自覚」に次のような記述がある。

> ア　次のような知識及び技能を身に付けること。
> (ウ)善・正義・義務などに着目して、社会の在り方と人間としての在り方生き方について思索するための手掛かりとなる様々な倫理観について理解すること。

そこで平和や福祉と深く関わり、これまで生徒が学習してきた善・正義・義務に関する先哲の考え方、また戦争と平和という視点だけでなく、「人類全体の福祉の向上」（解説）という視点からも思考の手掛かりにしやすい考え方や言説を探す。
　具体的には、ベンサムの功利主義（「最大多数の最大幸福」）、カントの義務論（定言命法や無危害原理、「国家連合」、共和的な市民のあり方）、センの正義に関する考え方（潜在能力、人間の安全保障）などが考えられる。
②学習指導案例（「単元の指導計画」の１次と２次、計３単位時間）

過程	◎および○学習内容　●主な学習活動　※具体的な教材	指導上の留意点
導入 0.5h	◎科学技術が進歩する今日の倫理的問題は何だろうか。 　たとえば、戦争と平和に関する問題がある。 　平和は福祉や宗教とも関連があり基底となるだろう。 ※「公共」や「政治・経済」の教科書等に載っている現実の紛争に関する資料や記述 ※科学者である湯川秀樹による主張 ※大統領であるオバマによる広島演説「倫理的な革命」 ※一般市民であるムスリムの少女マララによる国連演説 ◎この単元では平和に関する倫理的課題を考えよう。	・前単元での科学技術の課題を基に考えさせる。 ・湯川、オバマ、マララは、異なる立場から今日の平和にとって重要な役割を担っているといえる。
展開① 1.5h	●前単元で行った自分達の探究をふり返り、この単元では、どのように探究すればよりよくなるか話し合う。 ○自分達にとっても切実な、平和に関する倫理的課題を見つけ、学習した理論や考え方も手掛かりにして、考えをまとめ発表し合い、新たな気付きや問いを得よう。 ◎いったい平和とは何だろうか。 ○戦争がないことか、あるいはそれだけではないか。 ○よく考えるために先ず、平和であることはよいことか。 ※功利主義者ベンサムの「最大多数の最大幸福」 ○ではなぜ戦争をするのか。たとえば平和を守るための戦争は許されるのだろうか。 ※オバマのノーベル賞受賞演説「正しい戦争」 ※義務論者カントの道徳法則、定言命法	・前単元での課題探究の反省を活かす具体的な工夫を出させる。 ・平和に関する倫理的課題の手掛かりを、善、正義、義務などに関する先哲の考え方から得ようとすることを伝える。
展開② 0.5h	◎戦争する以外に、どうすれば平和を得られるか。 ※マララの国連演説「教育こそ最優先」 ○なぜ教育が重要といえるのか。 ※センの正義の考え方、潜在能力、「人間の安全保障」 ※関連してデューイの「民主主義と教育」という考え方	・発表し吟味し合うことで気付きや自分なりの問いが見いだせるよう指導する。 ・単元の終わりにまとめ上げ発表し評価し合うことを伝える。
終結 0.5h	●平和に関する倫理的課題に対する考えをワークシートにまとめ、グループで発表し合い、新たな気付きや問いを得る。 ○教育を通じて私たちが、民主主義を発展させてゆけば、社会は平和を追求し続けようとするだろうか。 ○平和を求めることは、私たちの福祉にどれだけの意義を持つか。そもそも福祉とは何だろうか。	

4 授業実践にあたっての留意点

(1) 今日の社会にある倫理的問題については、生徒に切実な課題として受け止めさせるための準備が必要である。この単元に辿り着くまでに、生徒がどのような概念や理論ないし考え方、さらには具体的な情報を理解できているか、ワークシートやテストなどを評価してから、生徒とともに福祉、宗教、平和などに関わる切実な倫理的課題を見つけ、なぜ考えるのかという根拠も明らかにして選び出す。
(2) この課題に向き合うための手掛かりについては、生徒がこれまで学習してきた現代あるいは先哲の中から、同様の課題と対決したと考えられる人を選ぶ。その考え方や生き方について生徒は、資料を読み込み、他の人と比較などして明らかにし、課題の解決策や自分の考え方の手掛かりにするのである。
(3) 「公共」や「政治・経済」において、本単元と関連する授業や教科書等の内容を活かす。たとえば、「公共」では平和や福祉に関する日本国憲法の規定をいかに教えているか、教科書の説明や資料集の資料はどう活かせるか注意する。
(4) 倫理的な課題の設定と解決、すなわち「倫理」における探究を丁寧に繰り返させることが重要である。なぜならこのことが公民として必要な、倫理的問題に対する自らの価値観を粘り強く形成していく資質・能力の形成につながるからであり、未来の民主社会を維持し発展させる力を育てることにもつながるからである。
(5) この単元は、「公民科」等で学習してきたことを生徒が活かす、手掛かりにして対話的な思考を深める主要な機会となっている。時間切れで終わらせないこと、この単元の充実を目指して「倫理」の年間指導計画を立てること、さらにその実践の成果を評価し、教師自身の授業実践や指導計画を改善することが求められる。

(胤森　裕暢)

〈主な参考文献〉
＊1　三浦俊章編訳「ノーベル賞受賞演説『正しい戦争、正しい平和』」『オバマ演説集』岩波新書、2010年、221－227頁。
＊2　『CNN English Express』編集部『[対訳] オバマ広島演説』朝日出版社、21頁。
＊3　「マララ・ユサフザイさんの国連本部でのスピーチ（2013年7月12日、マララ・デー）」国際連合広報センターHP（https://www.unic.or.jp/news_press/、2019年3月25日確認済）

〈その他の参考文献〉
湯川秀樹『湯川秀樹著作集5　平和への希求』岩波書店、1989年。
松元雅和『平和主義とは何か 政治哲学で考える戦争と平和』中公新書、2013年。
胤森裕暢『価値観形成学習」による「倫理」カリキュラム改革』風間書房、2017年。

第5章

高等学校公民科「政治・経済」の年間指導計画と学習指導案の作成

第5章　高等学校公民科「政治・経済」の年間指導計画と学習指導案の作成

1　「政治・経済」の特質

(1) 学習指導要領に見られる新たな視点

　公民科の選択科目「政治・経済」は、必履修科目「公共」で育まれた資質・能力を活用し、社会の在り方を発展的に学習する科目である。高等学校における政治や経済に関わる学習の最後に位置付けられており、現実社会の課題を把握し、追究したり解決に向け構想したりする学習に取り組み、また他者と協働して、諸課題の解決策の構想を表現し他者に伝え意見を取りまとめ、合意に形成していくことができる資質・能力を育成することを目指す科目である。

(ア) 目標

　従前の目標は、2009(平成21)年版のように一文で示されていたが、2018(平成30)年版では、柱書として示された目標と「(1)知識及び理解」「(2)思考力、判断力、表現力等」「(3)学びに向かう力、人間性等」の資質・能力の三つに沿ったそれぞれ(1)から(3)までの目標から成り立っている。(1)から(3)までの目標を有機的に関連付けることで、柱書として示された目標が達成される構造になっている。

2009(平成21)年版

> 広い視野に立って、民主主義の本質に関する理解を深めさせ、現代における政治、経済、国際関係などについて客観的に理解させるとともに、それらに関する諸課題について主体的に考察させ、公正な判断力を養い、良識ある公民として必要な能力と態度を育てる。

2018(平成30)年版

> 　社会の在り方についての見方・考え方を働かせ、現代の諸課題を追究したり解決に向けて構想したりする活動を通して、広い視野に立ち、グローバル化する国際社会に主体的に生きる平和で民主的な国家及び社会の有為な形成者に必要な公民としての資質・能力を次のとおり育成することを目指す。
> (1) 社会の在り方に関わる現実社会の諸課題の解決に向けて探究するための手掛かりとなる概念や理論などについて理解するとともに、諸資料から、社会の在り方に関わる情報を適切かつ効果的に調べまとめる技能を身に付けるようにする。
> (2) 国家及び社会の形成者として必要な選択・判断の基準となる考え方や政治・経済に関する概念や理論などを活用して、現実社会に見られる複雑な課題を把握し、説明するとともに、身に付けた判断基準を根拠に構想する力や、構想したことの妥当性や効果、実現可能性などを指標にして議論し公正に判断して、合意形成や社会参画に向かう力を養う。
> (3) よりよい社会の実現のために現実社会の諸課題を主体的に解決しようとする態度を養うとともに、多面的・多角的な考察や深い理解を通して涵養される、国民主権を担う公民として、自国を愛し、その平和と繁栄を図ることや、我が国及び国際社会において国家及び社会の形成に、より積極的な役割を果たそうとする自覚などを深める。

(イ)内容

　従前の内容では、大項目(1)及び(2)で、まず政治と経済の基本的な概念や理論を別個に学ばせ、政治や経済について基本的な見方や考え方を身に付けさせ、大項目(3)で、(1)と(2)それぞれで学習した成果を生かし、現実社会の諸課題について、政治と経済、国内と国際を関連させながら広い視野に立って探究させようとするものであった。今回の内容は、「A現代日本における政治・経済の諸課題」と「Bグローバル化する国際社会の諸課題」の二つの大項目ごとに中項目(1)と(2)があり、(1)は「個人の尊厳と基本的人権の尊重、対立、協調、効率、公正などに着目して、現代の諸課題を追究したり解決に向けて構想したりする活動を通して」ア「現実社会の諸事象を通して理解を深め」(知識)、「諸資料から、課題の解決に向けて考察、構想する際に必要な情報を適切かつ効果的に収集し、読み取る技能を身に付ける」(技能)、イ「多面的・多角的に考察、構想し、表現すること」(思考力・判断力・表現力等)を身に付けることができるように指導する。(2)は「社会的な見方・考え方を総合的に働かせ、他者と協働して持続可能な社会の形成が求められる現代日本社会と国際社会の諸課題を探究する活動を通して」「取り上げた課題の解決に向けて政治と経済とを関連させて多面的・多角的に考察、構想し、よりよい社会の在り方についての自分の考えを説明、論述すること」ができるように指導する。

2009(平成21)年版

(1)現代の政治：ア民主政治の基本原理と日本国憲法　イ現代の国際政治
(2)現代の経済：ア現代経済の仕組みと特質　イ国民経済と国際経済
(3)現代社会の諸課題：ア現代日本の政治や経済の諸課題 　　　　　　　　　　イ国際社会の政治や経済の諸課題

2018(平成30)年版

A　現代日本における政治・経済の諸課題
(1)現代日本の政治・経済
(2)現代日本における政治・経済の諸課題の探究
B　グローバル化する国際社会の諸課題
(1)現代の国際政治・経済
(2)グローバル化する国際社会の諸課題の探究

(2)学校の公民教育における「政治・経済」の位置付け

　高等学校において政治や経済に関わる内容を学習する「政治・経済」は、1960(昭和35)年版で登場した。旧「教育基本法」(1947(昭和22)年法律第25号)で、民主的で文化的な国家を建設し、世界の平和と人類の福祉に貢献しようとする決意を受け、「この理想の実現は、根本において教育の力にまつべきものである」(前文)

とし、同法第8条（現在は第14条）第1項で「良識ある公民たるに必要な政治的教養は、教育上これを尊重しなければならない」とされた。この「政治的教養」を身に付けさせる教科として「社会科」が戦後教育の中心となり、1947(昭和22)年版で、単元学習を行う必履修科目「一般社会」と選択科目「時事問題」が設置され、1956(昭和31)年版では「一般社会」と「時事問題」が統合され、道徳教育重視の観点から倫理的内容を加えた「社会科社会」が成立した。さらに、1960(昭和35)年版から「政治・経済」と「倫理・社会」の必履修二科目に分割された。その後、1977(昭和52)年版には総合科目で必履修科目として「現代社会」が誕生、1989(平成元)年版で社会科は地理歴史科と公民科に再編成され、今回の改訂で「現代社会」は廃止され、新科目「公共」が誕生した。新設された必履修科目「公共」を履修した後に、選択科目である「倫理」や「政治・経済」を履修することになる。

(3)**授業づくりにあたっての留意点**

　第一に、公民科に属する他の科目、地理歴史科、家庭科及び情報科などとの関連を図り、項目相互の関連に留意し、全体としてのまとまりを工夫し、特定の事項だけに指導が偏らないようにする。

　第二に、社会との関わりでは、各課題と関係する専門家や関係諸機関などと、授業づくりへの参画、授業への招聘、資料の借用などの連携・協働を積極的に図り、これらを活用した学習活動を指導計画に適切に位置付けることが求められる。

　第三に、「政治・経済」の学習について、「勉強が好き」とする生徒の割合は地歴・公民科の中で最低の13.1%である一方、「勉強が大切」とする生徒は42.6%で、英語や国語と並ぶ高率であった。また、「課題解決的な学習を取り入れていた授業」を「どちらかというと行っていない方」「行っていない方」とする教師の割合は73.6%、「調べたことを発表させる活動を取り入れた授業」では83.6%と高率であった（2005(平成17)年国研調査）。1999(平成11)年版でも大項目「(3)現代社会の諸課題」で「課題追究学習を行い、望ましい解決の在り方を考察させる」とあるが、現実には大学入試に向けた対策もあり、課題追究学習などはほとんど行われず、知識伝達型の授業にとどまりがちであることがわかった。今回の改訂を機に、大項目A及びBそれぞれの(2)に位置付けられている探究活動に適切かつ十分な授業時数をあて、「主体的・対話的で深い学び」の実現に向けた授業改善が必要である。

（太田　正行）

2 「政治・経済」の年間指導計画の作成

(1)年間指導計画を作成するにあたっての留意点
①探究的な学習活動を通して、政治・経済における資質・能力を育むこと
　新選択科目である「政治・経済」では、(1) 現代の政治と経済の諸課題、(2) グローバル化する国際社会の諸課題の２つに大項目が設定されたが、これは現行学習指導要領（政治・経済）の (3) 現代社会の諸課題を受けてのことである。正解が一つに定まらない、現実社会の複雑な諸課題に対して、探究するために必要な概念や理論を理解させ、政治や経済などに関わる諸資料から、現実社会の諸課題の解決に必要な情報を効果的に収集する・読み取る・まとめる技能を身に付けさせることが求められる。

②社会の在り方についての見方・考え方を用いて探究活動を行うこと
　個人の尊厳、効率、公正、自由、平等、委任、希少性、機会費用、選択、配分、分業、交換、利便性と安全性、多様性と共通といった社会の在り方を捉える視点を用いて探究活動を行わせ、社会的事象の意味や意義、相互の特色や関連を多面的・多角的に考察する力を養ったり、複数の立場や意見を踏まえて社会を形成したりする主体として構想し、合意形成する力を育むよう工夫する。

③「公共」との連続性を意識すること
　新選択科目である「政治・経済」はすべての生徒が「公共」を履修しており、その上にたって年間指導計画を作成する必要がある。公共では、現代社会の諸課題を捉え考察し、選択・判断するための手掛かりとなる概念や理論を習得し、また選択・判断するための手掛かりとなる考え方や活用して、現実社会の諸課題について、協働的に考察し、論拠を基に議論する力を養うことが求められている。それゆえ「政治・経済」においては、それらをさらに活用・発展させるような指導計画が求められる。

(2)年間指導計画の具体例
　従来の政治・経済では、基本的な知識や概念を習得させたうえで、活用・探究を行う授業形式が基本的であったが、新選択科目である「政治・経済」では、探究を行いながら知識や概念を習得させることが求められる。それゆえ年間授業計画例を教科書の目次に沿って作成するのではなく、学校や生徒の実態を考慮しつつ、身につけさせたい資質や能力を意識しながらの作成が求められる。また、アクティブ・ラーニングの手法も積極的に活用していくことが求められており、生徒が知識や概念を獲得する時間、まとめたり、発表準備をする時間、討論やディベート、文章としてまとめたりする時間をうまく確保する工夫が求められる。

	時	学習項目	学習内容（○留意点）	評価の観点
1学期	20	A 現代日本における政治・経済の諸課題 (1)現代日本の政治・経済	○（ＡＢ共通）社会的な見方・考え方を総合的に働かせ、他者と協働して持続可能な社会を形成する ・政治と法の意義と機能、基本的人権の保障と法の支配、経済活動と市場、経済主体と経済循環、国民経済の大きさと経済成長、財政の働きと仕組みおよび租税などの意義、金融の働きと仕組み、など	〈知〉＝知識・技能、〈思〉＝思考力・判断力・表現力等 ○①～④に関する知識を身に付けている〈知〉 ○社会の在り方を考察、構想するために必要な情報を収集できる〈思〉
2学期	20	(2)現代日本における政治・経済の諸課題の探究	・社会保障の充実・安定化、多様な働き方・生き方を可能にする社会、産業構造の変化と起業、財政健全化、防災と安全・安心な社会の実現、など	○課題解決に向けた選択・判断に必要となる概念や理論などと関連付けて考察できる〈思〉 ○社会の在り方に関わる現実社会の諸課題の解決に向けて探究するための手掛かりとなる概念や理論などについて理解している〈知〉
	15	B グローバル化する国際社会の諸課題 (1)現代の国際政治・経済	(1)国際社会の変遷、人権、国家主権、領土などに関する国際法の意義、国際連合をはじめとする国際機構の役割、我が国の安全保障と防衛、国際貢献、など	
3学期	15	(2)グローバル化する国際社会の諸課題の探究	(2)貿易の現状と意義、為替相場の変動、国際協調の必要性や国際経済機関の役割 ・国際経済格差の是正と国際協力、イノベーションと成長市場、人種・民族問題や地域紛争の解決に向けた国際社会の取組、など ○国際社会の動向に着目し、諸外国における取組などを参考にする。 ○課題を選択する、対話的手法を取り入れる	○（(1)(2)共通）概念や理論を手掛かりに考察、構想、説明、論述できる〈知〉〈思〉 ※「学びに向かう力、人間性等」は、科目目標において全体としてまとめて示すことを想定し、項目ごとには内容を示していない。

（宮崎　三喜男）

第5章　高等学校公民科「政治・経済」の年間指導計画と学習指導案の作成

3　「政治・経済」の学習指導案の作成事例
（1）現代日本における政治・経済の諸課題　ア　現代日本の政治・経済
　　①現代日本の政治

1　学習指導要領における位置付け
　「2　内容とその取扱い」の「A　現代日本における政治・経済の諸課題」「(1)現代日本の政治・経済」の政治分野に関して、新学習指導要領は次のように記載している。

> 　個人の尊厳と基本的人権の尊重、対立、協調、効率、公正などに着目して、現代の諸課題を追究したり解決に向けて構想したりする活動を通して、次の事項を身に付けることができるよう指導する。
> 　ア　次のような知識及び技能を身に付けること。
> 　　(ｱ)　政治と法の意義と機能、基本的人権の保障と法の支配、権利と義務との関係、議会制民主主義、地方自治について、現実社会の諸事象を通して理解を深めること。（経済部分中略）
> 　　(ｳ)　現代日本の政治・経済に関する諸資料から、課題の解決に向けて考察、構想する際に必要な情報を適切かつ効果的に収集し、読み取る技能を身に付けること。
> 　イ　次のような思考力、判断力、表現力等を身に付けること。
> 　　(ｱ)　民主政治の本質を基に、日本国憲法と現代政治の在り方との関連について多面的・多角的に考察し、表現すること。
> 　　(ｲ)　政党政治や選挙などの観点から、望ましい政治の在り方及び主権者としての政治参加の在り方について多面的・多角的に考察、構想し、表現すること。（以下、経済部分略）

　本単元の授業を構想するためには、「内容の取扱い」にも注意を払う必要がある。関連する箇所には、以下のような記述がある。

> (2)　内容の取扱いに当たっては、次の事項に配慮するものとする。
> 　ウ　内容のAについては、次のとおり取り扱うものとすること。
> 　　(ｱ)(1)においては、日本の政治・経済の現状について触れること。
> 　　(ｲ)(1)のアの(ｱ)については、日本国憲法における基本的人権の尊重、国民主権、天皇の地位と役割、国会、内閣、裁判所などの政治機構に関する小・中学校社会科及び「公共」の学習との関連性に留意して指導すること。
> 　　(ｳ)(1)のアの(ｱ)の「政治と法の意義と機能、基本的人権の保障と法の支配、権利と義務との関係」については関連させて取り扱うこと。その際、裁判員制度を扱うこと。また、私法に関する基本的な考え方についても理解を深めることができるよう指導すること。（経済部分中略）
> 　　(ｵ)(1)のイの(ｱ)の「民主政治の本質」については、世界の主な政治体制と関連させて取り扱うこと。

> (カ)(1)のイの(イ)の「望ましい政治の在り方及び主権者としての政治参加の在り方」については、(1)のイの(ア)の「現代政治の在り方」との関連性に留意して、世論の形成などについて具体的な事例を取り上げて扱い、主権者としての政治に対する関心を高め、主体的に社会に参画する意欲をもたせるよう指導すること。(以下、経済部分略)

以上の記述より、新学習指導要領では、「主権者としての政治参加の在り方」「小・中学校社会科及び『公共』の学習との関連性」「私法に関する基本的な考え方」などが新しく求められるようになったことが理解できる。

2 単元の特色

「A 現代日本における政治・経済の諸課題」では、「社会の在り方についての見方・考え方を働かせ、現実社会の諸事象を通して現代日本の政治・経済に関する概念や理論などを習得させるとともに、習得した概念や理論などを活用しながら、他者と協働して持続可能な社会の形成が求められる現代日本社会の諸課題の解決に向けて政治と経済とを関連させて多面的・多角的に考察、構想し、よりよい社会の在り方についての自分の考えを説明、論述することができるようにすることを主なねらいとしている」と新学習指導要領は記載している。

このねらいに基づき、本単元では「政治と法の意義と機能、基本的人権の保障と法の支配、権利と義務との関係、議会制民主主義、地方自治（経済部分中略）について理解できるようにするとともに、現代日本の政治・経済に関わる諸課題について多面的・多角的に考察、構想し、その過程や結果を適切に表現できるようにする」ことが求められている。

3 単元計画と実践例

(1)単元計画の手順と具体例

①単元計画の手順

「政治・経済」に配当された授業時間数は70時間である。その限られた配当時間の中で、求められている学習内容を学ぶためには学習内容の精選が必要となる。

具体的には、「小・中学校社会科及び『公共』の学習との関連性」を重視して、個々の学習要素の説明より、当該単元で身に付けさせたい「見方・考え方」に沿って学習要素を再構成することである。そのため「現代日本の政治」の単元では、例えば、学習内容である政治と法の意義と機能、基本的人権の保障と法の支配、権利と義務との関係を一連の単元と考え、相互の関連性に注目した単元構成を考える必要がある。そのためには、政治や法の「論争的なテーマ（死刑制度の是非、防犯カメラ設置の是非、憲法改正の是非など）」を取り上げてディベートや討論、グループでの調べ学習や探究学習などを行ったり、次の学習指導案例に示すような「政治」「民主主義」「権利と義務」「立憲主義」「社会契約」「人権保障」「法の

支配」などを一連のまとまりとして単元構成を考えたりするとよい。さらに、「主体的・対話的で、深い学び」の実現、「カリキュラム・マネジメント」の推進、「何ができるようになるか」が重視されていることにも留意したい。

②単元計画案
○単元名：現代日本の政治
○単元目標
・民主主義の発展過程や基本原理、日本国憲法の基本原理に関心を持ち、政治システムや選挙制度が果たしている意義と役割について基本的な知識を身に付けるとともに、様々なメディアを利用して資料を収集している。（知識・技能）
・社会契約説や「法の支配」など民主主義の基本原理の意義、日本国憲法の理念や内容などを多面的・多角的に考察するとともに、現代の政治状況の中で、あるべき政治参加などについて自分の考えを表現したり、議論したりする力を養う。（思考・判断・表現）
・民主主義の発展過程や基本原理、日本国憲法の基本原理に関心をもち、政治システムや選挙制度が果たしている意義と役割について積極的に理解を深め、日本の政治に関する時事問題に関心をもち、望ましい政治の在り方や国民の政治参加について積極的に考察し、実現しようと行動などをおこしている。（意欲）
○単元の指導計画（全25時間）

次	学習内容	時	学習活動
1	民主政治の成立と基本原理	1（本時）	民主政治の基本原理について、その成り立ちを歴史的な観点から理解し、また、民主主義を支える「法の支配」などの原理についてその意義を学び、さらに実社会を規制する法の意義や機能について学ぶ。また、「私法」についても学ぶ。
		2	
		3	
		4	
2	世界のおもな政治体制	1	民主政治の主たる政治形態である議院内閣制と大統領制及び社会主義体制下の権力集中制などについて、その特徴を学ぶ。
		2	
		3	
3	日本国憲法の制定と基本原理	1	日本国憲法の成立過程と三大基本原理である国民主権、基本的人権の尊重、平和主義について歴史的な経緯を踏まえながら学ぶ。
		2	
4	基本的人権の保障	1	日本国憲法が保障する基本的人権について、平等権、自由権、社会権などに関する具体的な判例に則しながら、その特徴と課題について学ぶ。
		2	
		3	
		4	
		5	

5	平和主義	1	日本国憲法の根本理念である平和主義について学ぶと共に、現実の課題である日米安全保障条約や沖縄の米軍基地の問題、自衛隊の現状などを学ぶ。
		2	
		3	
6	日本の政治機構	1	国会と立法、内閣と行政、裁判所と司法、地方自治制度について、大日本帝国憲法下と現行憲法下の違いに注目しながら学ぶ。また、裁判員制度も学ぶ。
		2	
		3	
		4	
7	現代政治の特質と課題	1	戦後政治と政党、選挙と政治意識、世論と政治参加などについて、「18歳選挙権」を念頭において学ぶ。その際、マスメディアの現状と在り方について考察する。
		2	
		3	
		4	

(2)教材開発と学習指導案例
①本時（1/25）の学習目標
・民主主義を「自分たちのことは自分たちで決めるシステム」と定義するとともに、単純多数決の課題を理解し、多数決で決めてはならないことが憲法としてまとめられていること、なぜ人間は社会や国家を作るのかなどを各自で考えたり、グループで考えたりしながら考察を深める。
②教材開発の視点
・「政治」「民主主義」「権利と義務」「立憲主義」「社会契約」「人権保障」「法の支配」などを個々に学ぶのではなく、それらの関連性に気づかせ、民主主義の基本原理という一連のまとまりとして学ばせることをめざした。
・小学校以来、当たり前だと考えていた単純多数決の課題など、「常識」を再考する場をめざした。
・特にグループでの意見交換で、多様な考え方を相互に学ぶことをめざした。
③学習指導案

	学習内容	学習活動	留意点
導入	授業目標の提示	本時の授業目標は、民主主義の基本原理であることを理解する。	授業目標を徹底させる。
展開	プリント授業	プリントや教員の発問に従い、自分の意見等をまとめて討論する。	まず自分の意見をまとめてから話し合うよう指導する。
まとめ	次回の授業の予告	協働を妨げるもの、協働の利益を享受するためになどを考察することであることを理解する。	本時の授業との繋がりを意識させる。

④教材

1．課題－その1－
(前提) 臓器移植による拒絶反応を医学的に克服した社会を想定する。
(問題)「心臓疾患をわずらって死に瀕しているＸ」「肺疾患をわずらって死に瀕しているＹ」「健常者Ｚ」がいる。ＸＹの生命を救うためにＺの臓器を摘出し移植することは正しい選択か？　理由を付けて答えよ（以下同じ）。ただし、この臓器移植が行われれば、Ｚの生命は失われる。
(自分の答え)＿＿＿＿＿＿＿＿＿＿＿＿＿＿＿＿＿＿＿＿＿＿＿＿＿＿＿＿＿＿＿＿
(周囲の答え)＿＿＿＿＿＿＿＿＿＿＿＿＿＿＿＿＿＿＿＿＿＿＿＿＿＿＿＿＿＿＿＿
(多数決をとると)　①許される＿＿＿＿＿人　　②許されない＿＿＿＿＿人

2．課題－その2－
(問題)「課題1」の事例は、「多数決」で決めてよい事例か？
(自分の答え)＿＿＿＿＿＿＿＿＿＿＿＿＿＿＿＿＿＿＿＿＿＿＿＿＿＿＿＿＿＿＿＿
(周囲の答え)＿＿＿＿＿＿＿＿＿＿＿＿＿＿＿＿＿＿＿＿＿＿＿＿＿＿＿＿＿＿＿＿
☆ここから分かること⇒＿＿＿＿＿＿＿＿＿＿＿＿＿＿＿＿＿＿＿＿＿＿＿＿＿＿＿

3．課題－その3－
(問題) 上記の前提等で、ＸＹどちらかを助けるために、ＸＹどちらかの臓器を移植することは正しい選択か？
(自分の答え)＿＿＿＿＿＿＿＿＿＿＿＿＿＿＿＿＿＿＿＿＿＿＿＿＿＿＿＿＿＿＿＿
(周囲の答え)＿＿＿＿＿＿＿＿＿＿＿＿＿＿＿＿＿＿＿＿＿＿＿＿＿＿＿＿＿＿＿＿
(多数決をとると)　①許される＿＿＿＿＿人　　②許されない＿＿＿＿＿人

4．定義の確認
(1) 憲法とは？⇒国家の（　　　　　　）事項を定め、他の法律や命令で変更することのできない、国家の（　　　　　　　　）。
(2) 立憲主義とは？⇒（　　　　）によって（　　　　　　　）の恣意(しい)的な権力を制限しようとする思想および制度。
☆そもそも、なぜ私たちは社会や国家を作り、その下で生きるのだろうか？

5．「国家」の2つの意味
(1)「私たちの社会、共同体」
　⇒「私たちは、なぜ共に（　　　　）して国家という組織を作るのか？」
　⇒「人はなぜ協力し、共に生きるのか？」⇒（　　　　　　　）
(2)「社会を統治する組織、政府」
　⇒「私達は、なぜその国家において（　　　　）をつくり、その（　　　　）に服するのか？」
　⇒「人は、なぜ政治権力や法を必要とするのか？」⇒（　　　　　　　）

6．課題－その4－
（問題）「人はなぜ協力し、共に生きるのか？」＝「共同の利益」とは？
（自分の答え）＿＿＿＿＿＿＿＿＿＿＿＿＿＿＿＿＿＿＿＿＿＿＿＿＿
（周囲の答え）＿＿＿＿＿＿＿＿＿＿＿＿＿＿＿＿＿＿＿＿＿＿＿＿＿

7．課題－その5－
（問題）右のようなテストの点数をとる生徒A～Fがいる。このとき次の①②に答えよ。

	A	B	C	D	E	F
国語	60	60	60	100	20	20
数学	60	60	60	20	100	20
英語	60	60	60	20	20	100

①試験を1人でやるときは？　⇒（　　　　　　　）が強い！
②試験を3人1チームでやるときは？　⇒（　　　　　　　）が強い！
　　　　but．個性とはなんだろうか？
☆社会的分業がうまくいく点をあげなさい。

4　授業実践にあたっての留意点

　本時の授業（単元）を実践するにあたっての留意点は3点ある。
　第一に、教え込まないことである。その際、公民だけでなく歴史分野、環境問題ならば生物、消費者問題なら家庭科など他教科との関連を念頭に置き、生徒が持っている既習の「基礎知識」や「常識」を総動員させて考えさせたりすること、日本の政治・経済の現状と共に自分の生活と関係づけさせることが重要である。もし多面的な議論が進まないときは、教員がフォローすることになる。
　第二に、アクティブ・ラーニングの手法をとることである。本時では主にソクラテス・メソッドを使ったが、「身体を動かす」のではなく「頭を動かす」ことをめざす必要がある。そして、頭を動かす「問い」を立てることが重要になる。
　第三に、次時以降の授業項目は、「協働」を妨げるもの（囚人のジレンマ、フリーライダーなど）、協働の利益を享受するために（民主主義を再考する、法の支配と立憲主義を違憲立法審査権から考察する）などと続いていく必要がある。

（藤井　剛）

〈参考文献〉
木庭　顕『誰のために法は生まれた』朝日出版社、2018年。
法教育フォーラム掲載の授業実践例
　　http://www.houkyouiku.jp/13011001（最終確認日：2019年7月21日）。

3 「政治・経済」の学習指導案の作成事例
(1) 現代日本における政治・経済の諸問題　ア 現代日本の政治・経済
　　②現代日本の経済

1　学習指導要領における位置付け

　本項目は、学習指導要領の大項目「現代日本における政治・経済の諸課題」の中項目「現代日本の政治・経済」における、経済関係を取り出したものである。
　中項目「現代日本の政治・経済」における、経済に関する具体的な学習項目を整理すると次のようになるだろう。（番号は筆者による）
　〈知識および技能を身につける〉項目として、①経済活動と市場、②経済主体と経済循環、③国民経済の大きさと経済成長、④物価と景気変動、⑤財政の働きと仕組みおよび租税などの意義、⑥金融の働きと仕組みの6項目があがっている。
　また、〈思考力、判断力、表現力等を身につける〉項目として、⑦経済活動と福祉の向上との関連、⑧市場経済の機能と限界、⑨持続可能な財政および租税の在り方、⑩金融を通した経済活動の活性化の4項目があげられ、いずれも多面的・多角的に考察、構想し、表現することとなっている。
　〈内容の取り扱い〉では、中項目全体として、①日本の政治・経済の現状について触れるがあげられている。経済部分の全体では、②分業と交換、希少性などに関するこれまでの学習との関連性に留意する、③経済生活の変化、現代経済の仕組みや機能を扱う、④現代経済の特質を捉える、⑤経済についての概念や理論についての理解を深めるように指導することがあがっている。また、経済活動と市場に関して、⑥市場の失敗（公害防止と環境の保全、消費者に関する問題）を扱うこと、および、金融の働きと仕組みに関して、⑦金融に関する技術変革と企業経営に関する金融の役割に触れるとある。

2　単元の特色

　すでに各所で触れられているが、本単元がこれまでの学習指導要領と異なる特徴は四点ある。
　一点目は、見方・考え方を働かせる、概念や理論を習得しそれを活用する、多面的・多角的に考察するという形の学習の構造が示された点である。
　二点目は、政治学習と経済学習を分けずに内容が構成されていることである。
　三点目は、知識および技能を学ぶ部分と、思考力、判断力、表現力等を身につける部分が分かれていることである。
　四点目は、時代の変化に対応するかたちで、新しい学習項目が加わってきていることである。本項目に関して言えば、内容の取り扱いの⑦金融に関する技術変革と企業経営に関する金融の役割がそれに当たる。

この四つの違いから、次のような課題や問いが登場する。

第一には、経済学習において働かせる見方・考え方とは何を指すかを具体的に考える必要である。第二には、どこまで政治学習の内容とリンクさせるかを考える必要である。第三には、知識・理解項目と思考・判断・表現の項目で重なるテーマを分けて学習するのか、それとも一体として扱うかを考える必要である。第四には、新しい動向に触れるとしても時流を追って新知識を扱うというレベルではなく、時代変化のなかでも古くならない本質は何かを考える必要である。

第一点の問いに対する回答は、中学校公民的分野や高校「公共」までに学んできた対立・協調、効率・公正、希少性、幸福・正義などの概念がそれに相当しよう。特に、経済では、働かせる見方・考え方として、効率と公正、交換と分業、希少性の概念が学習の基底に据えなければならないだろう。

第二点に対しては、機械的にリンクさせるのではなく、内容の吟味の上、政治と経済の両面から迫ることが多面的・多角的に捉えることに通じる学習項目と、独立に扱うことが学習効果の点で有効である項目とを区分することが必要になる。

例えば、労働や福祉、財政や金融に関しては政治と経済が密接に関連する。そのような学習項目では、経済学習であっても政治との関連性を十分に払う必要性がある。それに対して、市場の役割の箇所では、市場経済の枠組みを整備するのは政治であるとしても内部では経済独自の論理、スミスの言う「見えざる手」が働く。そのような領域は政治を視野にいれつつも独立して学習することが可能になる。特に市場経済の効率性を学ばせる場合は、完全競争市場をモデルとして一種の思考実験が行われるので、経済の論理の理解と、それが現実には変形、修正されていて（市場の失敗）、政府による補正が必要になるという構造をつかませる必要がある。

第三点は、知識・技能と思考力・判断力・表現力は、別々に扱うのではなく、一体のものとして扱うのが学習の順序性や生徒の理解度からみても無理がない。

第四点は、時代の変化の表層的な流行を追うことなく、本質的な部分を押えることを主眼としたい。いわば不易と流行の関係である。

例えば、金融についていえば、新しい金融技術の登場も、貨幣の発生や使用理由や、資金の貸借という金融の本質的な部分を押えておけば、その発展として位置付けることができる。起業に関する金融に関しても、企業金融の仕組みそのものは、家計や政府の金融行為と本質的違いはないことが押えられていれば、無理なく学習を進めることができるだろう。とはいえ、時代の変化に伴って登場したこの部分に関しては、近年急速に研究がされている行動経済学による知見（ナッジ、フレーミング、損失回避など）の成果を、金融経済における人間行動を理解する手がかりとして導入することもよいだろう。

いずれにしても、経済学習の目的が、経済を通して社会の仕組みを学び、その

問題点を理解し、解決への道筋を考える手がかりを与えるものであることを確認しながら、授業づくりに取り組んでいきたい。

3 単元計画と実践例
(1)単元計画の手順と具体例
①単元計画の手順

限られた時間で何をどこまで扱うか、本単元もその宿命を持っている。その意味では、経済は希少性と選択の世界であることを、生徒に教えるだけではなく、授業者も取り入れることで単元計画を作成する必要がある。先に整理したように学習項目は17項目ある。それを10時間前後で収める必要がある。

経済学の体系から捉え直すと、17項目は、大きく四つに分かれる。一つは経済の基本領域、二番目はミクロ経済の領域、三番目はマクロ経済の領域、そして四番目は応用領域である。

第一の領域は、見方・考え方の効率・公正、希少性の概念の復習と〈知識・技能〉項目の①経済活動と市場の前半部分、経済主体と経済循環の箇所である。また、〈内容の取り扱い〉の②〜⑤も相当する。

第二のミクロ経済の領域は、〈知識・技能〉項目の①経済活動と市場の後半、〈思考・判断・表現〉の⑧市場経済の機能と限界、および内容の取り扱いの⑥市場の失敗が相当する。

第三のマクロ経済の領域は、〈知識・技能〉項目の③国民経済の大きさと経済成長、④物価と景気変動、⑤財政の働きと仕組みおよび租税などの意義、⑥金融の働きと仕組み、〈思考・判断・表現〉の⑨持続可能な財政および租税の在り方、⑩金融を通した経済活動の活性化、〈内容の取り扱い〉の⑦金融に関する技術変革と企業経営に関する金融の役割が相当する。

第四の応用領域は、経済と福祉、日本経済の現状などがあるが、それらはマクロ経済の応用として扱うかたちとなろう。

②単元計画案

以上を整理すると、以下のような流れとなる。11次で案を立てているが、それぞれを1時間配当して全体を概観するというやり方もできないことはないだろうが、「公共」での学習状況、生徒の実情や課題、学校の置かれている地域の課題などに応じて集中と選択をすることが現場教師としての腕のみせどころになる。

次	学習テーマ	学習内容
1	経済の基本的考え方	経済学習の出発点を確認する
2	経済主体と経済循環	経済全体の見取り図を持つ
3	市場の仕組みと限界	市場経済の良さと問題点を理解する

4	国民経済の大きさ	マクロの視点から経済を捉える
5	景気変動と物価	経済の変動を捉える指標を持つ
6	財政と財政政策	政府の経済的な役割と課題を知る
7	持続可能な財政・税	財政と税の在り方を考察、表現する
8	金融と金融政策	経済における金融の役割をマクロから見る
9	金融の新しい動向	貨幣の変貌、起業と金融の関係を理解する
10	現代経済と福祉の向上	福祉・労働を経済の観点から捉える
11	日本経済の諸問題	産業構造別に現状と課題を考察する

(2)**教材開発と学習指導案例**
①**本時の学習目標**

ここでは、第6次、7次の財政をテーマとして学習指導案を提示する。学習目標は以下の三点である。

・生徒は、政府の経済的役割について理解できるようになる。
・生徒は、政府の経済活動である財政の仕組み、それを支える税の仕組みと重要性、その直面している課題を理解できるようになる。
・生徒は、現在の財政問題を解決し、その持続のためにはどのような政策をとるべきか考察し、構想し、そのプランを表現できるようになる。

②**教材開発の視点**

財政の学習を始めるに際して、一番大切なのはなぜ財政を問題にしなればいけないのかを授業者がきちんと理解して、生徒に伝えることである。

それには、Ⅰ政府がなぜ経済社会で活動しなければならないのか、その原点と使える分析道具を押えることから始まる。そして、Ⅱ財政の仕組みの知識を持ち、Ⅲそれが今どのような問題を抱えているかを現状分析し、さらに、Ⅳ持続的な財政のための政策選択ができるようになるという四段階の学習がここでは求められていることを押えておく必要がある。それを図示すると以下のようになる。

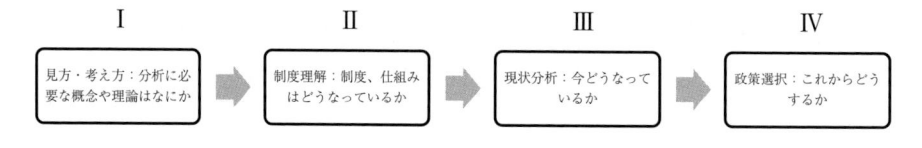

Ⅰ	Ⅱ	Ⅲ	Ⅳ
見方・考え方：分析に必要な概念や理論はなにか	制度理解：制度、仕組みはどうなっているか	現状分析：今どうなっているか	政策選択：これからどうするか

政府は経済主体の一つとして、経済活動の大きな枠組みを作ることが一番の役割である。また、ミクロ的には市場の失敗の補正役として公共財の提供や外部不経済の内部化の役割を担う。マクロ経済での役割は財政政策を通してますます大きくなっている。ここで使える概念は、効率と公正、幸福・正義、希少性と選択、分業と交換、市場メカニズムとその失敗、景気変動とその補正などである。

財政の財源となる税に関しては、これまでのほとんどの革命は税をきっかけとして発生していると指摘されている様に、社会的に重要な役割を果たしている。さらに、税で不足した部分を公債でまかなった場合は、公債の販売は金融市場で行ない、中央銀行をはじめとする金融の世界とも密接に関連する。

　さらに、政府の政策には公共投資だけでなく、労働や福祉など社会政策的領域があり、限られた財源をどのように配分したら最も福祉が向上するか、効率と公正のトレードオフのなかでの政策選択が行われている。また、年金のように世代間の相互扶助や福祉や税を通した所得の再分配も行われている。これらの所得の再分配政策において利害の錯綜する人々をどのように合意に導いていくのかへの視点も欠かせない。これらの財政を通した政府の活動は政治と密接に絡み、憲法学習（租税法律主義）、政治過程（財政民主主義）の学習と切り離せない。

③学習指導案例（2時間配当）

	学習内容	学習活動	留意点
導入	政府の経済的役割に関心を持つ	・政府がなかったら経済の世界でどんなことが起こるかを考える。	・「公共」での学習やこれまでの学習を踏まえる。
展開Ⅰ	財政の仕組みを知る	・財源、税や国債に関する法制度、予算の決定の仕組み、一般会計の歳入と歳出の状況などを調べる。 ・財政政策の効果と問題点を数値で確認する。 ・財政や税制の所得再分配効果を確認する。	・政治学習との関連に留意する。 ・データ収集と分析を行わせる。 ・乗数効果の計算をさせる。 ・数値例で計算させる。
展開Ⅱ	財政の現状と問題点を探る	・①財政赤字の推移と国債残高、②財政の硬直化の現状、③税制改革、④財政健全化に関して現状と問題点を分析する。	・ジグソー法で行う。（4人一組） ・プライマリー・バランスの重要性に注目させる。
展開Ⅲ	持続可能な財政の在り方を追究する	・財政赤字はなぜ問題なのかのシミュレーションを行い、それを踏まえ、持続的な財政のための政策提言をまとめる。	・政府役、家計役を割り当て、政府の借金による家計の影響を体験させる。 ・発表準備をさせる。
まとめ	これからの日本の財政・税制	・展開Ⅲの提言のプレゼンテーションを行う。	・ディベート方式 ・レポートにしてもよい。

4　授業実践にあたっての留意点

　財政の学習は、小学校から何回か行われている。「政治・経済」ではそれらの学習の成果を踏まえて、展開Ⅱまでの部分はそれまでの学習の成果をまとめるつ

もりで展開することが肝心である。そのために、展開Ⅱでは、主体的に知識を獲得、整理するためのジグソー法を取り入れたグループ学習を採用している。

その上で、展開Ⅲのシミュレーションを行う。これは、財政赤字発生の構造を理解し、持続的な財政を構想するための体験活動である。

シミュレーションでは、長期国債（例えば30年もの）を購入した家計（A）と、政府が国債によって得た歳入で政策を行なった結果、消費が増えた家計（B,C）を登場させる。そして、国債償還時に政府が増税で国債の償還費を調達した場合に、国債を持っている家計（A）と新たに登場して増税分を負担する家計（D,E）の間に、どのような負担と便益が家計に生ずるかをロールプレイで行なわせる。

この活動から、国債発行による財政赤字の補塡は、ちょうど家庭内で親が子供に借金をしていることに似て、同一世代内の所得分配問題であり、国債発行時は、経済全体で使用できる財やサービスの量は変わらないことを発見させたい。これは償還時でも同じで、そこからは、家計の赤字と違い、一見すると財政赤字分は国内で消化できれば問題はないように見える。しかし、財政の持続性からみると、国内消化を継続するため条件は何かという問題が、新たに発生する事に気づかせたい。また、負担だけ押しつけられる将来世代の意見はどうするか、ツケを次世代にまわしてかまわないのかという世代間の所得分配問題にも気づかせたい。

前者の国内消化の問題では、財政破綻を起こさないためには、経済成長率が国債の金利より大きいこと、もしくは、プライマリー・バランスの黒字化が理論的な解であるが、それ以上に政府に対する信頼度が絡んでくる。また、世代間の分配問題からは、将来世代への責任という倫理問題が登場する。これらの問題は、財政の持続性を保障するために避けて通れない、何らかの合意にいたらなければならない課題である。

財政の持続性を考える場合、具体的には、増税か・公債発行か、歳出の削減か・増額か、消費税か・累進課税の強化か、などの政策選択が求められる。その意味では、財政の学習は同時に主権者となるための学習であることにも留意したい。

なお、事例では触れていないが、地方財政に考慮して授業を進める必要があることを付記しておく。

（新井　明）

〈参考文献〉
・G.マンキュー『入門経済学（第2版）』東洋経済新報社、2014年。
・吉川洋『マクロ経済学（第4版）』岩波書店、2017年。
・『図説日本の財政』各年版、東洋経済新報社。

3 「政治・経済」の学習指導案の作成事例
(1) 現代日本における政治・経済の諸課題
イ 現代日本における政治・経済の諸課題の探究

1 学習指導要領における位置付け

「2 内容」の「イ 現代日本における政治・経済の諸課題の探究」に関して、学習指導要領では次のように記されている。

> 社会的な見方・考え方を総合的に働かせ、他者と協働して持続可能な社会の形成が求められる現代日本社会の諸課題を探究する活動を通して、次の事項を身に付けることができるよう指導する。
> ア 少子高齢社会における社会保障の充実・安定化、地域社会の自立と政府、多様な働き方・生き方を可能にする社会、産業構造の変化と起業、歳入・歳出両面での財政健全化、食料の安定供給の確保と持続可能な農業構造の実現、防災と安全・安心な社会の実現などについて、取り上げた課題の解決に向けて政治と経済を関連させて多面的・多角的に考察、構想し、よりよい社会の在り方についての自分の考えを説明、論述すること。

さらに、「3 内容の取扱い」には、以下の記述（留意事項）がある。

> (2) イ(ア) A…略…の(2)においては、小学校及び中学校で習得した概念などに関する知識や、「公共」で身に付けた選択・判断の手掛かりとなる考え方などを基に、それぞれの(1)における学習の成果を生かし、政治及び経済の基本的な概念や理論などの理解の上に立って、理論と現実の相互関連を踏まえながら、事実を基に多面的・多角的に探究できるよう学習指導の展開を工夫すること。その際、生徒や学校、地域の実態などに応じて、A…略…において探究する課題を選択させること。また、適切かつ十分な授業時数を配当すること。
> (ク) (2)における課題の探究に当たっては、日本社会の動向に着目したり、国内の諸地域や諸外国における取組などを参考にしたりできるよう指導すること。「産業構造の変化と起業」を取り上げる際には、中小企業の在り方についても触れるよう指導すること。

重要な点は、「政治及び経済の基本的な概念や理論などの理解の上に立って、理論と現実の相互関連を踏まえながら、事実を基に多面的・多角的に探究」することであり、政治と経済の両面からのアプローチが求められるのである。

なお探究課題は必ずしも個人課題とする必要は無い。「他者と協働して」探究活動を進めることが重要であり、班テーマや学級テーマでも構わない。以下、学級テーマとして「産業構造の変化と起業」を選択した場合を想定して記述を進める。

2 単元の特色

本単元の特色は、小中学校社会科や公民科「公共」や「政治・経済」の「⑴現代日本の政治・経済」の学習で身に付けた「知識及び技能」と「思考力、判断力、表現力等」を、「他者と協働して持続可能な社会の形成が求められる現代日本社会の諸課題を探究する活動」を通して総合的に活用し、生徒自身が「自分の考えを説明、論述し、合意形成や社会参画に向かう力を育成することを主なねらい」(『高等学校学習指導要領解説公民編』、以下『解説』と表現する) とする点である。

「産業構造の変化と起業」に関して『解説』では次のように記されている。

> 産業構造の変化と起業については、少子高齢化、情報化、グローバル化など社会の変化に伴って、今後新たな発想や構想に基づいて財やサービスを創造することの必要性が一層高まることが予想される中で、様々な形態の起業が求められている。このように産業構造が変化する中にあって、高い技術力をもつ中小企業の中には、規模に応じた事業を展開したり、ベンチャー企業として新たな事業を展開したりするなど経済的に大きな役割を果たしている企業もある。しかし一方で、下請けの役割を担う中小企業と大企業との間に是正すべき様々な格差も存在している。さらに、経済のグローバル化や国際競争の激化、規制緩和の進展などの状況が見られる中で、業種の垣根を越えて、様々な企業の間で激しい競争も繰り広げられている。
> このような現状を踏まえて、日本の産業と中小企業の在り方について、経済の安定化のための政府による保護育成の立場と、規制緩和をさらに進める自由化の立場とを対照させ、企業の規模や新たな起業による社会全体の利益、消費者、労働者の利益などの観点から、経済活動の具体的な成果に関わって探究できるようにする。(以下、授業展開例が示されているが紙幅の関係で省略)

以上の記述を踏まえつつ、以下に具体的な単元計画等について説明を加える。

3 単元計画と実践例
⑴単元計画の手順と具体例
①単元計画の手順

前述した『解説』の記述を参考に単元計画を作成した。まず、「❶産業構造の高度化と中小企業の関係」として両者を関連付け、戦後の産業構造の推移について統計資料等を用いて概観する。産業を構成する企業の99.7%(2014年)が中小企業だからである。今後のIoT・AI等の進展(「第4次産業革命」による「Society 5.0」の実現) を見据え、変化に柔軟に対応する企業がある反面、廃業する企業も多く、全体では開業を廃業が上回る厳しい状況にあることを資料で確認する[*1]。

次に「❷異質で多様な中小企業の現状」を『中小企業白書』等の資料を用いて学習する。生産性の格差等の課題についても触れる。次に、IT活用による効率化等、様々な工夫で生産性を高めている実例を第1次〜第3次産業から広く取り上げ、中小企業への否定的イメージが強調されないよう留意する。

次に『解説』には無いが重要な学習内容として「❸中小企業の積極的存在理由」を経済の基本的概念や理論等を活用しながら考察させたい（詳細は後述する）。
　「❹中小企業政策の変化」では、近年、『中小企業基本法』等の法整備を通じて保護政策から自由化への変化の流れにある。具体的な学習は、旧法（1963年）と新法（1999年）の比較を中心に展開する。旧法は大企業と中小企業の「二重構造」の格差是正を目指し保護政策を採用した。その後も格差は残存しているが、次第に競争力の無い企業を保護するのは非効率かつ不公正という考え方が有力となった。また中小企業の中にも独自の技術力等で大企業と対等に競争する企業も台頭してきた。そこで保護政策から自由化へと大転換を図る新法が登場した。しかし、ベンチャー企業等の先進的な中小企業への支援に偏り、中小企業の約9割を占める小規模企業[*2]の支援を軽視等の批判が生じた。そこで2013年の「小規模企業活性化法」、翌2014年の「小規模企業振興基本法」の制定・公布・施行により、小規模企業の支援を重視するよう見直された[*3]。
　中小企業政策には①市場補完政策（例：創業支援政策）、②調整政策、③救済的保護政策の3種類がある。①は市場を補完し、中小企業が市場機構の中で競争できるよう支援する政策である。②は市場経済に委ねると短期間のうちに特定の産業に大きな損害が生じ社会問題化する場合に実施される、一時的に市場機構の作動を抑え、中小企業の体質転換を進める政策である。③は長期的に市場機構の作動を抑え、中小企業を社会的弱者として保護する政策である。保護された企業は競争力を失い、参入規制を伴う点で国際問題に発展するおそれがある[*4]。従来は、②や③の保護政策も採られたが、新「中小企業基本法」施行後は、市場での競争重視の観点から①が基本となり③は採られず②も例外的となる。政策は「市場の失敗」を放置する場合と、公的支援をしたにも関わらず「政府の失敗」が生じる場合の損失を比較して前者が大きい時にのみ正当化される[*5]。
　次に「❺起業の特徴と実態」を学習する。起業は、産業構造の高度化に伴う新事業分野に集中する。戦後から1980年代半ばまでは製造業、商業、サービス業。1990年代以降はIT産業、2000年代以降は超高齢社会進展の中、医療・福祉分野の起業が盛んである。次に、廃業と起業の実態を資料等から確認する。廃業は設備投資負担が大きく3K労働の要素が強い部門から進み[*6]、起業は初期投資が少ない事業分野（「パソコン一台からでも起業可能なIT関連、居抜きの貸店舗で開始されるカフェなどの飲食業や美容業など、さらに…略…農産物の直売、加工など、そして介護・福祉関係、多様なコンサルティング業など[*7]」）で盛んになる。
　日本社会では1990年代半ばに「起業家」が制度的に創られたが[*8]、起業は低調である。さらに「企業の生存率[*9]」の統計資料を示し、起業10年後の存続率（生存率）が7割、20年後の存続率が5割という厳しい現状を示す。そこで起業が増えない理由を考察し、起業の阻害要因（「資金不足」「アイデア不足」「失敗への不安」

が3大阻害要因[*10]）と解決策を考察させる。「資金不足」解消のための資金調達手段では、間接金融が中心で市場補完政策としての資金貸付等もあるが、近年はクラウドファンディングによる直接金融も活用されつつある。「アイデア不足」に関しては、近年、独創性あるアイデアを活かした起業例も多く、特にITスキルを活用した高校生の起業（例：アプリ開発）もあり、克服は容易になりつつある。「失敗への不安」に対しては、やり直しができる環境整備が重要となる。
「❻自分の考えの説明、論述」では、現状をよりよいものに変えていく産業や企業の在り方、政府の役割について、自分の考えを説明、論述させたい。
上記に記した6つの学習段階（❶→❻）を踏まえた単元計画を作成する。
②単元計画案
○単元名：産業構造の変化に対応した持続可能な企業の在り方を考えよう
○単元目標：
・産業構造の高度化と中小企業の在り方について、政治や経済に関する既有の知識を活用し、理解を深める。また、諸資料から中小企業に関する様々な情報を適切かつ効果的に調べまとめる技能を身に付ける。（知識・技能）
・産業構造の高度化、中小企業の存在理由や政策、起業の実態や特徴等の学習を通し、現状をよりよいものに変えていく産業や企業の在り方、政府の役割について、自分の考えを説明、論述できるようにする。（思考力・判断力・表現力）
・持続可能な社会づくりに向けて、他者と協働しながら、現代日本における政治・経済の諸課題を主体的に解決しようとする態度を養い意欲を喚起する。（意欲）
○単元の指導計画（全6時間）：

次	学習内容	時	学習活動
1	・「産業構造の高度化と中小企業の関係」を学習する。	1	・社会変化に伴う「産業構造の高度化と中小企業の関係」を、統計資料を中心に考察する。
2	・「異質で多様な中小企業の現状」について学習する。	2	・第一次〜第三次産業に含まれる「異質で多様な」中小企業を取り上げ、一面的な中小企業像を払拭する。
3	・「中小企業の積極的存在理由」を考察する。	3（本時）	・中小企業の積極的存在理由を、他者と協働しながら、政治と経済に関する既習事項を関連させて多面的・多角的に考察する。
4	・「中小企業政策の変化」について学習する。	4	・『中小企業基本法』の旧法（1963年）と新法（1999年）の比較を中心に保護政策と自由化政策の違いを考察する。
5	・「起業の特徴と実態」について学習する。	5	・最近の起業と廃業の状況を確認する。 ・起業が増えない理由を考察し、起業を阻む要因と克服策を検討する。

6	・今後求められる企業の在り方、政府の役割について「自分の考えを説明、論述」する。	6	・今後の社会と産業構造の変化を見通し、今後求められる企業の在り方、政府の役割について根拠をもって意見を表明する。 ・テーマ例：「これから伸びる企業とは」、「私が入社（起業）したい企業とは」。

(2)教材開発と学習指導案例
①本時（3/6）の学習目標
・中小企業の積極的存在理由を、他者と協働しながら、小中学校で習得した概念、政治・経済の基本的概念や理論等を用いて多面的・多角的に考察する。

②教材開発の視点
　今なお「中小企業は大企業への過渡的存在に過ぎない」という否定的な見方が根強い。そこで既有の知識を総動員し、通俗的言説を問い直すことで、多様な中小企業の合理的存在理由に関する認識を深めたい。

③学習指導案例

過程	学習内容	指導上の留意点
導入 （5分）	○「なぜ日本のほとんどの企業が中小企業なのだろうか？」	・「わからない」の回答で済ませず、仮説を考えさせる。
展開 （30分）	○仮説「中小企業は大企業への発展途上の過渡的存在である」。この仮説の真偽は？ 例：偽。中小企業のままで長年存続している企業がある。 ○「なぜ、中小企業のままで存在し続けているのか？　中小企業の存在理由を考えよう」 ・小グループで理由を検討する。 ・クラス全体で意見を共有する。	・仮説について検討させる。 ・真の意見しか出ない場合はヒントを出す。 ・まず個人で考えさせた後、グループで考えさせ、クラス全体で共有化する。 ・理由は複数あるので、複数考えるよう指示する。
終結 （15分）	○専門家の見解と比較する。 ・資料（表1）を配布し説明。 ・生徒各自の言葉で再構成する。	・資料の見解だけが正答ではないこと、生徒たち自身の気付きの重要性を指摘する。

表1　中小企業の積極的存在理由[*11]

1	経済構造	・需要の多様化等で分業が細分化し、同一企業内での内部取引費用が中小企業に生産委託する場合を上回る場合。
2	企業組織	・1以外の要因で、同一企業内での内部取引費用が外部企業（中小企業）に生産委託する場合を上回る場合。例：取引の繰り返し（長期継続的取引）により委託企業（大企業）と受託企業（中小企業）間の信頼性が高まる場合。

3	最適規模	・生産に必要な設備や人員規模、市場規模、管理費用等から最小効率規模が小さい場合。
4	地理的環境	・原材料調達市場や生産物の販売市場が分散する場合。 ・原材料や生産物の鮮度が重要な市場の場合。
5	差別化	・水平的差別化（消費者により選好順位が異なる商品）。ex.日本酒 ・高品質・高価格もしくは低品質・低価格の商品への特化。 ・「この企業は技術力がある」等のよい評判が立つ場合。
6	経済活性化の苗床機能	・中小企業の方が、柔軟かつ速い意思決定が可能なので、大企業よりもイノベーション（技術革新）を期待できる。
7	製品の性質	・製品の変化が激しく安定するまで（過渡期・一時的）。

【評価の観点】
・他の生徒と中小企業の積極的存在理由について意見交換できたか。
・中小企業の積極的存在理由について理解し、自分なりに再構成できたか。

4 授業実践にあたっての留意点

　将来の進路希望として大企業志向が強く中小企業へ負のイメージを抱く生徒がいるかもしれない。そのような認識を払拭できる授業をめざしたい。

（松井　克行）

〈脚注及び引用文献〉

＊1　関満博『日本の中小企業―少子高齢化時代の起業・経営・承継―』中央公論新社、2017年、20頁。廃業率が上回る背景には「少子高齢化」の影響がある。
＊2　中小企業庁編『2018年版小規模企業白書』28頁。
＊3　渡辺俊三「小規模企業振興基本法の制定と中小企業政策の新展開」名城大学経済・経営学会『名城論叢』第15巻第4号、2015年、75－85頁。
＊4　清成忠男『日本中小企業政策史』有斐閣、2009年、14－15頁。
＊5　大橋弘「政府が企業を救済する基準は？」週刊エコノミスト編集部編『週刊エコノミスト』毎日新聞出版、第91巻 第48号、2013年、30－32頁。
＊6　関、前掲書、21－22頁。
＊7　関、前掲書、26頁。
＊8　古市憲寿「創られた『起業家』―日本における1990年代以降の起業家政策の検討」日本社会学会『社会学評論』63巻3号、2012年、384－385頁。
＊9　「第3－1－11図」中小企業庁編『2011年版中小企業白書』187頁。
＊10　「起業に踏み切れない理由」等、日本政策金融公庫総合研究所編『2018年版新規開業白書』佐伯印刷株式会社、2018年、41頁。
＊11　商工組合中央金庫編・岡室博之監修『中小企業の経済学』千倉書房、2016年、39頁の図表を参考に作成した。同書38－44頁。

3 「政治・経済」の学習指導案の作成事例
(2) グローバル化する国際社会の諸課題　ア 現代の国際政治・経済
①現代の国際政治

1　学習指導要領における位置付け
(1)学習指導要領の内容

> 　国際平和と人権の福祉に寄与しようとする自覚を深めることに向けて、個人の尊厳と基本的人権の尊重、対立、協調、効率、公正などに着目して、現代の諸課題を追究したり解決に向けて構想したりする活動を通して、次の事項を身に付けることができるよう指導する。
> 　ア　次のような知識及び技能を身に付けること。
> 　　㋐　国際社会の変遷、人権、国家主権、領土（領海、領空を含む。）などに関する国際法の意義、国際連合をはじめとする国際機構の役割、我が国の安全保障と防衛、国際貢献について、現実社会の諸事情を通して理解を深めること。
> 　　㋒　現代の国際政治・経済に関する諸資料から、課題の解決に向けて考察、構想する際に必要な情報を適切かつ効果的に収集し、読み取る技能を身に付けること。
> 　イ　次のような思考力、判断力、表現力等を身に付けること。
> 　　㋐　国際社会の特質や国際紛争の諸要因を基に、国際法の果たす役割について多面的・多角的に考察し、表現すること。
> 　　㋑　国際平和と人類の福祉に寄与する日本の役割について多面的・多角的に考察、構想し、表現すること。

(2)学習指導要領のねらいと背景

　「(1)現代の国際政治・経済」は、大項目「B　グローバル化する国際社会の諸課題」の中項目の一つに位置する。ここでは、現実社会の諸事情を通して現代の国際政治・経済に関する概念や理論を習得させるとともに、習得した概念や理論を活用することをねらいとしている。また、国際社会が抱える諸課題の解決に向けて政治と経済とを関連させて多面的・多角的に考察、構想することなどもねらいとしている。2018（平成30）年の新学習指導要領に示されたこのようなねらいの背景には以下の要因が考えられる。

　その一つは、主体的に社会の形成に参画しようとする態度の育成や多面的・多角的に考察したり表現する力の育成などが不十分であったからである。また、近現代に関する学習の定着状況が低い傾向にあることや課題を追究したりする活動を取り入れた授業が十分に行われていないことなども考えられる。これらについては、2018（平成30）年の学習指導要領解説公民編（文部科学省）における「公民科改訂の趣旨」でも指摘されている。もう一つは、私たちを取り巻く社会環境が短期間のうちに急速に変化し、予測しがたい状況を生み出す状況において、変化を予測したり、変化した社会に対応できる人間の諸能力を育成したりすること

が考えられる。したがって、本項目は、国際社会における様々な課題に対して、中学校公民的分野や高等学校の「公共」と「政治・経済」の政治分野で習得してきた知識などを活用しながら、国際情勢を理解し課題解決策を模索し、多くの方策を発見していくという、総合的な分野と位置付けることができる。

　総じて、この単元は、中学校公民的分野や高等学校「公共」などで習得した知識や見方、考え方などを前提として、グローバル化した複雑な社会で起こる諸問題を理解してその解決方法を考えていこうとすることにある。

2　単元の特色
(1)知識・技能を随時確認する
　国際政治分野では、数多くの国際機関や条約について理解させる必要がある。その名称や内容が似通っていたりして、理解や整理に苦しむ生徒は多い。そこで、中学校公民的分野や高等学校「公共」および「政治・経済」で取り扱った知識や概念について、生徒の理解状況を確認しながら授業を行うことが望ましい。

　たとえば、「政治・経済」では、民主政治の基本原理で法律と道徳との違いなど、法律についての概念を学び、基本的人権の尊重で個人情報保護法など具体的な日本の法律と女子差別撤廃条約など具体的な条約について学ぶ。さらに、日本の統治機構でも、日本の法律は憲法上、「唯一の立法機関」である国会が制定し、法律には統治権がおよぶ範囲で強制力がはたらくことを学ぶ。それに対して、国際法は、国内法とは異なり統一的な立法機関が存在せず、国際司法裁判所の裁判も当事国の同意を前提に裁判が開始されるなど、国家レベルと国家の枠を超えた国際レベルでは様々な違いがある。

　こうした生徒が混同しやすい点を教師が意識することで、「何を理解しているか、何ができるか」（知識及び技能の習得）、「理解していること・できることをどう使うか」（思考力・判断力・表現力等の育成）、「どのような社会・世界と関わり、よりよい人生を送るか」（学びに向かう力・人間性等の涵養）という教育課程全体を通して育成を目指す資質・能力の向上が図られるのである。

(2)多面的・多角的に考察させる
　2018（平成30）年の学習指導要領における「社会科、地理歴史科、公民科の成果と課題」において、多面的・多角的に考察したりして表現する力の育成が不十分であるとの指摘があり、これが公民科改訂の趣旨の一つとなっている。たとえば、冷戦終結後に多発してきた地域・民族紛争は、その多くが宗教によるものであるため、文化的側面から考察することが一般的である。しかし、地域・民族紛争はそれが原因で、経済的、政治的な対立を誘発する。また、当事国という角度から対話による解決は現実的に困難であって、国際連合などの国際機関による解決も図られている。

グローバル化する国際社会の諸課題は複雑な要因が絡みあっており、一つの面や角度から解決方法を考えても解決の糸口となる可能性は否定できないが、総合的な解決とはならないだろう。今後、予測しがたい課題や難題に対して、多面的・多角的に考察する能力や態度を育成することが、時代の流れからより一層求められている。

(3) 課題を追究させ、発表、表現させる

「グローバル化する国際社会の諸課題」という単元は、政治や経済の基礎的基本的事項を習得することよりも、それらを活用して、課題についての事実を正しく認識するとともに、解決方法を深く考えていくことにある。先述した多面的・多角的に考察したりして表現する力の育成が不十分であるとの指摘のほか、近現代に関する学習の定着状況が低い傾向にあること、課題を追究したり解決したりする活動を取り入れた授業が十分に行われていないことも指摘されている。授業形態における調査は、すでに栗原久らによっても行われ、「政治・経済」の担当教師を対象に、「課題解決的な学習を行っていない」と回答した者が7割を超えている[*1]。また、「政治・経済」における改善・充実の要点の一つとして、正解が一つに定まらない現実社会の複雑な諸課題を「問い」とし、探究する学習の重視を挙げている。この課題にも対応するものと考えられる。したがって、教員は、知識を一方的に教授するような授業ではなく、課題について生徒に随時考えさせ、さらにそれを発表、表現させる場面も随時設けることが大切である。

3　単元計画と実践例
(1) 単元計画の手順と具体例
① 単元計画の手順

単元計画を考える際に最も重要なことは、単元の目標を設定することである。なぜなら、単元における指導計画の決定および生徒を評価するための指標となるからである。したがって、単元計画の手順として、まず教員は、学習指導要領で示されているいくつかのねらいに配慮しつつ、単元の目標を明確に設定する必要がある。

単元の目標については、「関心・意欲・態度」や「知識・理解」など、評価の観点からそれぞれ設定することになる。たとえば、前者の観点では「〇〇について、主体的に考えることができる」や「△△について、意欲的に取り組むことができる」と明記し、後者の観点では「××について、理解する」と明記する。

次に年間の授業計画から割り出された単元ごとの時間をもとに、単元の指導計画を策定する。具体的には、国際政治分野においては、「国際社会と国際法」、「国際連合の役割と課題」、「戦後国際政治の展開と日本」など小項目ごとに時間配分を考える。そして、作成された学習指導案がどの項目のものであるかを示すために、

当該項目に「本時」と明記する。たとえば、「戦後国際政治の展開と日本」を2時間割り当てたとして、最初の1時間分の学習指導案であることを示すには、【本時1／2】と表記する。

②単元計画案

> ①単元名　現代の国際政治
> ②単元目標
> ・冷戦や地域・民族紛争など国際社会のおける様々な課題に関心をもち、それに対してどのような解決方法があるのかを主体的に考えることができる。(関心・意欲・態度)
> ・国際法、国際組織、国際的な課題など国際政治分野全体を通して、分野ごとの基本事項について知識を身につけ、学ぶ意義や必要性を理解する。(知識・理解)
> ・テレビやインターネットなど多様なメディアを利用するなどして、必要な情報を収集し、取捨選択して適切にまとめることができる。(資料活用の技能)
> ・国際社会における様々な課題に対して、なぜ解決が難しいのかということが判断でき、解決方法が一つではなく、いくつかあることに気づくことができる。また、その方法を多面的・多角的に考察することができるようになり、公正に判断することができる。さらに、それを適切に表現することができる。(思考・判断・表現)
> ③単元の指導計画（全7時間）
> ・国際社会の特質（1時間）
> ・国際社会と国際法（1時間）
> ・国際連合の役割と課題（1時間）
> ・戦後国際政治の展開と日本（2時間）【本時1／2】
> ・国際政治の課題（2時間）

(2)教材開発と学習指導案例

①本時の学習目標

・大国間の対立が、それぞれ同盟を結成し、また内部対立が起こるなど、二極化から多極化へと発展した冷戦についての一連の経過について理解する。(知識・技能)
・国際紛争の解決に当たって、当事国による外交努力だけでなく、第三国や国際機関による介入があるなど多角的な考察ができ、答えが複数存在することに気づくことができる。さらに、それを自ら適切に表現することができる。(思考・判断・表現)
・第二次世界大戦が終わるまでは協力関係にあった国家同士が、なぜ戦後、関係悪化へと向かったのかについて興味・関心をもつことができる。(意欲)

②学習指導案例

	学習内容	学習活動	留意点
導入	経済体制とは	資本主義と社会主義の特徴を確認する。	極力、生徒に発問して、生徒が自ら考え、答えることができるように工夫する。
展開	冷戦構造の形成	冷戦構造が形成された過程を理解する。 ex.トルーマン・ドクトリン⇔コミンフォルム	冷戦構造が政治面、経済面そして軍事面での対立になっているなど多面的となっていることに気づかせる。
	対立の激化	キューバ危機が回避され、緊張緩和へと向かうことを理解する。 その後、なぜ部分的核実験禁止条約や核拡散防止条約が締結されたのかを考え、発表する。（グループワーク）	米ソ両国が経済的に厳しい状況であることを示唆する。たとえば、アメリカの対日貿易を考えさせる。
	多極化	米ソ両陣営でそれぞれ内部対立が起こったことを理解する。	核軍縮の動向がアメリカとフランスとの溝を誘発したことから、核軍縮による平和共存路線が新たな対立を生み出す結果となったことに気づかせる。
	第三世界の動向	なぜ、アジア・アフリカ諸国が「非同盟・中立」の立場を確認したかを考える。	アジア・アフリカ諸国が南北間の経済格差の是正を求めることだけでなく、米ソいずれかの陣営に参加することが、かえって両陣営を刺激してしまうと考えたこと、そして第三世界という当事者以外の角度から国際平和の模索を試みたことに気づかせる。
まとめ	振り返り	核戦争の危機を孕みながらも冷戦が終結に向かっていったことを確認する。	

4　授業実践にあたっての留意点
(1)制度や歴史的事実の説明に終始しないようにする

　国際政治分野は、国際法といった概念、国際連合といった国際組織、冷戦や地域・民族紛争といった歴史的事実など取り扱う内容は膨大であり、かつ多元的であるため、それらが原因でこの分野を苦手と考える生徒がいるのではないかとも考えられる。

　教員は、とりわけ、この分野を取り扱う際には生徒の苦手意識などを配慮する必要がある。たとえば、国際連合の授業を考えると、主要6機関を取り扱う際には、必ず「なぜ国際連合が設立されたのか」、「その目的は何か」をしっかりと説明しないと主要6機関の存在意義は生徒には伝わらないに違いないだろう。そして教

員は、制度や組織について取り扱う際には、「○○のためには××が必要である」という手段目的関係を理解させることを怠ってはならない。さらに、冷戦など歴史を取り扱う際には、歴史的事実を淡々と説明しても、生徒は興味・関心を示さないだろう。たとえば、冷戦下でなぜ中ソ対立が起こったのかなどについて教員が説明するのではなく、生徒に少し考えさせる時間を与えたり発表させる機会を与えてみるのもよい。それが、生徒の知識・理解につながるだけでなく、興味・関心にもつながると考える。

⑵ 「習得」と「活用・探究」の時期に時間的隔たりがあることに配慮する

「政治・経済」において、学習活動を、知識・概念を理解する「習得」とそれを前提とした「活用・探究」に分けた場合、国際政治分野は、おもに後者に重点が置かれている。2018（平成30）年の学習指導要領に基づく教育過程では、「公共」で学んだことを基礎として選択科目「政治・経済」が置かれている。

つまり「公共」および「政治・経済」における「習得」を国際政治分野で「活用・探究」することになる。そうなると、「公共」を学んだ時期と「政治・経済」を学ぶ時期に時間的隔たりが発生し、また「政治・経済」を学ぶ時期においても1年間の中で時間的隔たりが発生する。教員はあまり意識しないかもしれないが、生徒が「習得」したことをすぐに「活用・探究」できないことを認識すべきである。したがって、授業では、随時「習得」した内容を生徒がどの程度保持しているか確認しながら進めていくことが大切である。

⑶ 地理的概念や知識に配慮する

冷戦や地域・民族紛争では、多くの国名や都市名が登場する。地理歴史科の必修科目「地理総合」や「歴史総合」で地理や歴史については一定の知識や概念をもっているだろうが、地理的な概念や知識が不足していては、国際政治分野を理解することは難しい。したがって、生徒の理解状況に応じて、資料集や地図帳などを活用し、地理的な概念や知識についても配慮することが望ましい。

（岩井　省一）

〈脚注〉

＊1　栗原久『入門　社会・地歴・公民科教育―確かな実践力を身に付ける―』梓出版社、2015年、9－10頁。

〈参考文献〉

・日本公民教育学会編『テキストブック公民教育』第一学習社、2013年
・社会認識教育学会編『公民科教育』学術図書出版社、2010年。
・『高等学校学習指導要領（平成30年告示）解説公民編』文部科学省、2019年

3 「政治・経済」の学習指導案の作成事例
(2) グローバル化する国際社会の諸課題　ア 現代の国際政治・経済
②現代の国際経済

1 学習指導要領における位置付け

「2　内容」の大項目「B　グローバル化する国際社会の諸課題」は中項目「(1)現代の国際政治・経済」と「(2)グローバル化する国際社会の諸課題の探究」の2つから構成されている。この中項目(1)に関して、国際経済に関連するものとしては、学習指導要領では次のように記されている。

> (1)現代の国際政治・経済
> 　国際平和と人類の福祉に寄与しようとする自覚を深めることに向けて、個人の尊厳と基本的人権の尊重、対立、協調、効率、公正などに着目して、現代の諸課題を追究したり解決に向けて構想したりする活動を通して、次の事項を身に付けることができるよう指導する。
> ア　次のような知識及び技能を身に付けること。
> 　(ｱ)　(略)
> 　(ｲ)　貿易の現状と意義、為替相場の変動、国民経済と国際収支、国際協調の必要性や国際経済機関の役割について、現実社会の諸事象を通して理解を深めること。
> 　(ｳ)　現代の国際政治・経済に関する諸資料から、課題の解決に向けて考察、構想する際に必要な情報を適切かつ効果的に収集し、読み取る技能を身に付けること。
> イ　次のような思考力、判断力、表現力等を身に付けること。
> 　(ｱ)　(略)
> 　(ｲ)　国際平和と人類の福祉に寄与する日本の役割について多面的・多角的に考察、構想し、表現すること。
> 　(ｳ)　相互依存関係が深まる国際経済の特質について多面的・多角的に考察し、表現すること。
> 　(ｴ)　国際経済において果たすことが求められる日本の役割について多面的・多角的に考察、構想し、表現すること。

2018(平成30)年告示では、「個人の尊厳と基本的人権の尊重、対立、協調、効率、公正などに着目して」と「現代の諸課題を追究したり解決に向けて構想したりする活動を通して」学習事項を身に付ける、とされる。平成21年告示では別項目であった「国際政治」と「国際経済」は、2018(平成30)年告示の中項目では統合されている。また、小項目「ア」では「知識及び技能」を身に付ける3つの項目が示され、小項目「イ」においては、「思考力、判断力、表現力等」を身に付ける4つの項目に分けられている。(ｱ)については、平成21年の告示では、(1)イでは「考察させる」、(2)では「基本的な見方や考え方を身に付けさせる」とされていたが、2018(平成30)年告示では、「現実社会の諸事象を通して理解を深める」とされて

いる。(イ)においては、貿易の現状と意義、為替相場の変動、国民経済と国際収支は、それぞれ内容が関連していることに留意して、指導を行う必要がある。国民経済と国際収支は、為替相場の変動により影響を受け、それらが貿易の現状に影響することになるからである。また、2018(平成30)年告示では、多面的・多角的に考察し、さらに、表現すること、も求められている。(ウ)で示されている技能についても、2018(平成30)年告示で新設されている。

本単元を実施するにあたっては、「3　内容の取扱い」にも注目しておく必要がある。関連する箇所に、以下のような記述がある。

> イ　内容のA及びBについては、次の事項に留意すること。
> (ア)　A及びBのそれぞれの(2)においては、小学校及び中学校で習得した概念などに関する知識や、「公共」で身に付けた選択・判断の手掛かりとなる考え方などを基に、それぞれの(1)における学習の成果を生かし、政治及び経済の基本的な概念や理論などの理解の上に立って、理論と現実の相互関連を踏まえながら、事実を基に多面的・多角的に探究できるよう学習指導の展開を工夫すること。その際、生徒や学校、地域の実態などに応じて、A及びBのそれぞれにおいて探究する課題を選択させること。また、適切かつ十分な授業時数を配当すること。

補足すると、小学校及び中学校で習得した概念などに関する知識や、「公共」で身につけた選択・判断の手掛かりとなる考え方などを基に、学習指導の展開を工夫すること、が記述されているため、新科目「公共」との関連を意識した指導が望ましい。「政治・経済」は、『解説』にもあるように、高等学校における政治、経済に関わる学習の最後に位置付けられており、現実社会に見られる複雑な課題を把握し、課題を追究したり、解決に向けて構想することで、自立し主体的に生きる国民主権を担う公民として、他者と協働して解決策を構想し、それを表現して合意を形成する資質・能力を育成する指導が望ましい。

2　単元の特色

本単元は、小・中学校社会科で鍛えた社会的な見方・考え方を基盤に、必履修科目「公共」で育んだ概念などを活用し、国際経済の専門的な視野から諸課題を探究する。国際経済の学習においても、国際政治との関連を踏まえて、それらを総合的・一体的に捉え、広く深く探究する。社会の在り方についての見方・考え方を働かせ、現実社会の諸事象を通して現代の国際経済に関する概念や理論などを習得させるとともに、習得した概念や理論などを活用しながら、他者と協働した持続可能な社会の形成が求められる国際社会の諸課題の解決に向けて、生徒が経済とを関連させて多面的・多角的に考察、構想し、よりよい社会のあり方についての自分の考えを説明、論述することができるようにする。国際経済では、貿易の意義、為替相場の変動、国民経済と国際収支、国際協調の必要性や国際経済

機関の役割について理解できるようにするとともに、現代の国際政治・国際経済に関わる諸課題について多面的・多角的に考察、構想し、その過程や結果を適切に表現できるように指導する。国際経済の単元の学習の成果を生かして、「(2)グローバル化する国際社会の諸課題の探究」に取り組めるように指導する。

3 単元計画と実践例
(1)単元計画の手順と具体例
①単元計画の手順
単元計画においては、学習指導要領に示されている内容に沿って作成する。

まず、国際平和と人類の福祉に寄与しようとする自覚を深められるように、「個人の尊厳と基本的人権の尊重、対立、協調、効率、公正」などに着目して、諸課題を追究し、あるいは解決に向けて構想させる。知識及び技能を身に付けさせるために、貿易の現状と意義、為替相場の変動、国際経済と国際収支、国際協調の必要性、国際経済機関の役割について、現実の社会で発生している諸事象を題材として、理解を深めさせる。思考力、判断力、表現力等を身に付けさせるために、相互関係が深まる国際経済の特質について題材を選び、多面的・多角的に考察し、表現させる指導を行う。また、国際経済において果たすことが求められる日本の役割、国際平和と人類の福祉に寄与する日本の役割について、多面的・多角的に考察、構想させ、表現させる指導を行う。なお、これらの題材は、「(2)グローバル化する国際社会の諸課題の探究」に挙げられている課題と関連する事項を扱うことが望ましい。単元計画の作成においては、各単元の学習事項の理論的な部分をよく理解させたうえで、現実の国際経済の諸事象を捉えられるように、相互関連を意識して考察、構想し、表現させる。

②単元計画案
○単元名：国際経済の課題と日本の役割
○単元目標：
・貿易の現状と意義、為替相場の変動、国際経済と国際収支、国際協調の必要性、国際経済機関の役割について、現実の社会で発生している諸事象を題材として、理解を深めることができる。（知識・技能）
・相互関係が深まる国際経済の特質について題材を選び、多面的・多角的に考察し、表現することができる。また、国際経済において果たすことが求められる日本の役割、国際平和と人類の福祉に寄与する日本の役割について、信頼性の高い各種の統計、年鑑、白書、新聞、読み物、地図その他の資料を教材として多面的・多角的に考察、構想し、表現することができる。（思考力・判断力・表現力）
・国際経済の課題について、社会の在り方についての見方・考え方を働かせ、広

い視野に立ち、主体的に課題に取り組むことができる。(意欲)
○単元の指導計画(全7時間)

次	学習内容	時	学習活動
1	国際経済の仕組みと課題	1	自由貿易の仕組みと比較優位、保護貿易を学び、それらを対比させてどのような違いがあるか、さらに国際分業による利益について理解する。現実の国際経済において、自由貿易と保護貿易がどのように現れているかを、資料に基づき理解する。
		2	国際経済の課題は何かを、信頼性の高い各種の統計、年鑑、白書、新聞、読み物、地図その他の資料を教材として考察する。
2	為替相場と国際経済機関の役割	3	為替相場制度は、国際収支に大きな影響を持つことと、変動為替相場制度の導入後は、為替相場の安定が大きな課題であること、国際協調が望ましいことを理解する。
		4	国際経済における国際経済機関の果たす役割を理解する。第二次世界大戦後に、国際通貨と国際貿易に関する国際経済機関が設立されたこと、またそれらの国際経済機関が国際世界の情勢の変化により変容していったことを理解する。望ましい国際経済機関の役割を考察、構想する。
3	地域的経済統合	5	自由貿易圏拡大のために地域的経済統合が拡大していることと、その具体例〔欧州共同体(EU)、南米共同市場(MERCOSUR)、東南アジア諸国連合(ASEAN)などについて、資料を用いて理解する。自由貿易協定(FTA)や経済連携協定(EPA)の意義と課題を考察し、望ましい貿易のあり方を構想する。
4	グローバル化する経済	6(本時6/7)	日米貿易摩擦を題材として、統計や新聞記事などの資料を活用ながら、グローバル化、デジタル化が進む国際経済における課題について考察し、国際協調のためにはどのような政策が望ましいかを構想する。
5	日本の役割	7	国際間の経済格差の解消などの国際経済における課題について、日本の果たすべき役割を考察、構想する。

(2)教材開発と学習指導案例
①本時(6/7)の学習目標

　大項目「A　現代日本における政治・経済の諸課題」の「(1)現代日本の政治・経済」と、前時までの国際経済の学習をふまえながら、国際経済の課題を多面的・多角的に理解し、その課題をどのように克服するかについて、考えることができるように指導する。国際経済に関する理論的な内容をよく理解させたうえで、現実の諸事象を理解させ、課題を考察させる。グローバル化が進行する中で、国際協調のためには望ましい政策を考察し、構想させる。

②教材開発の視点

　国際経済は、為替相場制度、国際収支、国際金融などの多くの項目が相互に関連していることに留意して、教材を開発する。また、経済学習との接続、中項目「②グローバル化する国際経済の諸課題の探究」との接続などを意識して教材を作成する。国際経済の課題については、多角的・多面的に捉えさせ、どのような政策をとるべきかを考察し、構想させるようにする。

③学習指導案例

過程	学習内容	指導上の留意点
導入 （10分）	・1980年代の日米貿易摩擦の資料を参照し、日米間貿易をめぐる対立を理解する。	・日本、アメリカそれぞれの貿易額、貿易品目、貿易相手国の推移を資料で示して、日米間の貿易の変化を確認して、日米貿易摩擦の要因を理解させる。
展開 （35分）	・1980年代までの日米間貿易の変化を学ぶ。 ・自由貿易の仕組み・比較優位の考えと保護貿易、ブレトンウッズ体制、国際通貨体制の変化、プラザ合意の意義、WTO、地域的経済統合、FTA・EPAなどの、前時までに学習した内容を振り返る。国際収支の変化、変動為替相場制度への移行が日米間の貿易に与えた影響を理解する。 ・グローバル化の進展により課題が生じていることを資料から理解する。 ・デジタル経済やデジタル貿易の拡大などが、新たな産業を生み出す源泉となっているが、それらの課題と望ましい政策について議論し構想する。	・日米貿易摩擦について当時の新聞記事などの資料を示して理解させる。 ・自由貿易と保護貿易、比較優位の考え方を用いて、日米貿易摩擦を理解させる。ブレトンウッズ体制の成立と変容について、国際情勢の変化から理解させる。地域的経済統合、FTA・EPAが拡大した理由を理解させ、望ましい国際経済体制について、構想させる。構想したことの妥当性や効果、実現可能性などを指標にして議論し公正に判断して、合意形成を試みる。グローバル化の進展、国際通貨体制の変化、日本に大きな影響を与えたプラザ合意が日本経済と国際経済への影響を、資料を用いて理解させる。 ・グローバル化の影響が、財・サービス市場、金融市場、労働市場などに及ぼす影響を考察させる。 ・デジタル経済やデジタル貿易の拡大、ビッグ・データの利用、IoTなどが進んだこと、そのメリットと課題を理解させ、望ましい政策のあり方を構想させる。構想したことの妥当性や効果、実現可能性などを指標にして議論し公正に判断して、合意形成を試みる。
終結 （5分）	・国際協調を深めるにはどのようにすればよいかを、次回の課題としてまとめてくる。	・グローバル化が進む国際経済においては、国際協調は欠かせないことを理解させる。日本が国際社会に貢献できる役割は何かについて、次回の授業までに考察、構想するように指示する。

4　授業実施にあたっての留意点

　「深い学び」となるように、貿易の意義、為替相場と国際収支の仕組み、国際協調の意義と国際経済機関の役割、グローバル化が進む国際経済の特質、国際経済における日本の役割を中心に、これらの事項の相互関連を意識させて学習指導を行うことが望ましい。国内経済と国際経済、国際政治と国際経済の関連も意識した指導が望ましい。また、デジタル経済・デジタル貿易の進展は、新たな産業が成長し、消費者厚生が増大するなどのメリットもある反面、新たな課題も生み出しつつある。デジタルのデータは非競合であり複製費用が安いという特性があり、企業がデータを蓄積してビッグ・データとして利用することで新たなビジネスを生み出す反面、これらのビッグ・データが適切に利用するための規制が必要となっている。GAFAなどの巨大なIT企業への規制は、個人情報、公正な競争など、政治と経済の両面に関わる規制が必要となる。これらの企業は、消費者にとって利便性も高いが、国家を超えた存在であり、競争法（日本では独占禁止法）などによる規制やデジタル課税、個人情報への配慮など、各国は新たな対応をとる必要に迫られていることを、指導したい。

　国際経済においては、財・サービス市場、金融市場、労働市場などがあること、貿易の意義、自由貿易、保護貿易、比較優位などを理解させる。

　為替相場の仕組みと国際経済機関の役割については、現在では変動為替相場の安定が大きな課題であり、国際通貨基金（IMF）などの国際経済機関の役割が重要であることを理解させる。

　国際協調の意義と国際経済機関の役割については、FTAやEPAは、域内の貿易を拡大させる貿易創出効果があるが、域外の国・地域との自由貿易は制限されてしまい、自由貿易を阻害する面があることも理解させたい。また自由貿易と自由な資本移動を推進すると、先進国と発展途上国の間で経済格差が拡大して国際経済体制が不安定となることがあるため、国際協調により国際経済体制・国際通貨体制の安定を目指すことが望ましいことを理解させる。

　グローバル化が進む国際経済の特質については、変動為替相場制度への移行と金融のグローバル化が進んだため、金融危機は瞬く間に世界経済を悪化させるリスクがあることから、金融危機が拡大しないように国際経済機関や各国が協調する必要があることを理解させる。

　国際経済における日本の役割については、日本はどのような国際協調・国際貢献ができるかについて、国際政治における学習と関連させながら、生徒に多面的・多角的に考察、構想させ、表現させる学習指導が望ましい。

（保立　雅紀）

3　「政治・経済」の学習指導案の作成事例
(2) グローバル化する国際社会の諸課題
####　　イ　グローバル化する国際社会の諸課題の探究

1　学習指導要領における位置付け

「2　内容」の「B　グローバル化する国際社会の諸課題」の「(2)グローバル化する国際社会の諸課題の探究」に関して、学習指導要領には次のような記載がある。

> 　社会的な見方・考え方を総合的に働かせ、他者と協働して持続可能な社会の形成が求められる国際社会の諸課題を探究する活動を通して、次の事項を身に付けることができるよう指導する。
> 　ア　グローバル化に伴う人々の生活や社会の変容、地球環境と資源・エネルギー問題、国際経済格差の是正と国際協力、イノベーションと成長市場、人種・民族問題や地域紛争の解決に向けた国際社会の取組、持続可能な国際社会づくりなどについて、取り上げた課題の解決に向けて政治と経済とを関連させて多面的・多角的に考察、構想し、よりよい社会の在り方についての自分の考えを説明、論述すること。

本単元を実施する際、「3　内容の取扱い」に示される記載に留意したい。

> イ　内容のA及びBについては、次の事項に留意すること。
> 　(ア)　A及びBのそれぞれの(2)においては、小学校及び中学校で習得した概念などに関する知識や、「公共」で身に付けた選択・判断の手掛かりとなる考え方などを基に、それぞれの(1)における学習の成果を生かし、政治及び経済の基本的な概念や理論などの理解の上に立って、理論と現実の相互関連を踏まえながら、事実を基に多面的・多角的に探究できるよう学習指導の展開を工夫すること。その際、生徒や学校、地域の実態などに応じて、A及びBのそれぞれにおいて探究する課題を選択させること。また、適切かつ十分な授業時数を配当すること。
> エ　内容のBについては、次のとおり取り扱うものとすること。
> 　(エ)　(2)における課題の探究に当たっては、国際社会の動向に着目したり、諸外国における取組などを参考にしたりできるよう指導すること。その際、文化や宗教の多様性を踏まえるとともに、国際連合における持続可能な開発のための取組についても扱うこと。

本単元は、「B　グローバル化する国際社会の諸課題」の「探究」単元である。即ち、「B　グローバル化する国際社会の諸課題」の「(1)現代の国際政治・経済」で学んだ内容（概念や理論）を主に活用し、学習指導要領の記載にあるように、必履修科目である「公共」で学んだ考え方や小学校・中学校で学んだ「概念や理論」を活用し、諸課題の解決に向けて、考察、構想し、よりよい社会の在り方について自分の意見を論述する学習である。これまでの社会系教科で学んだ知識（概

念や理論）を「総動員」して考察する「国際社会領域のまとめ」の学習と位置付けられるだろう。

2　単元の特色
　今回の学習指導要領改訂においては、「主体的・対話的で深い学び」が重視されている。「主体的・対話的で深い学び」を実現するためには、これまでの「知識詰め込み教育」で行われてきた代表的な教育方法である「プリント穴埋め授業」だけでは不十分である。生徒同士の議論や対話に十分時間が割かれることが重要になる。他方で、「政治・経済」で学ぶ知識（概念や理論）が難解である事情もあり、内容AやBの(1)の学習に時間が割かれる傾向は今後も続くと予想される。そうなると(2)の学習に十分な時間を取れない可能性が高い。その点も踏まえ、結果として「主体的・対話的」かつ「深い学び」に繋がるような単元構成にしていく必要がある。本単元を構成する上で留意すべき点は次の通りである。
　第一に、課題を探究する際に、生徒の実態に応じて、課題を選択する必要がある。その課題とは、「グローバル化に伴う人々の生活や社会の変容」「地球環境と資源・エネルギー問題」「国際経済格差の是正と国際協力」「イノベーションと成長市場」「人種・民族問題や地域紛争の解決に向けた国際社会の取組」「持続可能な国際社会づくり」であり、それぞれの「課題」に対応した学習課題を設定することとなる。例えば、「イノベーションと成長市場」であれば、「外国人は日本社会を救うのか：介護労働の現場から」という学習課題を設定することもあり得るだろう。いずれにしても、生徒の「学びの切実性」からは「遠い」「国際社会領域」の学習である。例えば、前述の学習課題は、実業系・福祉学科に所属する生徒には「学びの切実性」があるだろうが、普通科の生徒には「学びの切実性」は感じられないかもしれない。いずれにしても、「生徒や学校、地域の実態」に応じて、生徒が学びがいのある学習課題を設定する必要がある。
　第二に、課題を探究させる際には、先述したようなこれまでの社会系教科で学んだ知識（概念や理論）や考え方を活用することで、「深い学び」を実現する必要がある。なお、このような「探究」単元の形態は、「公共」等でも見受けられるが、「政治・経済」の場合、先述したテーマについて、「二つの立場」から考察することで、「深い学び」を実現しようとする学習指導要領上の工夫が見られる。例えば、「国際経済格差の是正と国際協力」の場合は、「発展途上国の一国全体としての経済成長や発展を優先させようとする考え方」と「人間の安全保障の取組や人権を重視して発展途上国内の極度の貧困状態にある人々に対する援助を優先しようとする考え方」の二つの「考え方」を対照する単元構成が求められている。また、「地球環境と資源・エネルギー問題」の場合は、「地球環境の保全を優先する考え方」と「生活水準の向上を目指す経済発展（開発）を優先する考え方」の

二つの「考え方」を対照する単元構成が求められている。二つの対立する「考え方」から「課題」を探究することは、「多面的・多角的」な考察につながる。「政治・経済」の「探究」単元では、二つの対立する「考え方」を軸に単元構成を行いたい。
　第三に、生徒同士の「議論」「対話」を積極的に取り入れていくことが重要になる。ただ、「政治・経済」の「探究」単元は、「公共」の「探究」単元のように、「課題の設定」から「自分の考えの説明、論述」までを一貫して生徒が主体的に行い、8時間程度の時間をかけて学習が構成される場合もあり得るが、複数の「課題」を取り上げて、「探究」の学習を構成する場合もあり得る。「課題」を多く取り上げる場合、一方的な「講義型」授業にならないように、「議論」や「対話」を授業の目標達成のために有効に活用したい。「議論」や「対話」の方法は、「ペア・トーク」のような簡易な方法から、「知識構成型ジグソー法」のような大がかりな方法もある。「ペア・トーク」などは、多くの時間をかけずとも実施可能である。「議論」や「対話」の授業は、多くの時間がかかるといった「ステレオタイプ」の誤解に陥らないようにしたい。
　第四に、生徒の「意見」や生徒同士の「議論」を共有する場面を設定したい。即ち、個人やグループでのプレゼンの時間を確保するということだ。プレゼンは、パワーポイントを使用したものでも良いし、模造紙に図や表、データを示しつつ、その課題の解決の在り方への「道筋」が生徒なりに論理的合理的に、そして説得的、「わかりやすく」示すことが出来ているかが評価のポイントになる。「思考力、判断力、表現力」のうち、特に「表現力」を問う場面として不可欠である。
　以上の四点を踏まえつつ、以下に具体的な単元計画等について論じる。

3　単元計画と実践例
(1)単元計画の手順と具体例
①単元計画の手順
　「国際社会領域」の「探究」単元は、端的にまとめると「国際社会の諸課題の解決の解決に向けて、考察、構想し、よりよい社会の在り方について自分の意見を論述する」学習を構成することにある。そのためには、生徒の実態に合わせて「課題」を設定する必要がある。また、その「課題」の「探究」の方法としては「資料やデータの読解」をベースにした「調査」や、「調査」した内容を踏まえた「課題」に対する「自分の考えの説明、論述」や、他者との議論や対話である。その際、学習指導要領『解説』にも示されているが、それぞれの「課題」に関する「単元における学習活動の方向性」に留意した単元構成が求められる。「単元における学習活動の方向性」とは、『解説』に示されているそれぞれの「課題」について、単元を構成する上で、どのような内容でその「課題」を「探究」する必要がある

のか、について言及した箇所になる。例えば、「持続可能な国際社会づくり」の「単元の学習活動の方向性」は次の通りになる。

> 持続可能な国際社会づくりについては、現在、国際社会において、将来の世代のニーズを満たす能力を損なうことなく、現在の世代のニーズを満たすような社会の形成を前提とした国際社会づくりが求められている。すなわち、世代間の公平、地域間の公平、男女間の平等、社会的寛容、貧困削減、環境の保全、経済の開発、社会の発展を調和の下に進めていくことが必要であることを踏まえ、時として対立するこれらの観点を調整しつつ、折り合いをつけながら課題の解決にあたることが目指されているのである。このような現状を踏まえて、全ての国や地域、人々のための持続的、包摂的かつ持続可能な国際社会をつくるための具体的な政策を探究できるようにする。その際、例えば、SDGsを設定し、持続可能な開発のための取組を各国の国家主権を前提に進めている国際連合をはじめとする国際機構などの取組を調べまとめることが考えられる。また、各国における持続可能な開発の在り方、各国内及び国際社会との連携、協力などに関わる取組の分析を通して、持続可能な国際社会づくりの在り方について自分の考えを説明、論述できるようにすることが考えられる。

この「単元における学習活動の方向性」は、学習を組織する上で、重要な活動内容を示している。以下では、2つの「課題」を取り上げ、『解説』に示される「単元における学習の活動の方向性」を踏まえた単元計画を示すこととする。

②単元計画案
○単元名：グローバル化する国際社会の諸課題の探究
○単元目標：
・グローバル化する現代の諸課題の実態やその原因、課題を解決するために実施されている様々な取組について理解するとともに、諸資料から様々な情報を適切かつ効果的に調べまとめる技能を身に付けるようにする。（知識・技能）
・グローバル化する現代の諸課題について、その課題の解決の在り方について、概念を活用して多面的・多角的に考察、構想し、よりよい社会の在り方についての自分の考えを説明、論述することができる。（思考力・判断力・表現力）
・グローバル化する現代の諸課題について主体的に解決しようとする態度を養うとともに、他者と協働しながら、よりよい社会の実現に向けて積極的に社会に関わろうとする（意欲）
○単元の指導計画（全8時間）：

次	学習内容	時	学習活動
1	イノベーションと成長市場	1	IoTやビッグデータ、AIなどの新規技術が国際社会にどのような光と影をもたらしているのか、考察する。

		2	イノベーションによって医療分野はどのように変化しているのか、新たに生み出される財やサービスを見つけ出し、「過去社会」と「現在社会」、「将来社会」でどのような違いが生み出されようとしているのか、調査する。
		3	イノベーションによって医療分野において新たに生み出される「課題」にはどのようなものがあるのか、「幸福」「公正」「効率」などの「考え方」を用いて考察する。また、その「課題」をどう克服すれば良いのかについて、識者の意見を読解し、自分なりの意見をまとめる。
		4	グループに分かれ、各自の意見を傾聴し、グループでの意見の「共通点」「相違点」をホワイトボードにまとめて、クラス全体で共有する。
2	持続可能な国際社会づくり	5	SDGsの目標毎にチームを形成する。そして、そのチームで、その目標に関わって一つの国を選択し、その目標実現のためにどのような政策が行われているのか、国際社会の取組はどのようなものかをチームで分担して調べ、図や表にしてまとめる。
		6	チームで各自が調べた内容の「検討会」を行う。そのために、二人一組になり、各々が調べた内容について、それが「正しい」のか、インターネット等を使って調査をする。調べた内容の「妥当性」を検討する。
		7	調べた内容を「総合」する。その際、これまで学習してきた「見方・考え方」等を用いて、その取組に関する課題や論点を明らかにし、起承転結が明確になるように、プレゼン資料を作成する。
		8	クラス全体でプレゼを行い、それぞれのチームの発表内容を評価シートに沿って、評価する。そして、「持続可能な国際社会づくりでは何を目指すべきか」についてレポートにまとめる。

(2)教材開発と学習指導案例
①本時（1/8）の学習目標
・IoTやビッグデータ、AI等の新規技術が国際社会にどのような影響を与えているのか、メリット、デメリットについて調べ、クラスで共有する。
②教材開発の視点
　IoTやビッグデータ、AIといったテーマを割り振り、それぞれのテーマに関して、国際社会への影響について、メリット、デメリットについて、教科書、資料集、配付資料やインターネットや図書館等を活用して、調べる。その際、新聞記事やネットでの言説を取り上げるのではなく、それらを参考にして、事実やデータに基づいて、そのメリット、デメリットを論じるようにしたい。そのために、「事実、

データ、根拠」とその「事実、データ、根拠」から読み取れるメリット、デメリットを書き込むことができるようなワークシートを準備したい。

③学習指導案例

過程	学習内容	指導上の留意点
導入 （5分）	○車の自動運転の映像を視聴する。自動運転が可能になっているのはAIの進化であることを示す。IoTやビッグデータ、AIの国際的な影響をテーマに取り上げることを全体に伝える。	・本単元（前半）に使用される4時間の大まかな流れを説明する。
展開 （40分）	○生徒一人一人の学習テーマを割り振る。その際、IoT、ビッグデータ、AIのどれかを選択させる。 ○選択したテーマについて、教科書や資料集、配布資料、インターネット等から、それが及ぼす影響について、把握する。 ○自分自身が選択したテーマの内、特に、関心のある内容について、調べる。その際、インターネット上に示される「意見」を取り上げるのではなく、「事実、データ、根拠」を調べ、それをワークシートに貼り付け、自分の意見を論じる。 ○教師はそれぞれのテーマについて、1名ずつ指名し、当該生徒はクラス全体に報告し、発表内容について意見交換を行う。	・ワークシートを配布して、記入を求める。 ・机間巡視をしながら、適宜ワークシートの内容について指導を行う。 ・発表を求める生徒の目処を立てる。
終結 （5分）	○次の時間の予告を行う。	

【ワークシート】「事実、データ、根拠」とそれに基づく「意見」を書くことができるワークシート

【評価の観点】
・「意見」ではなく適切な「事実、データ、根拠」を選択できているか
・調べているテーマと「事実、データ、根拠」「意見」について論理的一貫性があるか
・他の生徒の発表を傾聴し、自分自身のワークシートを反省的に検討できているか

(橋本　康弘)

〈参考文献〉
高橋信弘編『グローバル化の光と影』晃洋書房、2018年。

第6章

公民教育における学習指導の工夫

1 課題解決的な学習の展開

(1)社会系教科目ならではの課題解決的な学習

　子供の経験や知識を再構成し、学習課題を追究し解決するための学習が課題解決的な学習である。それは、方法面で課題解決に向けて行われる①課題の設定、②情報の収集、③整理・分析、④まとめ・表現などの探究的な学習過程が組み込まれるだけでなく、内容面で現実社会で起きているどのような社会的課題を学習課題にするのか、学習の適切性（レリバンス）が問われる。そして、社会的な要請（教育施策、学習指導要領、各種機関…）や学習者の状況・発達に応じた内容の選択や構成が考えられよう。例えば、国連は持続可能な開発目標（SDGs）において、貧困や人口、人権、環境、資源、エネルギー、安全などにかかわる17の課題を時限的に取り組むべき目標として掲げている。また、高等学校学習指導要領（2018年）の「公共」では、情報化やグローバル化が進む社会の中で、少子高齢化に伴う人口減少問題や生命倫理、地球環境問題、情報、資源・エネルギーなどの内容を示している。現代的な諸課題をどのような社会事象から具体的に捉え、展開するのか、範囲・領域と順序を事前に計画しておきたい。

(2)課題解決における主体的・対話的で深い学びの実現

　課題解決的な学習は、授業者によって選択された学習課題であるために、結果的に学習者の思考を方向づける可能性があることに十分留意する必要がある。それは、学習者が興味・関心をもって思考を働かし、取り組んでいるのかに表れよう。学習指導要領における「主体的・対話的で深い学び」が、課題解決の学習を通して実現するためには、新しい知識や技能の習得とそれを実際に活用して、問題解決に向けた探究活動を行う過程が組織される必要がある。そのためには、学習者が既に獲得している知識・技能と学習の中で扱われる知識・技能とを区別すること、そして、どのような見方・考え方を扱うのか、計画段階で整理しておくことが考えられる。手がかりは「社会的な見方・考え方」を働かせたイメージとして示された公民科「公共」「倫理」「政治・経済」の視点である（表1）。例えば、「雇用、労働」を扱う場合、アルバイトの契約条件や待遇には興味・関心を示すであろう。マスコミなどで報じられている「ワーキングプア」「ブラック企業」などのキャッチコピーも最近の象徴的な言葉として想起されよう。それらと賃金や雇用、労働、契約…などの用語、社会的な問題として顕在化してきている低賃金や長時間労働、非正規雇用の実態、労働基準法などの資料によって、法の解釈・適用や権利や公正などの見方・考え方を学習内容として組み入れた教材が開発できる。その上で、グループでの資料収集や調査、話し合いや討論などを取り入れ、あるべき課題解決を考える協働の学習活動が展開されることが考えられよう。

表1 課題解決の手がかりとなる社会の見方・考え方

公共	倫理	政治・経済
○人間と社会の在り方を捉える視点 幸福、正義、公正、個人の尊厳、自由、平等、寛容、委任、希少性、機会費用、利便性と安全性、多様性と共通性 ○公共的な空間に見られる課題の解決を構想する視点 幸福、正義、公正、協働関係の共時性と通時性、比較衡量、相互承認、適正な手続き、民主主義、自由・権利と責任・義務、平等、財源の確保と配分、平和、持続可能性	○人間としての在り方生き方を捉える視点 善悪、生死、徳、愛、共感、幸福、義務、正義、個人の尊厳、公正、寛容、存在、真理、聖、美 ○現代の倫理的諸課題の解決を構想する視点 尊重、畏敬、創造、保全、自由、権利、責任、自立、協働、勤労、多様性、相互承認、平和、国際協調、持続可能	○社会の在り方を捉える視点 個人の尊厳、効率、公正、自由、平等、委任、希少性、機会費用、選択、配分、分業、交換、利便性と安全性、多様性と共通性 ○社会に見られる課題の解決を構想する視点 対立、協調、効率、公正、比較衡量、具体的な妥当性と法的安定性、相互承認、適正な手続き、民主主義、自由・権利と責任・義務、財源の確保と配分、平和、持続可能性

高等学校学習指導要領解説公民編(2018年)より筆者抽出

(3)課題解決のための問題解決のプロセスを組み込んだ学習指導の工夫

①問題への気付き、現状認識

　焦点化する問題への気付きを喚起する必要がある。そのためには現実社会の何が問題になっているのか、観察可能な具体的な事実を収集することから始める。また、学習者が容易に入手できる資料や関連する情報やデータから現状を認識し、問題の原因を究明し解決しようとする意欲化を図る。

②原因の分析、因果関係の追究

　問題を明確し、その原因を分析する。何が、どのように問題なのか、問題を明確化する。情報やデータを収集し、関係する様々な要素を見つけ出し、問題を整理・体系化する。分析方法として、ロジックツリーやブレーンストーミング、ＫＪ法などが利用できる。また、図解により全体像を描いたり、個々の要素の関係を位置付けたりすることで、情報や考えを共有し合う。

③問題や課題の認識における情報収集・調査活動

　情報の収集では、収集の目的、情報検索、情報分析が重要である。調べる対象に関する一次資料、加工された二次資料の区別、内容の信頼性や妥当性が問われる。情報がどのような目的で作り出され、その方法は、内容・分量はどのくらいかなど手がかりを求める。直接のアンケート・インタビュー調査のほか、新聞、テレビなどからの情報収集。最近では、インターネットを利用して情報を検索し入手できるが、情報源や調査年月日、調査対象、サンプル数などに留意する必要

がある。そして、データの量的・質的な意味を考え、問題解決に向けての仮説の構築と検証を行う。

④解決策の分析のプロセスと実社会への提案

　2015年実施のOECD生徒の学習到達度調査（PISA）では、「協同問題解決能力調査」が示された。2003年において「現実の領域横断的な状況に直面した場合に、プロセスを用いて、問題に対処し、解決することができる能力」とされた問題解決の能力は、意思決定、システム解析・設計、及びトラブル・シューティングなどのプロセスを評価してきた。10数年を経て、さらに「複数人が、問題解決に迫るために必要な理解と労力を共有し、解決に至るために必要な知識・スキル・労力を出し合うことによって協働で問題解決しようと試みるプロセス」が重視されている。右図は、問題解決に向かう異なる二つのアプローチであるが、現状の回復に向けての問題のB分析・解決に対し、理想とする姿に向けてのA創造・提案の違いを示している。同世代の学習者が協同・協働して、理想とする社会を創造する課題解決の学習を期待したい。また、表2は問題解決過程を学習指導過程に組み入れた基本的な流れを示している。

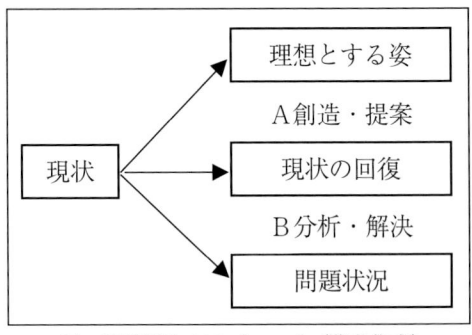

図　問題解決のアプローチ（著者作成）

表2　問題解決と学習過程の接近

	問題解決過程	学習指導過程
導入	問題の認識 原因の分析	・現実社会の何が、問題となっているのか、問題を特定する。 ・関連するデータを集め、そのデータをもとに問題の原因を特定する。
展開	解決策の提案 ・仮説の構築	解決策を仮説として立てる。 （提案1…グループや集団の場に提出し、議論する。） 仮説を実際に試してみたり、調査を行ったりして検証する。 （提案2…よりよい解決策を模索し、議論する。）
終結	・仮説の修正 解決策の実施 結果の評価	学習の終結の設定によって、PDCAを繰り返す。合意された解決案を実施する結果を評価し、繰り返す。

（峯　明秀）

2　教材の効果的な活用

(1) 教材とは

「教材とは？」という問いかけに対して、多くは教科書を挙げるのではないだろうか。確かに、日本の学校教育では主たる教材として教科書の存在は大きいと言える。しかし教材については、唯一といえる定義は存在せず様々な見解がある。例えば教材について広い視点でとらえると、「大人と子ども、あるいは子どもと子どもがつくりだしている教育関係の中に登場し、教育の媒介となるすべての文化財」（中内 1978）と説明できる。また、学校教育に視点を絞ると「授業における目的・目標の達成のために、教育方法と関連性を考慮しつつ、学習効果を高めるように開発され、用いられる素材」（桐谷 2013）とも説明できる。

(2) 「教材は固定した既成品ではない」

井上（1969）は、教科書が主たる教材として扱われている現状や教材を固定化することで社会科に一種の安定感をもたらした効果を認めたうえで、教材というものは、教師が手を触れる前にすでに完成された既成品であってはならないとし、教育の目的論・学力論・教科論を踏まえて、教材は教師によって絶えず再編されるべきであると主張している。また、教育課程の編成や学習指導要領を「広義の教材」として挙げる一方で、教科書の教育内容を教師が再編して教室で学習者に取り組ませる教材を「狭義の教材」として挙げている。その上で、狭義の教材は、柔軟性をもって教師によって不断に再編成されるべきであると述べている。

教材は授業を組み立てる上で必要な目標・教育内容・評価方法と複雑かつ密接に結びついており、教材を再編する際には、「目標・教育内容・評価方法」の深い理解はもちろんのこと、その関係性の理解も不可欠と言える。さらに、「目標・教育内容・評価方法」は、学習者それぞれの学習能力や理解度に対応することが求められ、絶えず改変する必要がある。そのため、教師は学習者にとっての教材の効果的な活用のために、「教材は固定した既成品ではない」という考えのもと、周到に事前準備した教材を、授業を通して学習者の理解度を測りながらさらに再構成し続けていく必要がある。

(3) 高等学校学習指導要領にみる教材とは

高等学校学習指導要領（2018年）「第2章 各学科に共通する各教科」の「第3節 公民」において、教材という用語は下記の文脈で用いられている。

> 第3款 各科目にわたる指導計画の作成と内容の取扱い
> (3) 社会的事象等については、生徒の考えが深まるよう様々な見解を提示するよう配慮し、多様な見解のある事柄、未確定な事柄を取り上げる場合には、有益適切な教材に基づ

> いて指導するとともに、特定の事柄を強調し過ぎたり、一面的な見解を十分な配慮な
> く取り上げたりするなどの偏った取扱いにより、生徒が多面的・多角的に考察したり、
> 事実を客観的に捉え、公正に判断したりすることを妨げることのないよう留意すること。

　高等学校学習指導要領（2018年）の「有益適切な教材」について付言すると、「多様な見解のある事柄、未確定な事柄を取り上げる」問題解決学習や課題解決学習向けの教材では、学習者が「多面的・多角的に考察したり、事実を客観的に捉え、公正に判断」することを可能とする政治的中立性を教師が保障することが重要である。

　そして、政治的中立性を保障する教材には、資料、学習形態、評価の多様化の適用が必要である。資料の多様化とは、新聞資料を用いる際には異なる意見を主張している新聞資料を複数用意して、同一テーマにおいて表現や記述の違いの考察を可能とし、「多面的・多角的」に物事を考えることを支援することを指す。また資料の多様化には、教師の考えや思想を学習者に強要しない資料活用を目指すことや、学習者が信用性の低い資料を利用する危険を避けるために、信頼性の高い第一資料の検索や判断する方法を教師が明確に伝えることも重要である。そして、この資料の多様化に対応するためには、小さな単元に関する知識の教授に終始するのではなく、より大きな単元構造を見据える力を発揮して、資料の多様化を指導に組み込むことが教師に求められる。

　また学習形態の多様化は、政治的中立性を高めることにつながる。さらに、ペア・ワークやグループ・ワークなどの対話的な学習形態を用いることで、教師が提供した資料の読み取りを通しての対話だけではなく、学習者同士の対話も加わり、多様な考え方と接することが可能となり、学習者が「多面的・多角的」に物事を考えることを支援する。

　一方で、資料と学習形態の多様化は、教科書を単一の教材とする知識伝達型の教師主導の授業形態とは異なり、学習者にとって学習目標が見えづらくなり、混迷を伴う学習活動になる危険も潜んでいる。教師は資料・学習形態の多様化の理解を深めたうえで多様化に潜む欠点を軽減することを念頭におきながら教材を作成することで、より効果的な学習活動が実現できるだろう。

　そして、資料・学習形態の多様化には、評価の多様化も伴わなければならない。例えば、学習者が「公正に判断」できているのかどうかの評価は、これまで日本の学校教育で重視されてきた総括的評価（summative assessment）に偏る場合では難しいと言える。高等学校学習指導要領の文脈で用いられている教材作成を実現するには、教員の資料・学習形態の多様化とともに、評価の多様化の第一歩として学習者の進捗状況や理解度などを踏まえて適宜指導を加えていく形成的評価（formative assessment）も必要であろう。

(4)教材の効果的な活用の視点

　公民教育において教材を効果的に活用するためには、これまで述べたように、教師は目標・教育内容・評価方法を踏まえた上で柔軟性かつ不断に教材を構成していく必要がある。また、教師は学習指導要領で「主体的・対話的で深い学びの実現」が求められていることを理解し、「創意工夫を生かした特色ある教育活動」を支援する教材の作成に留意する必要がある。以下に公民教育における教材の効果的な活用に必要な視点を2点述べる。

①主体的な学びと教材

　教師が教科書の学習内容を活用して学習者の主体的な学びを支援するためには、彼らの社会を構成する有能な成員としての資質を育成する視点を盛り込む必要がある。つまり、教師は教材作成のために、社会的有用性の育成を目指し学習者の身の回りの社会問題について主体的に考えさせることを常に意識しなくてはならない。

　また、学習者の主体的な学びの支援には、教師がファシリテーターとして学習の足場づくり（scaffolding）にも配慮することが大切である。具体的には、問題解決学習や課題解決学習において、教師が効率的に知識を伝えようと教材を構成するのではなく、学習者の思考の可視化を支援する教材や知識を活用して複眼的な思考を促す教材を準備することである。そして、ペア・ワークやグループ・ワークなどの様々な学習形態に合わせた教材の作成も重要である。加えて、このような教材に合わせて、総括的評価だけではなく形成的評価も取り入れ、主体的な学びを多角的に評価することが重要である。

②個別化（Differentiation）と教材

　学習者一人一人の多様性に適切に合わせ、各々の学習を助ける足場づくりとなる教材の準備が必要となる。そのためには、個別化（differentiation）という概念を取り入れることが有用となるだろう。個別化により、学習者の自己調整スキル（self-regulated skill）を身に付けさせたり、自己の学習の進捗状況を客観的に把握させることが可能となる。つまり、個別化に配慮した教材は学習者の内的なモチベーションを高め、学習者が自ら学ぶことにより学習責任が教師から学習者へシフトしていき、主体的な学びの支援にもつながるのである。

（五十嵐　卓司）

〈参考文献〉
井上弘『教材の構造化』明治図書、1969年。
中内敏夫『教材と教具の理論』有斐閣ブックス、1978年。
桐谷正信「教科書の分析と活用」日本公民教育学会編『テキストブック公民教育』第一学習社、2013年。

3 主体的・対話的で深い学びの実現

(1)はじめに―「主体的・対話的で深い学び」とは―

　子供の学びの質を高め、人生や社会を他者と共によりよく生きる資質・能力の育成が求められる今、「主体的・対話的で深い学び」の実現に向けた授業改善が進められている。社会系教科の授業研究でも、「公民としての資質・能力」を育成する「主体的・対話的で深い学び」の探究が、改めて課題となっている。

　以前は、「アクティブ・ラーニング」という名称で、その実現が課題とされていたが、この名称が本来の意図を指導法や授業形態の工夫に矮小化してしまうという危惧から、授業改善の要点と目的を一体的に示す「主体的・対話的で深い学び」が標語になった。授業改善の目的は、学校内に留まることなく未知の状況で生きて働く資質・能力を育む深い学びの実現であり、そこで注目すべき要点が深い学びの創出に必要な主体的・対話的な学びの成立であることに留意すべきである。

　ここでは、「主体的・対話的で深い学び」をめざす授業づくりに求められる多様な専門性の中から、主要な4つを取り上げてその概要を述べてみたい。

(2)目標・内容・教材の多面的・多角的な研究

　授業づくりは、1時間ごとの計画ではなく、単元づくりすなわち単元計画の作成から始まるため、先ずは単元目標などの検討が必要になる。目標・内容・教材については、学習指導要領解説の関連部分と教科書の指導書等を確認するだけでなく、子供たちや地域の状況、最近のトピックなどにも目配りし、子供との接点を探ることが大切である。また、社会の変化や学術的な知見により、学習対象となる社会的事象への見方・考え方が変わっていくことも珍しくないため、常に多面的・多角的に教材研究を行うことから当該事象への理解を深め、当事者性や疑問を引き出す教材のありようと学習の視点を吟味しなければならない。

　教材はその示し方により、学習への効果は大きく異なってくる。同じ新聞記事や写真・図等を使うにしても、個人またはグループに印刷して配付するのか、黒板やICTを活用して提示するのか、あるいは一つずつ順に示すのか、関連付けたり比較させたりして示すのか等々、使用目的に応じて素材をどのような教材に仕立てるのかが問われる。これまでともすると、指導者側の視点でのみ教材化を検討しがちであったが、主体的・対話的な学びの成立を意図するなら、子供たちがいかに取り組むかという学習者側の視点に立った学習材化も検討すべきであろう。そうでなければ、今回の改訂で強調されている「教科の特質に応じた見方・考え方」を働かせることも不可能になる。また、教材研究では地域の人や多様な専門家など、生きた人間が有為な教材であることも忘れてはならない。

(3) 学習活動に対する研究

　板書中心の講義による知識・理解をめざす一斉的な学びではなく、主体的・対話的な学びによる個々の深い学びをめざすのであれば、学習活動のありようが大きな課題となる。これまで授業づくりに教材研究はあっても活動研究がなかったのは、所定の内容を理解させることが優先されたため、授業者の要点を押さえたわかりやすい語りは重要であっても、学習者が主体的に学ぶための学習活動はさほど重視されてこなかったからであろう。今後は単元計画の検討過程で、教材研究と密接に関連し、教材と子供の特性を生かす活動の研究が求められる。

　教育実習などでは、指導内容と教材の配列・順序を学習過程と捉え、そこに知っている学習活動をあてがうような事例も見受けられるが、今後は学習課題や学習者の発達などを考慮して活動を選択し、学習過程に即したアレンジを加えつつ適切に設定できること、さらに多様な学習活動を実践事例などでリサーチしていわゆる持ち駒を増やすことが必要である。当然のことながら、学習活動の選択・設定においては、目標や教材との整合性を見極めることが不可欠となる。

　また学習活動への習熟に着目すると、たとえば話し合いやレポートといった表現活動に熟練していくことが、調査活動のスキルを高め、学びを深めることにつながっていく場合も少なくない。個々の学びを深めていくためには、学習活動について長短のスパンで検討し、学習活動の発展を見通すことも重要である。

(4) 学習指導計画の検討

　単元の学習指導計画の作成とは、選定した内容・教材・学習活動を順序とまとまりに配慮して所定の授業時数へ振り分けることを意味してきた。ただ、「主体的・対話的で深い学び」を意図するなら、そうした計画の数量的な検討に加え、いつどのように学習課題を設定し学習計画を立てるか、対話的な学習の山場を単元展開に即してどこに位置付けるか等々についても検討する必要がある。

　課題と計画の把握は、各々が学習の目的を理解し、方法について見通しを持つことであり、これを欠くならば主体的な取り組みは生まれてこない。また、調べたことや経験、価値観に基づく相互表現の機会を確保し、活性化する工夫がなければ、啓発し合う学習やその深化も生まれない。そのため、単元展開をいかに課題追究的な学習過程にしていくか、限られた時間の中で有意義な話し合いの場をいかにつくりだすかを綿密に計画しなければならない。象徴的な「主体的・対話的で深い学び」は、単元の終盤に現れる場合が多いであろうが、深い学びは学習全体における意欲的・自主的な取り組み、学ぶ意味や協働で取り組む楽しさの感取、自己効力感などによって可能になることに留意すべきである。

　その意味では、学習者の多様性を前提としたダイバーシティ教育や個々の躓きへの支援を考慮した学習指導計画の立案が期待される。さらに、完成度の高い学

習指導計画であってもその通りに進行することは少なく、想定外の発展や停滞など子供の学習状況に対応しようとすれば、計画の修正が必要になる。状況に応じた柔軟な修正は、先述の教材・活動研究や学習指導計画の充実によってこそ可能であり、そこに修正を前提としつつも事前準備を綿密に行う必要性がある。

(5)評価の問い直しと自己評価力の育成

　「主体的・対話的で深い学び」では学習の質が問われるため、評価の充実・改善が一層強く求められる。たとえば学習課題と取り組みの見通し、調査・表現活動など、単元展開における主要な場面でいかに形成的評価を行うかという検討に加え、知識および技能の習得状況に偏った従来型のテストによる総括的評価についても見直しが迫られることになる。育成する資質・能力でいえば、学習課題の追究・解決に向けた主体性や社会性等の資質、習得した知識・技能や社会的な見方・考え方を働かせたり、対象となる事象への考察や社会参画に関する自らの意見を説明・議論したりする能力に関する質的な評価の実施が課題となる。

　そうした動向を踏まえ、レポート・スピーチ・作品制作といった課題への取り組みから学習状況を判断するパフォーマンス評価等が多用されるようになってきた。パフォーマンス評価は、学習状況を可視化できる適切な課題に向けてもてる資質・能力を総合的に発揮させ、ルーブリック（評価基準表）の観点と指標で評価するものである。パフォーマンスの到達度を判断する観点と指標が、妥当性や信頼性を吟味して設定・修正されるなら質的な評価の改善も可能となろう。

　ここで注目すべきは、パフォーマンス課題への取り組みが評価のための活動であると同時に、まとめなどの学習活動でもあるという点である。学習者が全力で取り組む学習活動であってこそ、そのもてる資質・能力を最も適切かつ総合的に評価することが可能になる。課題を追究する魅力的な学習と主体的な自己評価は表裏一体であり、子供と授業者が評価の観点や計画を共有して授業を進め、学習の充実・深化を実感することが重要である。学習のメタ認知を可能にする自己評価力は、そうした過程で育まれるものであろう。学びの質を左右する自己評価力育成に向け、教師や子供相互による評価をどう活用していくかが問われている。

(6)おわりにかえて

　社会系教科の「深い学び」は、教材である事象についてどうなることがよいのかを合理的に追究し、それに向け自分は何をするのかを当事者として考察・表現し生活していくことであろう。「深い学び」の実現には、「主体的・対話的な学び」が不可欠であるが、子供が意欲的であれば、話し合いを行えば、「深い学び」が成立するわけではない。この現実を見据えた授業改善が今改めて期待されている。

（大澤　克美）

4 討論授業の組織化

(1)討論授業とは

　新学習指導要領では、「主体的・対話的で深い学び」の視点からの授業改善が推進されている。そのような生徒主体の学習は、これまでの講義中心の授業を転換させるものとなろう。ところで、「対話」と「討論」は、いかなる違いがあるのだろうか（『広辞苑』第7版、岩波書店、2018年）。

ア）「対話」…向かい合って話すこと。相対して話すこと。二人の人がことばを交わすこと。会話。対談。

イ）「討論」…事理をたずねきわめて論ずること。互いに議論をたたかわすこと。

　こうした意味の違いに着目すれば、「対話」授業と「討論」授業の目的の違いも明らかになる。まず、「対話」授業では、共感的な態度の育成が重視される。そして、「討論」授業では、論理的思考力の育成が重視されるのである。すなわち、「討論」の場面では、個人の意見をいかに論理的に主張し、相手を納得させることができるかが重要となる。しかし、相手を打ち負かそうとするあまり、生徒が自己の意見を独善的に語り、排他的な立場に立つようであれば、公民的な態度としてふさわしくない。「討論」の場面でもやはり、まず相手の意見に耳を傾け、多様な考えを尊重しながらより説得力のある論理を構築することが求められる。そのような点で、「討論」授業や「対話」授業では、共通して「共感的」な態度を育成することが必要となろう。そこで、「討論」授業を組織化するための学習指導の工夫について、「ディベート」討論を例にとって考えてみたい。

　「ディベート」の本質について、臾住は、「知的論争」による「真理の追究」とルールに基づく「知的ゲーム」を通して、(1)正しい言葉遣いを学習すること(2)正確で高度な言語能力を育成すること(3)正しい思考の形式と法則を学ぶこと(4)論理的な思考能力を育てること(5)意思決定能力を育成することといった事柄を学び、育てることにあると述べている。「ディベート」討論の運営に当たっては、こうした資質・能力を育成できるよう留意して実践に取り組むことが重要である。

　また、「ディベート」討論の場面では、ディベーターだけではなく、聴衆者も含むクラスの全員が主体的に討論に参加できるような学習指導の工夫も必要である。杉浦は、教室ディベートにおいてクラス全体が集団として成長するための条件を次のように整理している。①クラス集団の個性に即した仲間同士の論争となる②教師とクラスが日常的に親密な関係があり連絡を頻繁にとっている③クラスに合うようにルールを変えながら試合ができる④審査方式の「客観性」があまり重要でないといった点である。このような条件にも気を配り、クラス全員が楽しみながら論争を通じて認識を深めていけるように、「ディベート」討論の場面では、多様な意見を聞き合うことができるような学習指導も工夫し実践していきたい。

(2)事前指導の工夫

　次に、討論授業の実践における学習指導の工夫について、具体的な事例に基づいて示していきたい。実践事例は、2018(平成30)年度に愛知教育大学附属高等学校の1年生を対象に田中博章教諭が取り組んだ「現代社会」における授業実践である。高等学校学習指導要領の「公共」の「3 指導計画の作成と指導上の配慮事項」には、「科目全体を通して、選択・判断の手掛かりとなる考え方や公共的な空間における基本的原理を活用して、事実を基に多面的・多角的に考察し公正に判断する力を養うとともに、考察、構想したことを説明したり、論拠を基に自分の意見を説明、論述させたりすることにより、思考力、判断力、表現力等を養うこと。また、考察、構想させる場合には、資料から必要な情報を読み取らせて解釈させたり、議論などを行って考えを深めさせたりするなどの工夫をすること。」とある。これらの視点をふまえ、ディベートに基づく討論授業を行った。

①学習目標を明確にすること

　ディベート学習の目的を明確にし、生徒たちがその意味を理解して学習を進めることが重要だと考えた。事前指導では、資料を用いてある論題について、肯定と否定に分かれた2チーム（1チーム5人）の話し手が、聞き手（ジャッジ：ここでは論争しない2チーム10人）に対して、自分たちの主張の優位性を理解してもらうことを目指して一定のルールに基づいて行う「討論ゲーム」であること、客観的な資料に基づいて相手を説得する必要があるという学習の意味を丁寧に説明した。また、様々な単元においてディベート学習を用い、それぞれのテーマに沿って社会認識を深めさせることにした。

```
肯定側立論（5分）
　　↓
否定側質疑（3分）
　　↓
否定側立論（5分）
　　↓
肯定側質疑（3分）
　　↓
否定側・肯定側で交互に
論戦(反駁) 2回（各3分）
　　↓
ジャッジ（判定員10人）
```

②論題を工夫すること

　答えが一つに定まらない社会論争問題に向き合わせることで、生徒は社会認識や思考を深めていくことができると考えた。2018年度に行ったディベート学習の論題は、以下のようなテーマであった。

・発展途上国は温室効果ガスの削減義務を負うべきである。	肯定　否定
・日本は、外国人の参政権を認めるべきである。	肯定　否定
・日本の死刑制度は、存続させるべきである。	肯定　否定
・日本は、ＴＰＰを推進すべきである。	肯定　否定

(3)実践段階における指導の工夫
①論題の決定
　単元「地域振興の光と影―ＩＲ計画とギャンブル依存症対策」の中でディベートで政策論争を行った。2018年7月にカジノを含む総合型リゾート施設「ＩＲ」実施法が成立した。しかし、政府はギャンブル依存症対策基本法を制定し、ギャンブル依存症対策に向けた計画の策定を義務付けた。そこで、ディベートの論題を「ＩＲは、本当に必要か？」という社会論争問題に決定した。
②資料・データの収集と分析
　論理の構築に向けて「ＩＲ」に関する調べ学習を行わせた。『私たちが拓く日本の未来』（総務省・文部科学省）や新聞記事、書籍を用いてデータを収集・分析させた。立論段階では、ワークシートを用いて①根拠や理由②代替案などの観点を示し、2,000字程度で作文をさせた。相手を説得できるような論理的なストーリーを作成するようにと助言を行った。
③ディベート討論
　ディベート討論の段階では、右の四か条を示し、話し合いにおける共通ルールを伝えた。「ＩＲ」の誘致に関して、肯定側からは、「地域振興のために必要である」、否定側からは、「ギャンブル依存防止が大切である」というように、それぞれの調べ学習を生かした意見を提出した。両者とも相手の主張のメリット・デメリットを踏まえ、白熱した議論が展開された。

★有意義な討論にするための四か条
1．根拠を持って意見を言う。
2．制限時間を守る。
3．相手の意見を最後まで聞く。
4．班で仲間の意見を後押しする。

④判定
　ディベート採点表を用いて公平な判定ができるようにした。採点は5点満点で、評価基準は①論理的かつ効果的で、説得力ある弁論だったか②内容は多角的で、深く検討されていたか③資料やデータの分析は十分だったか④相手の主張をとらえ反論できていたか④表現や態度は適切だったかというものである。学習を通じクラス全体で「ＩＲ」という社会論争問題に対する認識や思考を深めていった。
　　　　　　　　　　　　　　　　　　　　　　　　　　　　（白井　克尚）

〈参考文献〉
臼住忠久編著『ディベート学習の考え方・進め方』黎明書房、1997年。
杉浦正和・和井田清司編著『授業が変わるディベート術！』国土社、1998年。

5　情報機器の活用

(1)情報機器の発達

　多様な情報機器を学習指導の場面で活用できるようになってきた。教師が生徒に教材を提示したり、生徒のノートを表示させて学級全体で共有したりするだけでなく、生徒が個人専用の機器を操作して教師に意見を送信し全員の意見を大型提示装置に表示し共有するような、双方向性の学習指導も可能になっている。こうした背景を踏まえてここでいう情報機器とは、双方向のcommunicationを可能にするものを含むという意味でICT（Information and Communication Technology）機器と呼ぶこととする。具体的には、大型提示装置、実物投影機（書画カメラ）、授業者用および学習者用コンピュータ、タブレット端末、授業支援システム（Wi-Fiシステムを含む）、遠隔合同授業用カメラ（通信機能付）、それに付随するデジタル教科書、デジタル教材、音声教材、電子カルテなどのことをいう。ただ、予算が十分でないために整備が遅れている自治体や学校は大変多い。だが整備の充実を待つことなく、上記のICT機器のいずれかでもあれば積極的に活用したい。その場合、活用することが目的化してしまうと本末転倒であり、十分な効果が得られなかった事例は枚挙にいとまがない。教科学習の筋を崩さず、普段使いに努めることが何よりも肝要である。したがってここでは機器の導入については触れない。

　デジタルデータを活用するだけでなく、ノートやワークシートなどに生徒が記述したアナログデータを学級全体で共有することも多い。この場合は実物投影機（書画カメラ）を使う。大型提示装置やタブレット端末などに表示されるデジタルデータと、黒板やホワイトボード、ノートやワークシートなどに記されるアナログデータをどう使い分けるかは、授業設計上の極めて重要な課題である。

(2)公民学習におけるICT機器の活用
①教職課程コアカリキュラムで求められた「授業設計力」と学習評価

　2017年には大学における教員養成の全国的な水準の確保を目的として、教職課程コアカリキュラムの在り方に関する検討会が『教職課程コアカリキュラム』を策定した。そこでは、「各教科の指導法」や「教育の方法および技術」において「情報機器の活用」が奨励され課題として位置付けられるとともに、「授業設計力」の育成と向上が求められている。

　新指導要領では、「何を教えるか」に先立ち、「何ができるようになるか」という観点から育成すべき資質・能力を明確にし、その上で「何を学ぶのか」といった指導内容の検討を求めている。「21世紀型スキル」においても「何を知っているか」だけではなく、知識を活用して「何ができるか」への教育の転換が要請さ

れることになった。生徒自身が実際の生活上の課題をもとに問いを立て（問題発見）、仲間と協調して自律的に問題解決していくような授業設計に取り組むことが求められるということである。

②学びのプロセスにおける「わからなさ」

新指導要領では「知識・理解」にも重点が置かれ、深い学び・深い理解もまた求められている。これまで以上に「学びのプロセス」を考える必要があり、「何を取り上げ何を考えさせて何を教えるのか」について授業設計時に検討しておかねばならない。プロセスをとらえる際、たとえばタブレット端末に入力された個別の学びを、大型提示装置により学級全体で視覚的に共有することが可能になる。全員の考えを画面に表示することもできるし特定の意見を選んで表示することもできる。そこで、生徒の「わからなさ」の共有はできないかと筆者は考えた。そうすることにより「わかり方」の共有を目指したい。

「わからなさ」には大きく二種類ある。学習が遅れていて本当に「わからない」場合には丁寧なケアが必要になる。もう一つは追究が生まれようとする時の「わからなさ」である。生徒が追究しようとする時、思考の「足場」が固まり切らない場合に「わからない」という感覚が生まれる。「足場」を固めて追究しようとする「わからなさ」が学級で共有されれば、「学び方の学び」や「学びあい」の格好の手がかりとなる。追いつけていない子も、その「わからなさ」を掴めれば、自らの追究すべき道筋がスモールステップの形で見えてくる。

三宅なほみは次のように指摘している。「わかっているような話し方をしていても問われるとわからなくなる場合、説明し直させて本人も周りも納得できる。わかっていないような話の中に理解への芽生えが見て取れる場合、説明しながら少しずつ考えを共有できる。」（「変革的な『形成的』評価の提案―個人個人の学習過程を評価して、次の授業展開につなげる評価はいかにして可能か」育成すべき資質・能力を踏まえた教育目標・内容と評価の在り方に関する検討会（第5回）発表資料、2013年）こうしたことがICT機器の活用により実践に移せるということである。「わからなさ」を学級で共有し追究し、教員集団で共有し検討する。そうすることで授業力の向上と学校全体の教育力の向上も期待できる。

③アプリケーションの充実の必要性

大型提示装置に情報を表示するためのアプリケーションは開発が進んでいるが、学習内容に関わるアプリケーションの充実が急務の課題である。具体的な物を指さない抽象的な概念を教える時、生徒にシミュレーションをさせるアプリケーションの活用が有効である。たとえば公民科の中心課題である「公正な社会的判断力の育成」に取り組む時、「公正」を捉えさせることは非常に困難な指導上の課題である。ある公民科の実践では「『幸福・正義・公正』をどう取り上げるか」というテーマを掲げ、授業で税の公平負担について高校生たちに考えさせる方法を

とっている。政府は税収増を必要としており、所得税、法人税、相続税、消費税などの税率をどの程度引き上げれば目標額に達するか、立場の異なる市民にそれがどう影響するか、を考えさせる課題である。こうした場合、ワークシート等の紙の上で試行錯誤させるには限界があるし、生徒の集中力も長くは続かない。試行錯誤を繰り返させるには、ICT機器上で動作するアプリケーションのシミュレーション機能が有効である。(たとえば、川﨑誠司「公民学習における公正の学び方」森茂・川﨑・桐谷・青木編『社会科における多文化教育』明石書店、2019年)

(3)情報機器活用上の留意点
①授業のねらいの一層の明確化
　ICT機器の活用では、ともするとねらいが曖昧になりがちである。ICT機器は生徒に「見せる」機能に優れている。ICT機器を活用する場面をイメージしやすいために、逆に指導案を緻密に書くという気が緩みやすいのである。

　ねらいが曖昧だとどうなるか。通常は何をやったか分からない、深まりのない授業に終始してしまい授業者もそれに気づくことになる。ところが、ICT機器を活用している場合は、生徒の動機が高まっていることもあり教えた気になりやすい。結果、真に学ばせていないまま時が流れていってしまい教師はそれに気づかない、ということになってしまう。

②アナログとデジタルの棲み分け
　"A new study shows that students learn way more effectively from print textbooks than screens."（子どもたちは、スクリーンからよりも印刷されたテキストからのほうがずっとよく学ぶ、ということが新たな研究でわかった）という記事がある。ICT機器に何もかも置き換えていけばよいというものではないということである。スクリーンで示すのがよいもの、黒板に書くのがよいもの、タブレット端末で表示するのがよいもの、教科書を使うのがよいもの、タブレット端末に入力させるのがよいもの、ノートに書かせるのがよいもの、ワークシートを使うのがよいもの等々があるはずである。

　教師の側でも大型提示装置と黒板の使い分けが必要である。事前に用意しておけるものは大型提示装置を、「生もの（授業中の生徒の考え）」は黒板を使用して、静的・動的な学びを切り分けメリハリを付けたい。期待する意見が出たら用意してあったスライドを電子黒板に表示してしまい、せっかくの生徒の意見が教師の考えにすり替わってしまう、ということを回避するためでもある。この現象はしばしば観察される。

（川﨑　誠司）

6　外部機関・団体との連携

(1)はじめに

　外部機関・団体と教室・学校が連携し、学びを豊かにする取り組みは、これまでも実施されてきたことであり、今後も行われていくことは間違いない。特に社会との関わりを重視する社会科・公民科においては、外部講師の招聘などによって、授業を豊かにする試みはしばしば行われてきた。

　小学校・中学校では「見学・調査」する活動が学習指導要領に明記されており、地域との連携がすでに図られている学校も数多くある。例えば、職業体験活動などを、地域ぐるみで支え、協力する体制が整っている学校も存在する。しかし、公民科ではこのような「見学」調査活動は明示されておらず、その必要はあまり感じられないかもしれない。だが、社会とのつながりを意識する上で、生の事実を実際に見ることが重要なのは言うまでもない。公害被害者の方に話を聞く活動、行政官に現在の施策を伺うなどの活動は、生徒の学びに向かう力・人間性等を育てる上でも重要なことは言うまでもない。

(2)「社会に開かれた教育課程」

　2016年の中央教育審議会答申では、「社会に開かれた教育課程」が打ち出された。答申は「学校が社会や世界と接点を持ちつつ、多様な人々とつながりを保ちながら学ぶことのできる、開かれた環境となることが不可欠である」とし、「教育課程の実施に当たって、地域の人的・物的資源を活用したり、…社会教育との連携を図ったりし、学校教育を学校内に閉じずに、その目指すところを社会と共有・連携しながら実現させること」を求めている。公民科でも、「新科目「公共」においては、…「社会に開かれた教育課程」の理念の下、学習のねらいを明確にした上で、関係する専門家や関係諸機関などとの連携・協働を積極的に図り、社会との関わりを意識した主題を追究したり解決したりする活動」（高等学校学習指導要領解説公民編、2018年）を実施することとなった。「内容の取扱い」においても、「公共」「政治・経済」では、同様の指示がなされており、授業における外部機関・団体との連携は義務になったと言える。

(3)外部機関・団体との連携　－出前授業－

　では、外部機関・団体にはどのようなものがあるのか。「出前授業」と「公民科」の二語でGoogle検索をしてみると、次のような外部機関・団体の例がでてくる。（2019年4月14日実施、検索上位20位まで。）

> バンダイ・東京都選挙管理委員会・Youth Create・模擬選挙推進ネットワーク・新潟県教育庁文化行政課世界遺産登録推進室（佐渡金山）・長岡京市議会議員・学生団体ivote・日本証券業協会・愛媛県生涯学習センター・福島大学教員・京都府金融広報委員会・司法書士会・福岡教育大学教員・愛知県弁護士会・法務省・ひょうごパブリック法律事務所・三菱UFJフィナンシャルグループ　　※個人名は所属機関・団体名表記

　これら外部機関・団体による出前授業での教育内容を見ると、環境教育・主権者教育・法教育・世界遺産教育・金融教育・労働法教育・消費者教育等多岐にわたっている。加えて・授業方法も・模擬投票や施設見学など様々である。この結果からは、すでに多くの関係機関・団体が連携に備えた準備を行っていることが理解できる。
　このような出前授業の効果について、明るい選挙推進協議会は、次のように述べている。「外部講師による授業は子どもたちに新鮮な感じを与え」、さらに、「政治・選挙に関する授業が得意でない先生もおられるでしょうから、出前授業は学校側にとってもメリットがある」[*1]。このように、外部機関・団体による授業は、たとえ単発の授業であったとしても、生徒の意欲を惹起すること、教員による教材研究が十分できない内容領域であっても、専門家の手を借りることで、質の高い授業が実施できることにあるといえる。
　加えて、外部機関・団体、特に教育系NPOでは、教材を作成していることも多い。専門家作成の教材を授業で活用し、授業の質を高めることも連携には重要である。

⑷ 外部機関・団体との連携上の課題

　「公共」の実施に向け、筆者が外部機関に行った調査では、出前授業への不満の声も聞かれた。あるNPO団体からは「団体本来の活動があるのであって、学校への出前授業等はあくまでもサービス。突然呼ばれても困る」との苦情を頂いた。また、「環境問題の授業が、実際には大学入試小論文対策の授業だった」などの意見もあった。一方、ある弁護士は「訪問するまで生徒の様子が分からないため、内容が高度になりすぎてしまった」と述べており、反省しきりだった。
　このようなことにならないためには、以下の点に注意する必要がある。
　まず、①「どのような外部機関・団体となぜ連携するのか」をきちんと踏まえる必要がある。その際、②「目標をはっきりさせ、外部機関・団体との連絡及び事前の相談をしっかりと行う」ことである。さらに、③「外部機関・団体と連携する際には、学校・教師が主体性を持ち、責任を持つ」ことは言うまでもない。
　まず、①なぜ外部機関・団体と連携するのかを改めて確認したい。学習指導要領が連携を求めているからではなく、生徒の学び、そして主体的に社会に参加する力を育てるために連携を図るのだという点を第一にしたい。ここでは、外部と連携しなければ、育たない力とは何かをしっかりと踏まえる必要があるだろう。

その際、②どのような授業で、どのような目標を達成させるために出前授業に来てもらうのかなどをはっきりさせておく必要がある。ただ「〇〇教育をして欲しい」などといった曖昧なお願いではなく、単元の目標と計画を踏まえたお願いをしなくてはならない。例えば「契約」について教える単元において、実際に被害にあった生徒の実例を元にして教授してもらうことが、生徒の社会的自立を促し、そして、公民科における知識や技能を育てることができるなどのしっかりとした目標設定と計画性が重要となる。その際、出前授業等は、あくまでも③学校の授業の一環であるという点は揺るがしてはならない。先に紹介した外部機関・団体「長岡京市市議会」の事例では、市議会議員17名が出前授業に参加している。これは、長岡京市市議会による積極性からだけではなく、政治的中立性の観点から、学校側が複数会派から議員を招くことが望ましいとされている点を踏まえた結果であろう。

　外部機関・団体には、その機関・団体本来の目的が存在する。そこには様々な政治的判断や企業側の利益に基づく判断が存在しており、海外では企業による出前授業に対して規制を求める声がある（スイス公共放送協会国際部2018年12月13日配信）。もちろん日本でも懸念の声は存在する。これを防ぐためには、教師の側が、外部講師の発言を注意深く見守り、一方的な見解にならないようにする必要がある。その際には①・②のように「何のために、なぜ外部機関・団体と連携するのか」を学校・教師と外部機関・団体双方が明確にする必要がある。

(5)さらなる連携の拡大に向けて

　ここまで述べてきた連携方法は、主に授業での連携である。そこでは、外部機関・団体との連携では、目的を明確にし、計画的に実施されるべきこと、その効果として、生徒の学習意欲を高め、教師だけでは提供できない専門知識等が生徒に提供できることを示してきたが、さらに年間目標の策定段階や評価等でも連携することができる。たとえば「公共」における生徒の課題解決の方法について、専門家の立場から評価してもらうことは可能である。大阪府立西成高等学校などでは、授業そのものを外部専門家によって評価してもらうという試みも行われている。外部機関・団体や地域住民と「生徒にどのような資質・能力を身につけたいか」を話し合い、具体的な目標として設定し、見学・参加・出前授業など外部連携を前提とした年間指導計画を策定、実施することも可能であろう。「社会に開かれた教育課程」時代の公民科教師には、教える力だけでも、ファシリテートする力だけでもなく、連携をコーディネートする資質・能力も求められているのである。

（鈴木　隆弘）

〈脚注及び引用文献〉
＊1　「出前授業の意義と課題」明るい選挙推進協議会『Voters』5号、2012年、p.5.

7　学習評価の工夫

(1)定義

　評価の定義については様々なものが存在するが、その中核となる行為を一言で表現するとすれば、それは「比較」であろう。授業実施前に予定していた育成の到達点と授業において実際に獲得された学習の成果とを比較し、その良し悪しを判断することを学習評価という。社会科および公民科において学習の成果を評価するには、授業実践に先行するかたちで成果の見取りと比較の設計が必要である。本稿では、「学習評価の工夫」を「評価設計の工夫」に求め、解説をしていくことにしよう。

(2)準備―授業者による意図・願望の設定―

　授業者が理想として掲げる学習の成果はどのようなものか。実際の授業においてそれらの理想の何が実現され、何が実現されなかったのか。公民教育において学習評価を実施するには、授業者は授業を行う前に以下の問いに答えておく必要がある。

---
①評価目的の設定：何のために評価をするのか
②評価目標の設定：どのような力を評価するのか
③評価内容の設定：その力を評価するために何を対象として取り上げるのか
④評価方法(技法)の設定：取り上げた対象をどのように収集し、価値づけるのか
⑤評価設計の評価：評価目標－評価内容－評価方法の一貫性をどのように担保するのか

---

　①については、管理目的、研究目的以外にも学習目的、指導目的がある。学習目的に設定するならば、学習の反省と改善にフィードバック先を置くことになり、指導目的ならば指導の反省と改善にフィードバック先を置くことになる。②については、問題解決をする力、事象を科学的に説明する力、意思決定をする力、合意形成をする力、社会に参画する力などを考えることができるだろう。③では授業で扱った事象以外に新規の問題を与え解決させるのか、獲得した科学的見方を別事象にあてはめて説明させるのか等、具体的な作業を設定することになる。④ではペーパーテストによるのか、プレゼンをさせるのか等を考察することになる。⑤では、②③④の設定が①の目的に合致しているのかを検証することになる。

　授業者は五つの問いに答えることによって、自らの理想論、つまり意図・願望としての学習成果を設定することになろう。理想は授業の目標に変換され、子供の内面に形成されたもののうち、何を、どのように見取ることが「良い」評価なのかを決める規準となる。

(3)実施―収集した事実と意図・願望との比較―

　授業において形成し得たこと、つまり実際に学習の成果となったものは何かを客観的に判別可能な形で見出すには、以下の図に示したような設計が必要になる。上段は理想と現実の間にある齟齬を発見するための工夫であり、下段は発見した齟齬を何に利用するかを示している。

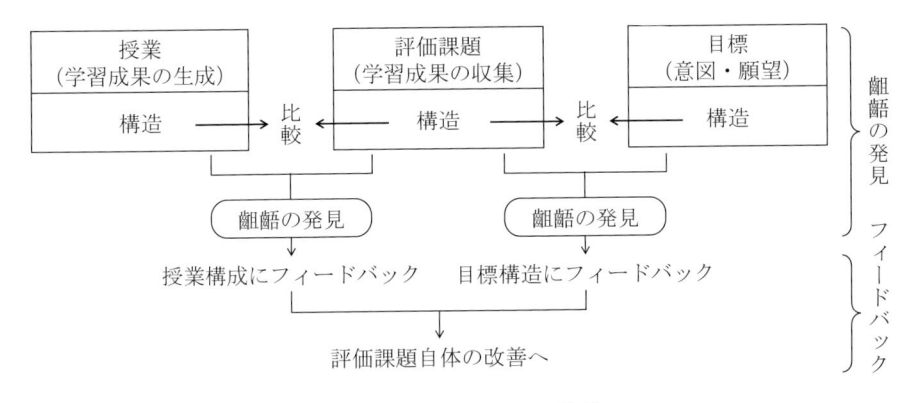

図　評価を実施するための設計モデル

　評価課題で収集された学習成果は、まず授業の事実と比較される。授業において身に付けたと思われていた知識や能力が評価課題において発揮されていなかったとすれば、それは授業が意図した通りに進んでいなかったことの証左となる。授業と評価課題の事実を構造的に表現し比較することで齟齬を発見できれば、次時の授業構成にフィードバックすることができるだろう。

　さらに収集された学習成果を目標と比較し、齟齬を発見することができれば、意図していた目標が生徒の発達段階に合致していなかったことの証左となる。目標と評価課題の事実を構造的に表現し比較することで齟齬を発見できれば、次時の目標構造にフィードバックすることができるようになる。

(4)振り返り―評価活動の妥当性と一貫性の検討―

　公民教育が民主主義社会における市民を育成する教育であるならば、授業実践だけでなく評価実践においても民主主義的観点でその良し悪しを評価する場が設定される必要がある。⑤において述べた「評価設計の評価」では、評価設計自体が民主主義的なのかを検討することになる。成果を比較し齟齬を発見することを一人の教師にすべて任せるのか、それとも複数の教師で分担するのか。成果に対する良し悪しの判断は教員集団だけが行うのか、それとも教室を構成している子供たちにまで拡大するのか。さらに社会との連携と協働をねらって学校外の人々

にまで参加の範囲を広げるべきなのかについても考える必要があるだろう。

(5)課題

　1991年に中内敏夫は次のような言葉を残している。「到達目標は、子どもが本来ならみずからつくりみずからに課すところに成立すべき教育目標を、子どもがまだその能力をもっていないがゆえに、教師が子どもに代わってつくる性格のもの、つまり、教育を受ける権利期間中にある子どもとの間に論理的に想定される一種の約束にしたがって、教師が、子どもが自分でそれができるようになるまでの間、かりにつくり、あずかり、課しているところの、教師にとっては約束にもとづく保障義務とみるべき目標だということになるだろう。」[*1]

　「自分なりの学び」にまだ責任を持つことができない子供は、最初は教師の援助下で「自分なりの学び」を確保できるようにすべきかもしれない。しかし、やがて教師の保護を離れ、子供たち自身が学習評価を使いこなして「自分なりの学び」を見つけ出す力をつけることが必要である。「自分なりの学び」を設計することができれば「主体的に生きる」ことにつながっていくだろう。主体的に生きる人たちが集まって形成されるからこそ民主主義社会も有効に機能するに違いない。

　「学習評価の工夫」を「評価設計の工夫」に求め、評価のあり方を解説してきたが、実際の教室では高等学校を卒業するまで一人の教師が評価に関するすべての作業と判断を行っているのが現実である。このような状態が続くことは民主主義社会における評価のあり方としては適切ではない。公民教育だからこそ、多様な人間に開かれた評価の仕組みを見出せる可能性があるし、その必要性もある。子供の発達の段階と経験を考慮し漸次的に大人から子供本人へと評価主体を移行していく方略について、今後考えていかなければならないだろう。

（藤本　将人）

〈脚注及び引用文献〉

＊1　中内敏夫「到達目標論の教育過程研究にとっての意義」『教育目標・評価学会紀要』創刊号、1991年、p.19。

〈参考文献〉

尾原康光『自由主義社会科教育論』溪水社、2009年。
文部省『民主主義』角川ソフィア文庫、2018年。

付 録

■社会系教科（社会科・地理歴史科・公民科）の教科構造・時数等の変遷

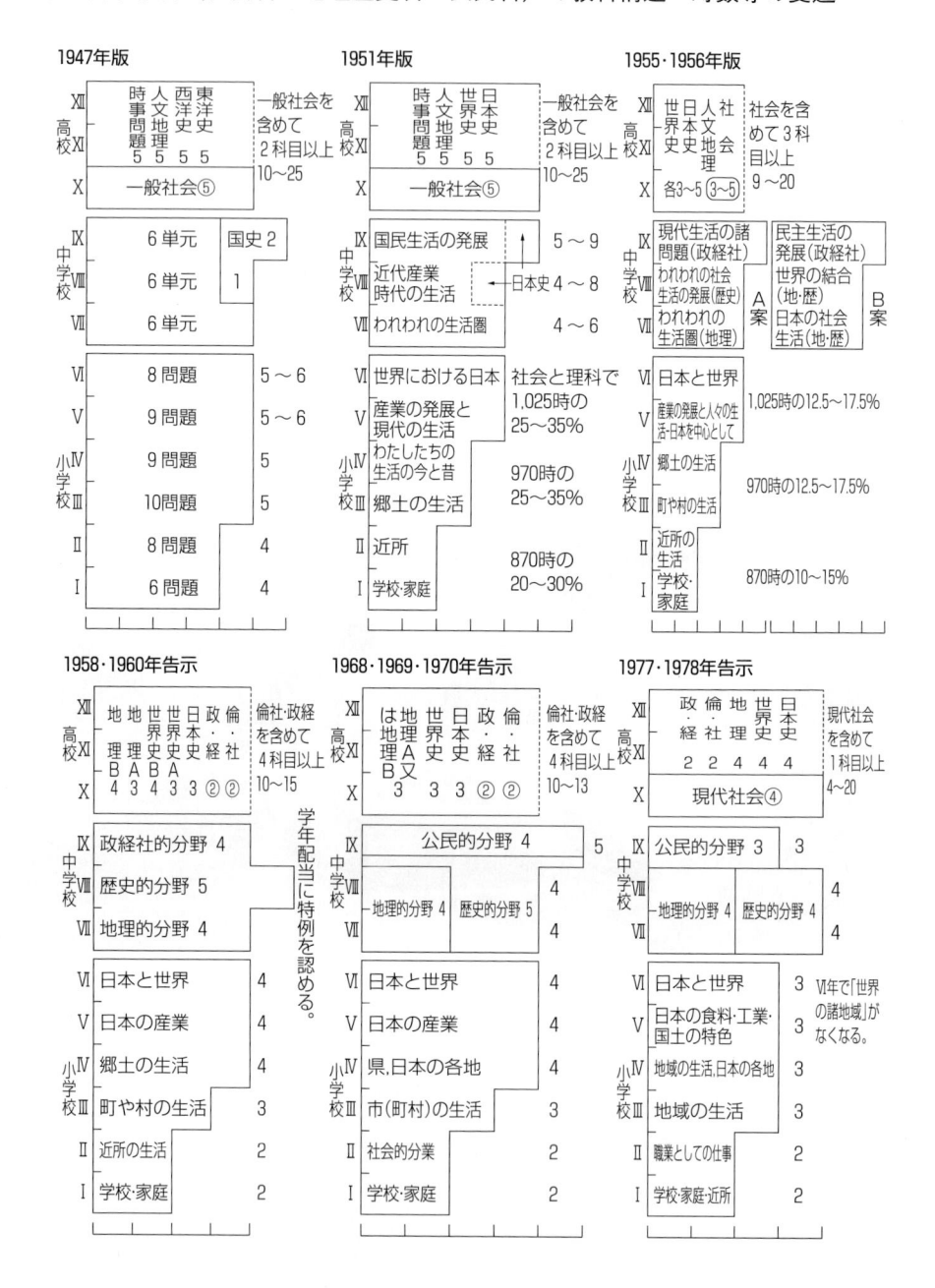

1947年版

高校 XII XI	時事問題 5	人文地理 5	西洋史 5	東洋史 5	一般社会を含めて2科目以上 10〜25
X	一般社会⑤			
中学校 IX	6単元		国史 2	
VIII	6単元		1	
VII	6単元			
小学校 VI	8問題	5〜6		
V	9問題	5〜6		
IV	9問題	5		
III	10問題	5		
II	8問題	4		
I	6問題	4		

1951年版

高校 XII XI	時事問題 5	人文地理 5	世界史 5	日本史 5	一般社会を含めて2科目以上 10〜25
X	一般社会⑤			
中学校 IX	国民生活の発展	5〜9		
VIII	近代産業時代の生活	日本史 4〜8		
VII	われわれの生活圏	4〜6		
小学校 VI	世界における日本	社会と理科で1,025時の25〜35%		
V	産業の発展と現代の生活			
IV	わたしたちの生活の今と昔	970時の25〜35%		
III	郷土の生活			
II	近所	870時の20〜30%		
I	学校・家庭			

1955・1956年版

高校 XII XI	世界史	日本史	人文地理	社会地理	社会を含めて3科目以上 9〜20
	各3〜5 (3〜5)			
X				
中学校 IX	現代生活の諸問題(政経社)		民主生活の発展(政経社)	A案 / B案
VIII	われわれの社会生活の発展(歴史)		世界の結合(地・歴)	
VII	われわれの生活圏(地理)		日本の社会生活(地・歴)	
小学校 VI	日本と世界	1,025時の12.5〜17.5%		
V	産業の発展と人々の生活・日本を中心として			
IV	郷土の生活	970時の12.5〜17.5%		
III	町や村の生活			
II	近所の生活	870時の10〜15%		
I	学校・家庭			

1958・1960年告示

高校 XII XI	地理B 3	地理A 4	世界史 B 4	世界史 A 3	日本史 3	政経・社 ② ②	倫社・政経を含めて4科目以上 10〜15
X							
中学校 IX	政経社的分野 4						学年配当に特例を認める。
VIII	歴史的分野 5						
VII	地理的分野 4						
小学校 VI	日本と世界	4					
V	日本の産業	4					
IV	郷土の生活	4					
III	町や村の生活	3					
II	近所の生活	2					
I	学校・家庭	2					

1968・1969・1970年告示

高校 XII XI	地理A 又 B	世界史 3	日本史 3	政経・社 ② ②	倫社・政経を含めて4科目以上 10〜13
X					
中学校 IX	公民的分野 4			5	
VIII	地理的分野 4		歴史的分野 5	4	
VII					
小学校 VI	日本と世界	4			
V	日本の産業	4			
IV	県,日本の各地	4			
III	市(町村)の生活	3			
II	社会的分業	2			
I	学校・家庭	2			

1977・1978年告示

高校 XII XI	政経 2	倫社 2	地理 4	世界史 4	日本史 4	現代社会を含めて1科目以上 4〜20
X	現代社会④				
中学校 IX	公民的分野 3			3	
VIII	地理的分野 4		歴史的分野 4	4	
VII					
小学校 VI	日本と世界	3	VI年で「世界の諸地域」がなくなる。		
V	日本の食料・工業・国土の特色	3			
IV	地域の生活,日本の各地				
III	地域の生活	3			
II	職業としての仕事	2			
I	学校・家庭・近所	2			

1989年告示

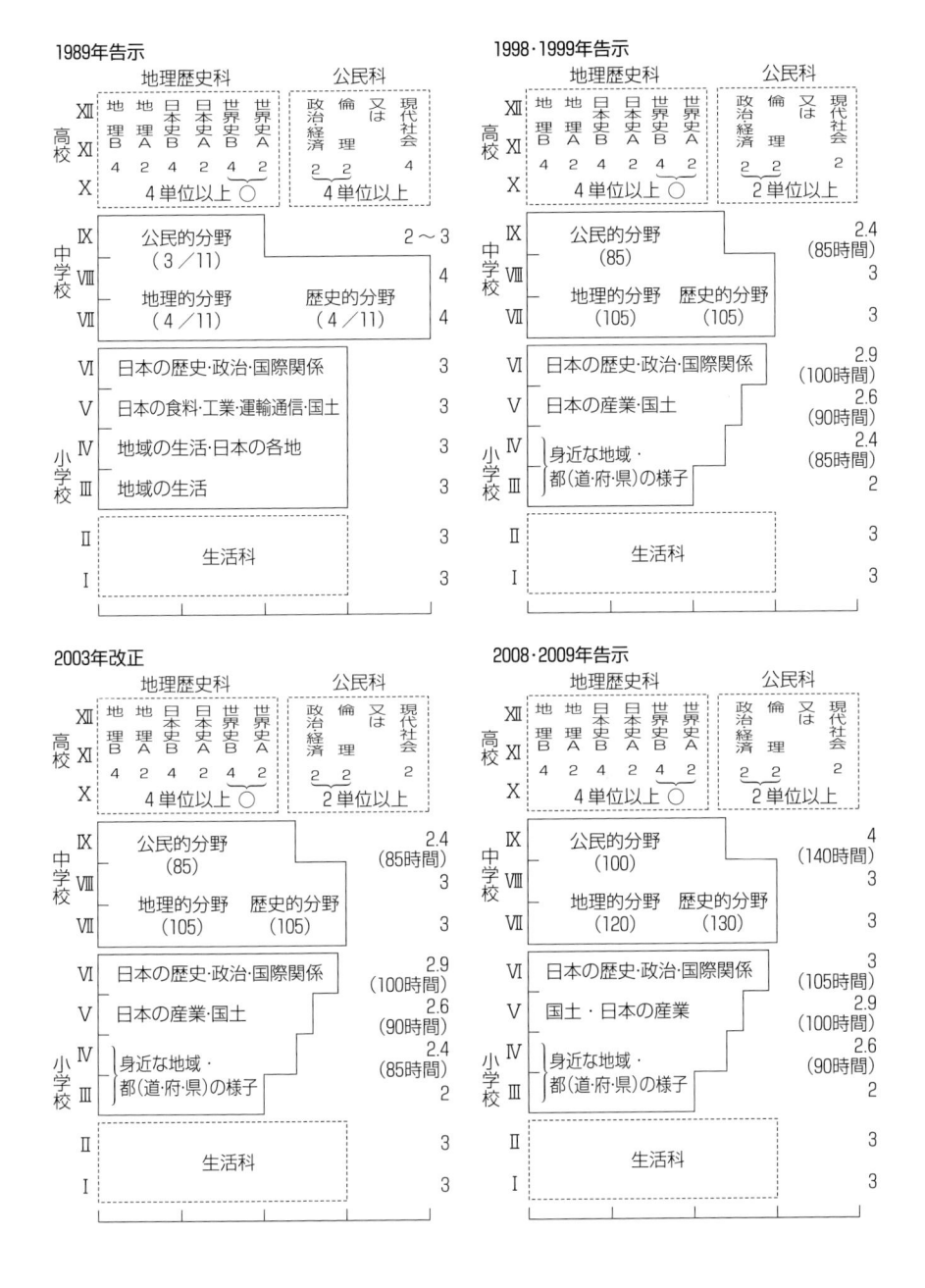

高校
- 地理歴史科: 地理B(4) 地理A(2) 日本史B(4) 日本史A(2) 世界史B(4) 世界史A(2)
- 公民科: 政治経済(2) 倫理(2) 又は 現代社会(4)
- XII, XI: 地理歴史科 4単位以上○ / 公民科 4単位以上
- X

中学校
- IX: 公民的分野 (3/11) … 2〜3
- VIII: … 4
- VII: 地理的分野 (4/11) 歴史的分野 (4/11) … 4

小学校
- VI: 日本の歴史・政治・国際関係 … 3
- V: 日本の食料・工業・運輸通信・国土 … 3
- IV: 地域の生活・日本の各地 … 3
- III: 地域の生活 … 3
- II: 生活科 … 3
- I: 生活科 … 3

1998・1999年告示

高校
- 地理歴史科: 地理B(4) 地理A(2) 日本史B(4) 日本史A(2) 世界史B(4) 世界史A(2)
- 公民科: 政治経済(2) 倫理(2) 又は 現代社会(2)
- XII, XI, X: 地理歴史科 4単位以上○ / 公民科 2単位以上

中学校
- IX: 公民的分野 (85) … 2.4 (85時間)
- VIII: … 3
- VII: 地理的分野 (105) 歴史的分野 (105) … 3

小学校
- VI: 日本の歴史・政治・国際関係 … 2.9 (100時間)
- V: 日本の産業・国土 … 2.6 (90時間)
- IV: 身近な地域・都(道・府・県)の様子 … 2.4 (85時間)
- III: … 2
- II: 生活科 … 3
- I: 生活科 … 3

2003年改正

高校
- 地理歴史科: 地理B(4) 地理A(2) 日本史B(4) 日本史A(2) 世界史B(4) 世界史A(2)
- 公民科: 政治経済(2) 倫理(2) 又は 現代社会(2)
- XII, XI, X: 地理歴史科 4単位以上○ / 公民科 2単位以上

中学校
- IX: 公民的分野 (85) … 2.4 (85時間)
- VIII: … 3
- VII: 地理的分野 (105) 歴史的分野 (105) … 3

小学校
- VI: 日本の歴史・政治・国際関係 … 2.9 (100時間)
- V: 日本の産業・国土 … 2.6 (90時間)
- IV: 身近な地域・都(道・府・県)の様子 … 2.4 (85時間)
- III: … 2
- II: 生活科 … 3
- I: 生活科 … 3

2008・2009年告示

高校
- 地理歴史科: 地理B(4) 地理A(2) 日本史B(4) 日本史A(2) 世界史B(4) 世界史A(2)
- 公民科: 政治経済(2) 倫理(2) 又は 現代社会(2)
- XII, XI, X: 地理歴史科 4単位以上○ / 公民科 2単位以上

中学校
- IX: 公民的分野 (100) … 4 (140時間)
- VIII: … 3
- VII: 地理的分野 (120) 歴史的分野 (130) … 3

小学校
- VI: 日本の歴史・政治・国際関係 … 3 (105時間)
- V: 国土・日本の産業 … 2.9 (100時間)
- IV: 身近な地域・都(道・府・県)の様子 … 2.6 (90時間)
- III: … 2
- II: 生活科 … 3
- I: 生活科 … 3

2017・2018年告示

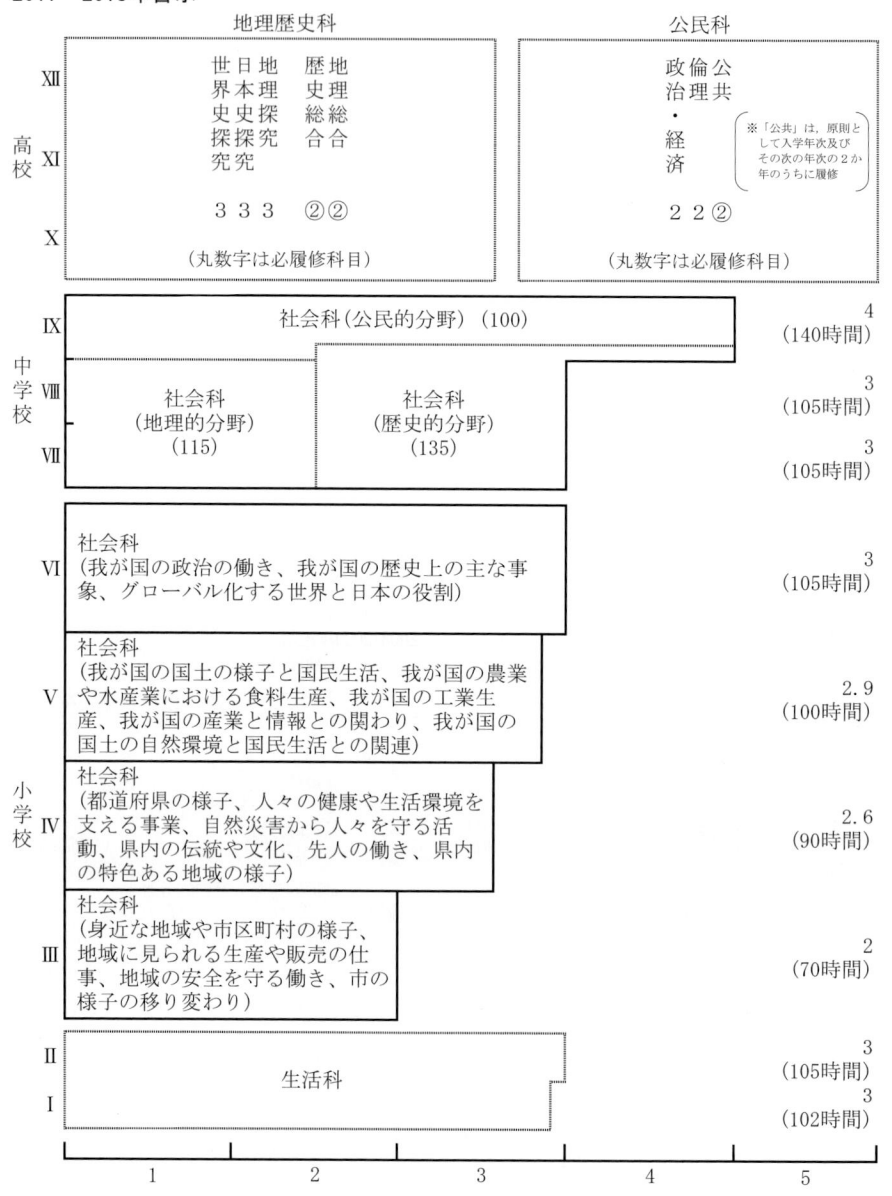

	地理歴史科	公民科	
高校 XII, XI, X	地理総合 ②　歴史総合 ②　地理探究 3　日本史探究 3　世界史探究 3	公共 ②　倫理 2　政治・経済 2	※「公共」は，原則として入学年次及びその次の年次の2か年のうちに履修

（丸数字は必履修科目）

		時数
中学校 IX	社会科（公民的分野）（100）	4（140時間）
中学校 VIII	社会科（地理的分野）（115）／社会科（歴史的分野）（135）	3（105時間）
中学校 VII	社会科（地理的分野）／社会科（歴史的分野）	3（105時間）
小学校 VI	社会科（我が国の政治の働き、我が国の歴史上の主な事象、グローバル化する世界と日本の役割）	3（105時間）
小学校 V	社会科（我が国の国土の様子と国民生活、我が国の農業や水産業における食料生産、我が国の工業生産、我が国の産業と情報との関わり、我が国の国土の自然環境と国民生活との関連）	2.9（100時間）
小学校 IV	社会科（都道府県の様子、人々の健康や生活環境を支える事業、自然災害から人々を守る活動、県内の伝統や文化、先人の働き、県内の特色ある地域の様子）	2.6（90時間）
小学校 III	社会科（身近な地域や市区町村の様子、地域に見られる生産や販売の仕事、地域の安全を守る働き、市の様子の移り変わり）	2（70時間）
小学校 II	生活科	3（105時間）
小学校 I	生活科	3（102時間）

■中学校学習指導要領〔公民的分野〕
第2章　各教科　第2節　社会
第1　目標
　社会的な見方・考え方を働かせ，課題を追究したり解決したりする活動を通して，広い視野に立ち，グローバル化する国際社会に主体的に生きる平和で民主的な国家及び社会の形成者に必要な公民としての資質・能力の基礎を次のとおり育成することを目指す。
(1) 我が国の国土と歴史，現代の政治，経済，国際関係等に関して理解するとともに，調査や諸資料から様々な情報を効果的に調べまとめる技能を身に付けるようにする。
(2) 社会的事象の意味や意義，特色や相互の関連を多面的・多角的に考察したり，社会に見られる課題の解決に向けて選択・判断したりする力，思考・判断したことを説明したり，それらを基に議論したりする力を養う。
(3) 社会的事象について，よりよい社会の実現を視野に課題を主体的に解決しようとする態度を養うとともに，多面的・多角的な考察や深い理解を通して涵養される我が国の国土や歴史に対する愛情，国民主権を担う公民として，自国を愛し，その平和と繁栄を図ることや，他国や他国の文化を尊重することの大切さについての自覚などを深める。
第2　各分野の目標及び内容
〔公民的分野〕
1　目標
　現代社会の見方・考え方を働かせ，課題を追究したり解決したりする活動を通して，広い視野に立ち，グローバル化する国際社会に主体的に生きる平和で民主的な国家及び社会の形成者に必要な公民としての資質・能力の基礎を次のとおり育成することを目指す。
(1) 個人の尊厳と人権の尊重の意義，特に自由・権利と責任・義務との関係を広い視野から正しく認識し，民主主義，民主政治の意義，国民の生活の向上と経済活動との関わり，現代の社会生活及び国際関係などについて，個人と社会との関わりを中心に理解を深めるとともに，諸資料から現代の社会的事象に関する情報を効果的に調べまとめる技能を身に付けるようにする。
(2) 社会的事象の意味や意義，特色や相互の関連を現代の社会生活と関連付けて多面的・多角的に考察したり，現代社会に見られる課題について公正に判断したりする力，思考・判断したことを説明したり，それらを基に議論したりする力を養う。
(3) 現代の社会的事象について，現代社会に見られる課題の解決を視野に主体的に社会に関わろうとする態度を養うとともに，多面的・多角的な考察や深い理解を通して涵養される，国民主権を担う公民として，自国を愛し，その平和と繁栄を図ることや，各国が相互に主権を尊重し，各国民が協力し合うことの大切さについての自覚などを深める。
2　内容
A　私たちと現代社会
(1) 私たちが生きる現代社会と文化の特色
　位置や空間的な広がり，推移や変化などに着目して，課題を追究したり解決したりする活動を通して，次の事項を身に付けることができるよう指導する。
ア　次のような知識を身に付けること。
(ｱ) 現代日本の特色として少子高齢化，情報化，グローバル化などが見られることについて理解すること。
(ｲ) 現代社会における文化の意義や影響について理解すること。
イ　次のような思考力，判断力，表現力等を身に付けること。
(ｱ) 少子高齢化，情報化，グローバル化などが現在と将来の政治，経済，国際関係に与える影響について多面的・多角的に考察し，表現すること。
(ｲ) 文化の継承と創造の意義について多面的・多角的に考察し，表現すること。
(2) 現代社会を捉える枠組み
　対立と合意，効率と公正などに着目して，課題を追究したり解決したりする活動を通して，次の事項を身に付けることができるよう指導する。
ア　次のような知識を身に付けること。
(ｱ) 現代社会の見方・考え方の基礎となる枠組みとして，対立と合意，効率と公正などについて理解すること。
(ｲ) 人間は本来社会的存在であることを基に，個人の尊厳と両性の本質的平等，契約の重要性やそれを守ることの意義及び個人の責任について理解すること。
イ　次のような思考力，判断力，表現力等を

身に付けること。
(ｱ) 社会生活における物事の決定の仕方，契約を通した個人と社会との関係，きまりの役割について多面的・多角的に考察し，表現すること。
B 私たちと経済
(1) 市場の働きと経済
対立と合意，効率と公正，分業と交換，希少性などに着目して，課題を追究したり解決したりする活動を通して，次の事項を身に付けることができるよう指導する。
ア 次のような知識を身に付けること。
(ｱ) 身近な消費生活を中心に経済活動の意義について理解すること。
(ｲ) 市場経済の基本的な考え方について理解すること。その際，市場における価格の決まり方や資源の配分について理解すること。
(ｳ) 現代の生産や金融などの仕組みや働きを理解すること。
(ｴ) 勤労の権利と義務，労働組合の意義及び労働基準法の精神について理解すること。
イ 次のような思考力，判断力，表現力等を身に付けること。
(ｱ) 個人や企業の経済活動における役割と責任について多面的・多角的に考察し，表現すること。
(ｲ) 社会生活における職業の意義と役割及び雇用と労働条件の改善について多面的・多角的に考察し，表現すること。
(2) 国民の生活と政府の役割
対立と合意，効率と公正，分業と交換，希少性などに着目して，課題を追究したり解決したりする活動を通して，次の事項を身に付けることができるよう指導する。
ア 次のような知識を身に付けること。
(ｱ) 社会資本の整備，公害の防止など環境の保全，少子高齢社会における社会保障の充実・安定化，消費者の保護について，それらの意義を理解すること。
(ｲ) 財政及び租税の意義，国民の納税の義務について理解すること。
イ 国民の生活と福祉の向上を図ることに向けて，次のような思考力，判断力，表現力等を身に付けること。
(ｱ) 市場の働きに委ねることが難しい諸問題に関して，国や地方公共団体が果たす役割について多面的・多角的に考察，構想し，

表現すること。
(ｲ) 財政及び租税の役割について多面的・多角的に考察し，表現すること。
C 私たちと政治
(1) 人間の尊重と日本国憲法の基本的原則
対立と合意，効率と公正，個人の尊重と法の支配，民主主義などに着目して，課題を追究したり解決したりする活動を通して，次の事項を身に付けることができるよう指導する。
ア 次のような知識を身に付けること。
(ｱ) 人間の尊重についての考え方を，基本的人権を中心に深め，法の意義を理解すること。
(ｲ) 民主的な社会生活を営むためには，法に基づく政治が大切であることを理解すること。
(ｳ) 日本国憲法が基本的人権の尊重，国民主権及び平和主義を基本的原則としていることについて理解すること。
(ｴ) 日本国及び日本国民統合の象徴としての天皇の地位と天皇の国事に関する行為について理解すること。
イ 次のような思考力，判断力，表現力等を身に付けること。
(ｱ) 我が国の政治が日本国憲法に基づいて行われていることの意義について多面的・多角的に考察し，表現すること。
(2) 民主政治と政治参加
対立と合意，効率と公正，個人の尊重と法の支配，民主主義などに着目して，課題を追究したり解決したりする活動を通して，次の事項を身に付けることができるよう指導する。
ア 次のような知識を身に付けること。
(ｱ) 国会を中心とする我が国の民主政治の仕組みのあらましや政党の役割を理解すること。
(ｲ) 議会制民主主義の意義，多数決の原理とその運用の在り方について理解すること。
(ｳ) 国民の権利を守り，社会の秩序を維持するために，法に基づく公正な裁判の保障があることについて理解すること。
(ｴ) 地方自治の基本的な考え方について理解すること。その際，地方公共団体の政治の仕組み，住民の権利や義務について理解すること。
イ 地方自治や我が国の民主政治の発展に寄与しようとする自覚や住民としての自治意識の基礎を育成することに向けて，次のよ

うな思考力，判断力，表現力等を身に付けること。
 (ｱ) 民主政治の推進と，公正な世論の形成や選挙など国民の政治参加との関連について多面的・多角的に考察，構想し，表現すること。
D 私たちと国際社会の諸課題
(1) 世界平和と人類の福祉の増大
 対立と合意，効率と公正，協調，持続可能性などに着目して，課題を追究したり解決したりする活動を通して，次の事項を身に付けることができるよう指導する。
ア 次のような知識を身に付けること。
 (ｱ) 世界平和と人類の福祉の増大のためには，国際協調の観点から，国家間の相互の主権の尊重と協力，各国民の相互理解と協力及び国際連合をはじめとする国際機構などの役割が大切であることを理解すること。その際，領土（領海，領空を含む。），国家主権，国際連合の働きなど基本的な事項について理解すること。
 (ｲ) 地球環境，資源・エネルギー，貧困などの課題の解決のために経済的，技術的な協力などが大切であることを理解すること。
イ 次のような思考力，判断力，表現力等を身に付けること。
 (ｱ) 日本国憲法の平和主義を基に，我が国の安全と防衛，国際貢献を含む国際社会における我が国の役割について多面的・多角的に考察，構想し，表現すること。
(2) よりよい社会を目指して
 持続可能な社会を形成することに向けて，社会的な見方・考え方を働かせ，課題を探究する活動を通して，次の事項を身に付けることができるよう指導する。
ア 私たちがよりよい社会を築いていくために解決すべき課題を多面的・多角的に考察，構想し，自分の考えを説明，論述すること。
3 内容の取扱い
(1) 内容の取扱いについては，次の事項に配慮するものとする。
ア 地理的分野及び歴史的分野の学習の成果を活用するとともに，これらの分野で育成された資質・能力が，更に高まり発展するようにすること。また，社会的事象は相互に関連し合っていることに留意し，特定の内容に偏ることなく，分野全体として見通しをもったまとまりのある学習が展開できるようにすること。
イ 生徒が内容の基本的な意味を理解できるように配慮し，現代社会の見方・考え方を働かせ，日常の社会生活と関連付けながら具体的事例を通して，政治や経済などに関わる制度や仕組みの意義や働きについて理解を深め，多面的・多角的に考察，構想し，表現できるようにすること。
ウ 分野全体を通して，課題の解決に向けて習得した知識を活用して，事実を基に多面的・多角的に考察，構想したことを説明したり，論拠を基に自分の意見を説明，論述させることにより，思考力，判断力，表現力等を養うこと。また，考察，構想させる場合には，資料を読み取らせて解釈させたり，議論などを行って考えを深めさせたりするなどの工夫をすること。
エ 合意形成や社会参画を視野に入れながら，取り上げた課題について構想したことを，妥当性や効果，実現可能性などを踏まえて表現できるよう指導すること。
オ 分野の内容に関係する専門家や関係諸機関などと円滑な連携・協働を図り，社会との関わりを意識した課題を追究したり解決したりする活動を充実させること。
(2) 内容のAについては，次のとおり取り扱うものとする。
ア (1)については，次のとおり取り扱うものとすること。
 (ｱ) 「情報化」については，人工知能の急速な進化などによる産業や社会の構造的な変化などと関連付けたり，災害時における防災情報の発信・活用などの具体的事例を取り上げたりすること。アの(ｲ)の「現代社会における文化の意義や影響」については，科学，芸術，宗教などを取り上げ，社会生活との関わりなどについて学習できるように工夫すること。
 (ｲ) イの(ｲ)の「文化の継承と創造の意義」については，我が国の伝統と文化などを取り扱うこと。
イ (1)及び(2)については公民的分野の導入部として位置付け，(1)，(2)の順で行うものとし，適切かつ十分な授業時数を配当すること。
(3) 内容のBについては，次のとおり取り扱うものとする。
ア (1)については，次のとおり取り扱うも

のとすること。
(ア) アの(イ)の「市場における価格の決まり方や資源の配分」については，個人や企業の経済活動が様々な条件の中での選択を通して行われていることや，市場における取引が貨幣を通して行われていることなどを取り上げること。
(イ) イの(ア)の「個人や企業の経済活動における役割と責任」については，起業について触れるとともに，経済活動や起業などを支える金融などの働きについて取り扱うこと。イの(イ)の「社会生活における職業の意義と役割及び雇用と労働条件の改善」については，仕事と生活の調和という観点から労働保護立法についても触れること。
イ (2)については，次のとおり取り扱うものとすること。
(ア) アの(ア)の「消費者の保護」については，消費者の自立の支援なども含めた消費者行政を取り扱うこと。
(イ) イの(イ)の「財政及び租税の役割」については，財源の確保と配分という観点から，財政の現状や少子高齢社会など現代社会の特色を踏まえて財政の持続可能性と関連付けて考察し，表現させること。
(4) 内容のCについては，次のとおり取り扱うものとする。
ア (2)のアの(ウ)の「法に基づく公正な裁判の保障」に関連させて，裁判員制度についても触れること。
(5) 内容のDについては，次のとおり取り扱うものとする。
ア (1)については，次のとおり取り扱うものとすること。
(ア) アの(ア)の「国家間の相互の主権の尊重と協力」との関連で，国旗及び国歌の意義並びにそれらを相互に尊重することが国際的な儀礼であることの理解を通して，それらを尊重する態度を養うように配慮すること。また，「領土（領海，領空を含む。），国家主権」については関連させて取り扱い，我が国が，固有の領土である竹島や北方領土に関し残されている問題の平和的な手段による解決に向けて努力していることや，尖閣諸島をめぐり解決すべき領有権の問題は存在していないことなどを取り上げること。「国際連合をはじめとする国際機構などの役割」については，国際連合における持続可能な開発のための取組についても触れること。
(イ) イの(ア)の「国際社会における我が国の役割」に関連させて，核兵器などの脅威に触れ，戦争を防止し，世界平和を確立するための熱意と協力の態度を育成するように配慮すること。また，国際社会における文化や宗教の多様性について取り上げること。
イ (2)については，身近な地域や我が国の取組との関連性に着目させ，世界的な視野と地域的な視点に立って探究させること。また，社会科のまとめとして位置付け，適切かつ十分な授業時数を配当すること。
第3 指導計画の作成と内容の取扱い
1 指導計画の作成に当たっては，次の事項に配慮するものとする。
(1) 単元など内容や時間のまとまりを見通して，その中で育む資質・能力の育成に向けて，生徒の主体的・対話的で深い学びの実現を図るようにすること。その際，分野の特質に応じた見方・考え方を働かせ，社会的事象の意味や意義などを考察し，概念などに関する知識を獲得したり，社会との関わりを意識した課題を追究したり解決したりする活動の充実を図ること。また，知識に偏り過ぎた指導にならないようにするため，基本的な事柄を厳選して指導内容を構成するとともに，各分野において，第2の内容の範囲や程度に十分配慮しつつ事柄を再構成するなどの工夫をして，基本的な内容が確実に身に付くよう指導すること。
(2) 小学校社会科の内容との関連及び各分野相互の有機的な関連を図るとともに，地理的分野及び歴史的分野の基礎の上に公民的分野の学習を展開するこの教科の基本的な構造に留意して，全体として教科の目標が達成できるようにする必要があること。
(3) 各分野の履修については，第1，第2学年を通じて地理的分野及び歴史的分野を並行して学習させることを原則とし，第3学年において歴史的分野及び公民的分野を学習させること。各分野に配当する授業時数は，地理的分野115単位時間，歴史的分野135単位時間，公民的分野100単位時間とすること。これらの点に留意し，各学校で創意工夫して適切な指導計画を作成すること。
(4) 障害のある生徒などについては，学習活動を行う場合に生じる困難さに応じた指導

内容や指導方法の工夫を計画的，組織的に行うこと。
(5) 第1章総則の第1の2の(2)に示す道徳教育の目標に基づき，道徳科などとの関連を考慮しながら，第3章特別の教科道徳の第2に示す内容について，社会科の特質に応じて適切な指導をすること。
2 第2の内容の取扱いについては，次の事項に配慮するものとする。
(1) 社会的な見方・考え方を働かせることをより一層重視する観点に立って，社会的事象の意味や意義，事象の特色や事象間の関連，社会に見られる課題などについて，考察したことや選択・判断したことを論理的に説明したり，立場や根拠を明確にして議論したりするなどの言語活動に関わる学習を一層重視すること。
(2) 情報の収集，処理や発表などに当たっては，学校図書館や地域の公共施設などを活用するとともに，コンピュータや情報通信ネットワークなどの情報手段を積極的に活用し，指導に生かすことで，生徒が主体的に調べ分かろうとして学習に取り組めるようにすること。その際，課題の追究や解決の見通しをもって生徒が主体的に情報手段を活用できるようにするとともに，情報モラルの指導にも留意すること。
(3) 調査や諸資料から，社会的事象に関する様々な情報を効果的に収集し，読み取り，まとめる技能を身に付ける学習活動を重視するとともに，作業的で具体的な体験を伴う学習の充実を図るようにすること。その際，地図や年表を読んだり作成したり，現代社会の諸課題を捉え，多面的・多角的に考察，構想するに当たり，関連する新聞，読み物，統計その他の資料に平素から親しみ適切に活用したり，観察や調査などの過程と結果を整理し報告書にまとめ，発表したりするなどの活動を取り入れるようにすること。
(4) 社会的事象については，生徒の考えが深まるよう様々な見解を提示するよう配慮し，多様な見解のある事柄，未確定な事柄を取り上げる場合には，有益適切な教材に基づいて指導するとともに，特定の事柄を強調し過ぎたり，一面的な見解を十分な配慮なく取り上げたりするなどの偏った取扱いにより，生徒が多面的・多角的に考察したり，事実を客観的に捉え，公正に判断したりすることを妨げることのないよう留意すること。
3 第2の内容の指導に当たっては，教育基本法第14条及び第15条の規定に基づき，適切に行うよう特に慎重に配慮して，政治及び宗教に関する教育を行うものとする。

■高等学校学習指導要領〔公民〕
第2章 第3節 公民
第1款 目標
　社会的な見方・考え方を働かせ，現代の諸課題を追究したり解決したりする活動を通して，広い視野に立ち，グローバル化する国際社会に主体的に生きる平和で民主的な国家及び社会の有為な形成者に必要な公民としての資質・能力を次のとおり育成することを目指す。
(1) 選択・判断の手掛かりとなる概念や理論及び倫理，政治，経済などに関わる現代の諸課題について理解するとともに，諸資料から様々な情報を適切かつ効果的に調べまとめる技能を身に付けるようにする。
(2) 現代の諸課題について，事実を基に概念などを活用して多面的・多角的に考察したり，解決に向けて公正に判断したりする力や，合意形成や社会参画を視野に入れながら構想したことを議論する力を養う。
(3) よりよい社会の実現を視野に，現代の諸課題を主体的に解決しようとする態度を養うとともに，多面的・多角的な考察や深い理解を通して涵養される，人間としての在り方生き方についての自覚や，国民主権を担う公民として，自国を愛し，その平和と繁栄を図ることや，各国が相互に主権を尊重し，各国民が協力し合うことの大切さについての自覚などを深める。
第2款 各科目
第1 公共
1 目標
　人間と社会の在り方についての見方・考え方を働かせ，現代の諸課題を追究したり解決したりする活動を通して，広い視野に立ち，グローバル化する国際社会に主体的に生きる平和で民主的な国家及び社会の有為な形成者に必要な公民としての資質・能力を次のとおり育成することを目指す。

(1) 現代の諸課題を捉え考察し，選択・判断するための手掛かりとなる概念や理論について理解するとともに，諸資料から，倫理的主体などとして活動するために必要となる情報を適切かつ効果的に調べまとめる技能を身に付けるようにする。
(2) 現実社会の諸課題の解決に向けて，選択・判断の手掛かりとなる考え方や公共的な空間における基本的原理を活用して，事実を基に多面的・多角的に考察し公正に判断する力や，合意形成や社会参画を視野に入れながら構想したことを議論する力を養う。
(3) よりよい社会の実現を視野に，現代の諸課題を主体的に解決しようとする態度を養うとともに，多面的・多角的な考察や深い理解を通して涵養される，現代社会に生きる人間としての在り方生き方についての自覚や，公共的な空間に生き国民主権を担う公民として，自国を愛し，その平和と繁栄を図ることや，各国が相互に主権を尊重し，各国民が協力し合うことの大切さについての自覚などを深める。
2　内容
A　公共の扉
(1) 公共的な空間を作る私たち
　公共的な空間と人間との関わり，個人の尊厳と自主・自律，人間と社会の多様性と共通性などに着目して，社会に参画する自立した主体とは何かを問い，現代社会に生きる人間としての在り方生き方を探求する活動を通して，次の事項を身に付けることができるよう指導する。
ア　次のような知識を身に付けること。
(ア) 自らの体験などを振り返ることを通して，自らを成長させる人間としての在り方生き方について理解すること。
(イ) 人間は，個人として相互に尊重されるべき存在であるとともに，対話を通して互いの様々な立場を理解し高め合うことのできる社会的な存在であること，伝統や文化，先人の取組や知恵に触れたりすることなどを通して，自らの価値観を形成するとともに他者の価値観を尊重することができるようになる存在であることについて理解すること。
(ウ) 自分自身が，自主的によりよい公共的な空間を作り出していこうとする自立した主体になることが，自らのキャリア形成とともによりよい社会の形成に結び付くことについて理解すること。
イ　次のような思考力，判断力，表現力等を身に付けること。
(ア) 社会に参画する自立した主体とは，孤立して生きるのではなく，地域社会などの様々な集団の一員として生き，他者との協働により当事者として国家・社会などの公共的な空間を作る存在であることについて多面的・多角的に考察し，表現すること。
(2) 公共的な空間における人間としての在り方生き方
　主体的に社会に参画し，他者と協働することに向けて，幸福，正義，公正などに着目して，課題を追究したり解決したりする活動を通して，次の事項を身に付けることができるよう指導する。
ア　次のような知識及び技能を身に付けること。
(ア) 選択・判断の手掛かりとして，行為の結果である個人や社会全体の幸福を重視する考え方や，行為の動機となる公正などの義務を重視する考え方などについて理解すること。
(イ) 現代の諸課題について自らも他者も共に納得できる解決方法を見いだすことに向け，(ア)に示す考え方を活用することを通して，行為者自身の人間としての在り方生き方について探求することが，よりよく生きていく上で重要であることについて理解すること。
(ウ) 人間としての在り方生き方に関わる諸資料から，よりよく生きる行為者として活動するために必要な情報を収集し，読み取る技能を身に付けること。
イ　次のような思考力，判断力，表現力等を身に付けること。
(ア) 倫理的価値の判断において，行為の結果である個人や社会全体の幸福を重視する考え方と，行為の動機となる公正などの義務を重視する考え方などを活用し，自らも他者も共に納得できる解決方法を見いだすことに向け，思考実験など概念的な枠組みを用いて考察する活動を通して，人間としての在り方生き方を多面的・多角的に考察し，表現すること。
(3) 公共的な空間における基本的原理
　自主的によりよい公共的な空間を作り出し

ていこうとする自立した主体となることに向けて，幸福，正義，公正などに着目して，課題を追究したり解決したりする活動を通して，次の事項を身に付けることができるよう指導する。
　ア　次のような知識を身に付けること。
　(ｱ)　各人の意見や利害を公平・公正に調整することなどを通して，人間の尊厳と平等，協働の利益と社会の安定性の確保を共に図ることが，公共的な空間を作る上で必要であることについて理解すること。
　(ｲ)　人間の尊厳と平等，個人の尊重，民主主義，法の支配，自由・権利と責任・義務など，公共的な空間における基本的原理について理解すること。
　イ　次のような思考力，判断力，表現力等を身に付けること。
　(ｱ)　公共的な空間における基本的原理について，思考実験など概念的な枠組みを用いて考察する活動を通して，個人と社会との関わりにおいて多面的・多角的に考察し，表現すること。
　B　自立した主体としてよりよい社会の形成に参画する私たち
　　自立した主体としてよりよい社会の形成に参画することに向けて，現実社会の諸課題に関わる具体的な主題を設定し，幸福，正義，公正などに着目して，他者と協働して主題を追究したり解決したりする活動を通して，次の事項を身に付けることができるよう指導する。
　ア　次のような知識及び技能を身に付けること。
　(ｱ)　法や規範の意義及び役割，多様な契約及び消費者の権利と責任，司法参加の意義などに関わる現実社会の事柄や課題を基に，憲法の下，適正な手続きに則り，法や規範に基づいて各人の意見や利害を公平・公正に調整し，個人や社会の紛争を調停，解決することなどを通して，権利や自由が保障，実現され，社会の秩序が形成，維持されていくことについて理解すること。
　(ｲ)　政治参加と公正な世論の形成，地方自治，国家主権，領土（領海，領空を含む。），我が国の安全保障と防衛，国際貢献を含む国際社会における我が国の役割などに関わる現実社会の事柄や課題を基に，よりよい社会は，憲法の下，個人が議論に参加し，意見や利害の対立状況を調整して合意を形成することなどを通して築かれるものであることについて理解すること。
　(ｳ)　職業選択，雇用と労働問題，財政及び租税の役割，少子高齢社会における社会保障の充実・安定化，市場経済の機能と限界，金融の働き，経済のグローバル化と相互依存関係の深まり（国際社会における貧困や格差の問題を含む。）などに関わる現実社会の事柄や課題を基に，公正かつ自由な経済活動を行うことを通して資源の効率的な配分が図られること，市場経済システムを機能させたり国民福祉の向上に寄与したりする役割を政府などが担っていること及びより活発な経済活動と個人の尊重を共に成り立たせることが必要であることについて理解すること。
　(ｴ)　現実社会の諸課題に関わる諸資料から，自立した主体として活動するために必要な情報を適切かつ効果的に収集し，読み取り，まとめる技能を身に付けること。
　イ　次のような思考力，判断力，表現力等を身に付けること。
　(ｱ)　アの(ｱ)から(ｳ)までの事項について，法，政治及び経済などの側面を関連させ，自立した主体として解決が求められる具体的な主題を設定し，合意形成や社会参画を視野に入れながら，その主題の解決に向けて事実を基に協働して考察したり構想したりしたことを，論拠をもって表現すること。
　C　持続可能な社会づくりの主体となる私たち
　　持続可能な地域，国家・社会及び国際社会づくりに向けた役割を担う，公共の精神をもった自立した主体となることに向けて，幸福，正義，公正などに着目して，現代の諸課題を探究する活動を通して，次の事項を身に付けることができるよう指導する。
　ア　地域の創造，よりよい国家・社会の構築及び平和で安定した国際社会の形成へ主体的に参画し，共に生きる社会を築くという観点から課題を見いだし，その課題の解決に向けて事実を基に協働して考察，構想し，妥当性や効果，実現可能性などを指標にして，論拠を基に自分の考えを説明，論述すること。
　3　内容の取扱い
(1)　内容の全体にわたって，次の事項に配慮するものとする。

ア 内容のA，B及びCについては，この順序で取り扱うものとし，既習の学習の成果を生かすこと。
イ 中学校社会科及び特別の教科である道徳，高等学校公民科に属する他の科目，この章に示す地理歴史科，家庭科及び情報科並びに特別活動などとの関連を図るとともに，項目相互の関連に留意しながら，全体としてのまとまりを工夫し，特定の事項だけに指導が偏らないようにすること。
(2) 指導計画の作成に当たっては，次の事項に配慮するものとする。
ア 第1章第1款の2の(2)に示す道徳教育の目標に基づき，この科目の特質に応じて適切な指導をすること。
(3) 内容の取扱いに当たっては，次の事項に配慮するものとする。
ア この科目の内容の特質に応じ，学習のねらいを明確にした上でそれぞれ関係する専門家や関係諸機関などとの連携・協働を積極的に図り，社会との関わりを意識した主題を追究したり解決したりする活動の充実を図るようにすること。また，生徒が他者と共に生きる自らの生き方に関わって主体的・対話的に考察，構想し，表現できるよう学習指導の展開を工夫すること。
イ この科目においては，教科目標の実現を見通した上で，キャリア教育の充実の観点から，特別活動などと連携し，自立した主体として社会に参画する力を育む中核的機能を担うことが求められることに留意すること。
ウ 生徒が内容の基本的な意味を理解できるように配慮し，小・中学校社会科などで鍛えられた見方・考え方に加え，人間と社会の在り方についての見方・考え方を働かせ，現実社会の諸課題と関連付けながら具体的事例を通して社会的事象等についての理解を深め，多面的・多角的に考察，構想し，表現できるようにすること。
エ 科目全体を通して，選択・判断の手掛かりとなる考え方や公共的な空間における基本的原理を活用して，事実を基に多面的・多角的に考察し公正に判断する力を養うとともに，考察，構想したことを説明したり，論拠を基に自分の意見を説明，論述させたりすることにより，思考力，判断力，表現力等を養うこと。また，考察，構想させる場合には，資料から必要な情報を読み取らせて解釈させたり，議論などを行って考えを深めさせたりするなどの工夫をすること。
オ 内容のAについては，次のとおり取り扱うものとすること。
(ｱ) この科目の導入として位置付け，(1)，(2)，(3)の順序で取り扱うものとし，B及びCの学習の基盤を養うよう指導すること。その際，Aに示した事項については，B以降の学習においても，それらを踏まえて学習が行われるよう特に留意すること。
(ｲ) Aに示したそれぞれの事項を適切に身に付けることができるよう，指導のねらいを明確にした上で，今まで受け継がれてきた我が国の文化的蓄積を含む古今東西の先人の取組，知恵などにも触れること。
(ｳ) (1)については，アの(ｱ)から(ｳ)までのそれぞれの事項との関連において，学校や地域などにおける生徒の自発的，自治的な活動やBで扱う現実社会の事柄や課題に関わる具体的な場面に触れ，生徒の学習意欲を喚起することができるよう工夫すること。その際，公共的な空間に生きる人間は，様々な集団の一員としての役割を果たす存在であること，伝統や文化，宗教などを背景にして現代の社会が成り立っていることについても触れること。また，生涯における青年期の課題を人，集団及び社会との関わりから捉え，他者と共に生きる自らの生き方についても考察できるよう工夫すること。
(ｴ) (2)については，指導のねらいを明確にした上で，環境保護，生命倫理などの課題を扱うこと。その際，Cで探究する課題との関わりに留意して課題を取り上げるようにすること。
(ｵ) (3)については，指導のねらいを明確にした上で，日本国憲法との関わりに留意して指導すること。「人間の尊厳と平等，個人の尊重」については，男女が共同して社会に参画することの重要性についても触れること。
カ 内容のBについては，次のとおり取り扱うものとすること。
(ｱ) アの(ｱ)から(ｳ)までのそれぞれの事項は学習の順序を示すものではなく，イの(ｱ)において設定する主題については，生徒の理解のしやすさに応じ，学習意欲を喚起するこ

とができるよう創意工夫した適切な順序で指導すること。
(イ) 小学校及び中学校で習得した知識などを基盤に，Aで身に付けた選択・判断の手掛かりとなる考え方や公共的な空間における基本的原理を活用して，現実社会の諸課題に関わり設定した主題について，個人を起点に他者と協働して多面的・多角的に考察，構想するとともに，協働の必要な理由，協働を可能とする条件，協働を阻害する要因などについて考察を深めることができるようにすること。その際，生徒の学習意欲を高める具体的な問いを立て，協働して主題を追究したり解決したりすることを通して，自立した主体としてよりよい社会の形成に参画するために必要な知識及び技能を習得できるようにするという観点から，生徒の日常の社会生活と関連付けながら具体的な事柄を取り上げること。
(ウ) 生徒や学校，地域の実態などに応じて，アの(ア)から(ウ)までのそれぞれの事項において主題を設定すること。その際，主題に関わる基本的人権の保障に関連付けて取り扱ったり，自立した主体となる個人を支える家族・家庭や地域などにあるコミュニティに着目して，世代間の協力，協働や，自助，共助及び公助などによる社会的基盤の強化などと関連付けたりするなどして，主題を追究したり解決したりできるようにすること。また，指導のねらいを明確にした上で，現実の具体的な社会的事象等を扱ったり，模擬的な活動を行ったりすること。
(エ) アの(ア)の「法や規範の意義及び役割」については，法や道徳などの社会規範がそれぞれの役割を有していることや，法の役割の限界についても扱うこと。「多様な契約及び消費者の権利と責任」については，私法に関する基本的な考え方についても扱うこと。「司法参加の意義」については，裁判員制度についても扱うこと。
(オ) アの(イ)の「政治参加と公正な世論の形成，地方自治」については関連させて取り扱い，地方自治や我が国の民主政治の発展に寄与しようとする自覚や住民としての自治意識の涵養に向けて，民主政治の推進における選挙の意義について指導すること。「国家主権，領土（領海，領空を含む。）」につい

ては関連させて取り扱い，我が国が，固有の領土である竹島や北方領土に関し残されている問題の平和的な手段による解決に向けて努力していることや，尖閣諸島をめぐり解決すべき領有権の問題は存在していないことなどを取り上げること。「国家主権，領土（領海，領空を含む。）」及び「我が国の安全保障と防衛」については，国際法と関連させて取り扱うこと。「国際貢献」については，国際連合における持続可能な開発のための取組についても扱うこと。
(カ) アの(ウ)の「職業選択」については，産業構造の変化やその中での起業についての理解を深めることができるようにすること。「雇用と労働問題」については，仕事と生活の調和という観点から労働保護立法についても扱うこと。「財政及び租税の役割，少子高齢社会における社会保障の充実・安定化」については関連させて取り扱い，国際比較の観点から，我が国の財政の現状や少子高齢社会など，現代社会の特色を踏まえて財政の持続可能性と関連付けて扱うこと。「金融の働き」については，金融とは経済主体間の資金の融通であることの理解を基に，金融を通した経済活動の活性化についても触れること。「経済のグローバル化と相互依存関係の深まり（国際社会における貧困や格差の問題を含む。）」については，文化や宗教の多様性についても触れ，自他の文化などを尊重する相互理解と寛容の態度を養うことができるよう留意して指導すること。
(キ) アの(エ)については，(ア)から(ウ)までのそれぞれの事項と関連させて取り扱い，情報に関する責任や，利便性及び安全性を多面的・多角的に考察していくことを通して，情報モラルを含む情報の妥当性や信頼性を踏まえた公正な判断力を身に付けることができるよう指導すること。その際，防災情報の受信，発信などにも触れること。
キ 内容のCについては，次のとおり取り扱うものとすること。
(ア) この科目のまとめとして位置付け，社会的な見方・考え方を総合的に働かせAで身に付けた選択・判断の手掛かりとなる考え方や公共的な空間における基本的原理などを活用するとともに，A及びBで扱った課題などへの関心を一層高めるよう指導する

こと。また，個人を起点として，自立，協働の観点から，多様性を尊重し，合意形成や社会参画を視野に入れながら探究できるよう指導すること。
(イ) 課題の探究に当たっては，法，政治及び経済などの個々の制度にとどまらず，各領域を横断して総合的に探究できるよう指導すること。

第2　倫理
1　目標
　人間としての在り方生き方についての見方・考え方を働かせ，現代の諸課題を追究したり解決に向けて構想したりする活動を通して，広い視野に立ち，人間尊重の精神と生命に対する畏敬の念に基づいて，グローバル化する国際社会に主体的に生きる平和で民主的な国家及び社会の有為な形成者に必要な公民としての資質・能力を次のとおり育成することを目指す。
(1) 古今東西の幅広い知的蓄積を通して，現代の諸課題を捉え，より深く思索するための手掛かりとなる概念や理論について理解するとともに，諸資料から，人間としての在り方生き方に関わる情報を調べまとめる技能を身に付けるようにする。
(2) 自立した人間として他者と共によりよく生きる自己の生き方についてより深く思索する力や，現代の倫理的諸課題を解決するために倫理に関する概念や理論などを活用して，論理的に思考し，思索を深め，説明したり対話したりする力を養う。
(3) 人間としての在り方生き方に関わる事象や課題について主体的に追究したり，他者と共によりよく生きる自己を形成しようとしたりする態度を養うとともに，多面的・多角的な考察やより深い思索を通して涵養される，現代社会に生きる人間としての在り方生き方についての自覚を深める。
2　内容
A　現代に生きる自己の課題と人間としての在り方生き方
(1) 人間としての在り方生き方の自覚
　人間の存在や価値に関わる基本的な課題について思索する活動を通して，次の事項を身に付けることができるよう指導する。
ア　次のような知識及び技能を身に付けること。
(ア) 個性，感情，認知，発達などに着目して，豊かな自己形成に向けて，他者と共によりよく生きる自己の生き方についての思索を深めるための手掛かりとなる様々な人間の心の在り方について理解すること。
(イ) 幸福，愛，徳などに着目して，人間としての在り方生き方について思索するための手掛かりとなる様々な人生観について理解すること。その際，人生における宗教や芸術のもつ意義についても理解すること。
(ウ) 善，正義，義務などに着目して，社会の在り方と人間としての在り方生き方について思索するための手掛かりとなる様々な倫理観について理解すること。
(エ) 真理，存在などに着目して，世界と人間の在り方について思索するための手掛かりとなる様々な世界観について理解すること。
(オ) 古今東西の先哲の思想に関する原典の日本語訳などの諸資料から，人間としての在り方生き方に関わる情報を読み取る技能を身に付けること。
イ　次のような思考力，判断力，表現力等を身に付けること。
(ア) 自己の生き方を見つめ直し，自らの体験や悩みを振り返り，他者，集団や社会，生命や自然などとの関わりにも着目して自己の課題を捉え，その課題を現代の倫理的課題と結び付けて多面的・多角的に考察し，表現すること。
(イ) 古今東西の先哲の考え方を手掛かりとして，より広い視野から人間としての在り方生き方について多面的・多角的に考察し，表現すること。
(2) 国際社会に生きる日本人としての自覚
　日本人としての在り方生き方について思索する活動を通して，次の事項を身に付けることができるよう指導する。
ア　次のような知識及び技能を身に付けること。
(ア) 古来の日本人の心情と考え方や日本の先哲の思想に着目して，我が国の風土や伝統，外来思想の受容などを基に，国際社会に生きる日本人としての在り方生き方について思索するための手掛かりとなる日本人に見られる人間観，自然観，宗教観などの特質について，自己との関わりにおいて理解すること。
(イ) 古来の日本人の心情と考え方や日本の先

哲の思想に関する原典や原典の口語訳などの諸資料から，日本人としての在り方生き方に関わる情報を読み取る技能を身に付けること。
イ 次のような思考力，判断力，表現力等を身に付けること。
(ｱ) 古来の日本人の考え方や日本の先哲の考え方を手掛かりとして，国際社会に主体的に生きる日本人としての在り方生き方について多面的・多角的に考察し，表現すること。
B 現代の諸課題と倫理
(1) 自然や科学技術に関わる諸課題と倫理
自然や科学技術との関わりにおいて，人間としての在り方生き方についての見方・考え方を働かせ，他者と対話しながら，現代の諸課題を探究する活動を通して，次の事項を身に付けることができるよう指導する。
ア 生命，自然，科学技術などと人間との関わりについて倫理的課題を見いだし，その解決に向けて倫理に関する概念や理論などを手掛かりとして多面的・多角的に考察し，公正に判断して構想し，自分の考えを説明，論述すること。
(2) 社会と文化に関わる諸課題と倫理
様々な他者との協働，共生に向けて，人間としての在り方生き方についての見方・考え方を働かせ，他者と対話しながら，現代の諸課題を探究する活動を通して，次の事項を身に付けることができるよう指導する。
ア 福祉，文化と宗教，平和などについて倫理的課題を見いだし，その解決に向けて倫理に関する概念や理論などを手掛かりとして多面的・多角的に考察し，公正に判断して構想し，自分の考えを説明，論述すること。
3 内容の取扱い
(1) 内容の全体にわたって，次の事項に配慮するものとする。
ア 内容のA及びBについては，この順序で取り扱うものとし，既習の学習の成果を生かすこと。
イ 中学校社会科及び特別の教科である道徳，高等学校公民科に属する他の科目，この章に示す地理歴史科，家庭科及び情報科並びに特別活動などとの関連を図るとともに，項目相互の関連に留意しながら，全体としてのまとまりを工夫し，特定の事項だけに指導が偏らないようにすること。
(2) 指導計画の作成に当たっては，次の事項に配慮するものとする。
ア 第1章第1款の2の(2)に示す道徳教育の目標に基づき，この科目の特質に応じて適切な指導をすること。
(3) 内容の取扱いに当たっては，次の事項に配慮するものとする。
ア 倫理的諸価値に関する古今東西の先哲の思想を取り上げるに当たっては，原典の日本語訳，口語訳なども活用し，内容と関連が深く生徒の発達や学習の段階に適した代表的な先哲の言説などを扱うこと。また，生徒自らが人生観，世界観などを確立するための手掛かりを得ることができるよう学習指導の展開を工夫すること。
イ 内容のAについては，次のとおり取り扱うものとすること。
(ｱ) 小学校及び中学校で習得した概念などに関する知識などを基に，「公共」で身に付けた選択・判断の手掛かりとなる考え方を活用し，哲学に関わる対話的な手法などを取り入れた活動を通して，生徒自らが，より深く思索するための概念や理論を理解できるようにし，Bの学習の基盤を養うよう指導すること。
(ｲ) (1)のアの(ｱ)については，青年期の課題を踏まえ，人格，感情，認知，発達についての心理学の考え方についても触れること。
(ｳ) (1)のアの(ｲ)については，人間の尊厳と生命への畏敬，自己実現と幸福などについて，古代ギリシアから近代までの思想，キリスト教，イスラーム，仏教，儒教などの基本的な考え方を代表する先哲の思想，芸術家とその作品を，倫理的な観点を明確にして取り上げること。
(ｴ) (1)のアの(ｳ)については，民主社会における人間の在り方，社会参加と奉仕などについて，倫理的な観点を明確にして取り上げること。
(ｵ) (1)のアの(ｴ)については，自然と人間との関わり，世界を捉える知の在り方などについて，倫理的な観点を明確にして取り上げること。
(ｶ) (1)のアの(ｵ)については，古今東西の代表的な先哲の思想を取り上げ，人間をどのように捉え，どのように生きることを指し示しているかについて，自己の課題と結び付けて思索するために必要な技能を身に付

けることができるよう指導すること。
(キ) (2)のアの(ア)については，古来の日本人の心情と考え方や代表的な日本の先哲の思想を手掛かりにして，自己の課題として学習し，国際社会に生きる日本人としての自覚を深めるよう指導すること。その際，伝統的な芸術作品，茶道や華道などの芸道などを取り上げ，理解を深めることができるよう指導すること。
(ク) (2)のアの(イ)については，古来の日本人の心情と考え方や代表的な日本の先哲の思想を取り上げ，それらが日本人の思想形成にどのような影響を及ぼしているかについて思索するために必要な技能を身に付けることができるよう指導すること。
ウ 内容のBについては，次のとおり取り扱うものとすること。
(ア) 小学校及び中学校で習得した概念などに関する知識などや，「公共」及びAで身に付けた選択・判断の手掛かりとなる先哲の思想などを基に，人間としての在り方生き方についての見方・考え方を働かせ，現実社会の倫理的諸課題について探究することができるよう指導すること。また，科目のまとめとして位置付け，適切かつ十分な授業時数を配当すること。
(イ) 生徒や学校，地域の実態などに応じて課題を選択し，主体的に探究する学習を行うことができるよう工夫すること。その際，哲学に関わる対話的な手法などを取り入れた活動を通して，人格の完成に向けて自己の生き方の確立を促し，他者と共に生きる主体を育むよう指導すること。
(ウ) (1)のアの「生命」については，生命科学や医療技術の発達を踏まえ，生命の誕生，老いや病，生と死の問題などを通して，生きることの意義について思索できるようにすること。「自然」については，人間の生命が自然の生態系の中で，植物や他の動物との相互依存関係において維持されており，調和的な共存関係が大切であることについても思索できるようにすること。「科学技術」については，近年の飛躍的な科学技術の進展を踏まえ，人工知能（AI）をはじめとした先端科学技術の利用と人間生活や社会の在り方についても思索できるよう指導すること。
(エ) (2)のアの「福祉」については，多様性を前提として，協働，ケア，共生といった倫理的な視点から福祉の問題を取り上げること。「文化と宗教」については，文化や宗教が過去を継承する人類の知的遺産であることを踏まえ，それらを尊重し，異なる文化や宗教をもつ人々を理解し，共生に向けて思索できるよう指導すること。「平和」については，人類全体の福祉の向上といった視点からも考察，構想できるよう指導すること。

第3 政治・経済
1 目標
　社会の在り方についての見方・考え方を働かせ，現代の諸課題を追究したり解決に向けて構想したりする活動を通して，広い視野に立ち，グローバル化する国際社会に主体的に生きる平和で民主的な国家及び社会の有為な形成者に必要な公民としての資質・能力を次のとおり育成することを目指す。
(1) 社会の在り方に関わる現実社会の諸課題の解決に向けて探究するための手掛かりとなる概念や理論などについて理解するとともに，諸資料から，社会の在り方に関わる情報を適切かつ効果的に調べまとめる技能を身に付けるようにする。
(2) 国家及び社会の形成者として必要な選択・判断の基準となる考え方や政治・経済に関する概念や理論などを活用して，現実社会に見られる複雑な課題を把握し，説明するとともに，身に付けた判断基準を根拠に構想する力や，構想したことの妥当性や効果，実現可能性などを指標にして議論し公正に判断して，合意形成や社会参画に向かう力を養う。
(3) よりよい社会の実現のために現実社会の諸課題を主体的に解決しようとする態度を養うとともに，多面的・多角的な考察や深い理解を通して涵養される，国民主権を担う公民として，自国を愛し，その平和と繁栄を図ることや，我が国及び国際社会において国家及び社会の形成に，より積極的な役割を果たそうとする自覚などを深める。
2 内容
A 現代日本における政治・経済の諸課題
(1) 現代日本の政治・経済
　個人の尊厳と基本的人権の尊重，対立，協調，効率，公正などに着目して，現代の諸課題を追究したり解決に向けて構想したりする

活動を通して，次の事項を身に付けることができるよう指導する。
ア 次のような知識及び技能を身に付けること。
(ア) 政治と法の意義と機能，基本的人権の保障と法の支配，権利と義務との関係，議会制民主主義，地方自治について，現実社会の諸事象を通して理解を深めること。
(イ) 経済活動と市場，経済主体と経済循環，国民経済の大きさと経済成長，物価と景気変動，財政の働きと仕組み及び租税などの意義，金融の働きと仕組みについて，現実社会の諸事象を通して理解を深めること。
(ウ) 現代日本の政治・経済に関する諸資料から，課題の解決に向けて考察，構想する際に必要な情報を適切かつ効果的に収集し，読み取る技能を身に付けること。
イ 次のような思考力，判断力，表現力等を身に付けること。
(ア) 民主政治の本質を基に，日本国憲法と現代政治の在り方との関連について多面的・多角的に考察し，表現すること。
(イ) 政党政治や選挙などの観点から，望ましい政治の在り方及び主権者としての政治参加の在り方について多面的・多角的に考察，構想し，表現すること。
(ウ) 経済活動と福祉の向上との関連について多面的・多角的に考察し，表現すること。
(エ) 市場経済の機能と限界，持続可能な財政及び租税の在り方，金融を通した経済活動の活性化について多面的・多角的に考察，構想し，表現すること。
(2) 現代日本における政治・経済の諸課題の探究
社会的な見方・考え方を総合的に働かせ，他者と協働して持続可能な社会の形成が求められる現代日本社会の諸課題を探究する活動を通して，次の事項を身に付けることができるよう指導する。
ア 少子高齢社会における社会保障の充実・安定化，地域社会の自立と政府，多様な働き方・生き方を可能にする社会，産業構造の変化と起業，歳入・歳出両面での財政健全化，食料の安定供給の確保と持続可能な農業構造の実現，防災と安全・安心な社会の実現などについて，取り上げた課題の解決に向けて政治と経済とを関連させて多面的・多角的に考察，構想し，よりよい社会の在り方についての自分の考えを説明，論述すること。

B グローバル化する国際社会の諸課題
(1) 現代の国際政治・経済
国際平和と人類の福祉に寄与しようとする自覚を深めることに向けて，個人の尊厳と基本的人権の尊重，対立，協調，効率，公正などに着目して，現代の諸課題を追究したり解決に向けて構想したりする活動を通して，次の事項を身に付けることができるよう指導する。
ア 次のような知識及び技能を身に付けること。
(ア) 国際社会の変遷，人権，国家主権，領土（領海，領空を含む。）などに関する国際法の意義，国際連合をはじめとする国際機構の役割，我が国の安全保障と防衛，国際貢献について，現実社会の諸事象を通して理解を深めること。
(イ) 貿易の現状と意義，為替相場の変動，国民経済と国際収支，国際協調の必要性や国際経済機関の役割について，現実社会の諸事象を通して理解を深めること。
(ウ) 現代の国際政治・経済に関する諸資料から，課題の解決に向けて考察，構想する際に必要な情報を適切かつ効果的に収集し，読み取る技能を身に付けること。
イ 次のような思考力，判断力，表現力等を身に付けること。
(ア) 国際社会の特質や国際紛争の諸要因を基に，国際法の果たす役割について多面的・多角的に考察し，表現すること。
(イ) 国際平和と人類の福祉に寄与する日本の役割について多面的・多角的に考察，構想し，表現すること。
(ウ) 相互依存関係が深まる国際経済の特質について多面的・多角的に考察し，表現すること。
(エ) 国際経済において果たすことが求められる日本の役割について多面的・多角的に考察，構想し，表現すること。
(2) グローバル化する国際社会の諸課題の探究
社会的な見方・考え方を総合的に働かせ，他者と協働して持続可能な社会の形成が求められる国際社会の諸課題を探究する活動を通して，次の事項を身に付けることができるよう指導する。
ア グローバル化に伴う人々の生活や社会の

変容，地球環境と資源・エネルギー問題，国際経済格差の是正と国際協力，イノベーションと成長市場，人種・民族問題や地域紛争の解決に向けた国際社会の取組，持続可能な国際社会づくりなどについて，取り上げた課題の解決に向けて政治と経済とを関連させて多面的・多角的に考察，構想し，よりよい社会の在り方についての自分の考えを説明，論述すること。

3 内容の取扱い

(1) 内容の全体にわたって，次の事項に配慮するものとする。

ア 公民科に属する他の科目，この章に示す地理歴史科，家庭科及び情報科などとの関連を図るとともに，項目相互の関連に留意しながら，全体としてのまとまりを工夫し，特定の事項だけに指導が偏らないようにすること。

(2) 内容の取扱いに当たっては，次の事項に配慮するものとする。

ア この科目の内容の特質に応じ，学習のねらいを明確にした上でそれぞれ関係する専門家や関係諸機関などとの連携・協働を積極的に図り，社会との関わりを意識した課題を追究したり解決に向けて構想したりする活動の充実を図るようにすること。

イ 内容のA及びBについては，次の事項に留意すること。

(ｱ) A及びBのそれぞれの(2)においては，小学校及び中学校で習得した概念などに関する知識や，「公共」で身に付けた選択・判断の手掛かりとなる考え方などを基に，それぞれの(1)における学習の成果を生かし，政治及び経済の基本的な概念や理論などの理解の上に立って，理論と現実の相互関連を踏まえながら，事実を基に多面的・多角的に探究できるよう学習指導の展開を工夫すること。その際，生徒や学校，地域の実態などに応じて，A及びBのそれぞれにおいて探究する課題を選択させること。また，適切かつ十分な授業時数を配当すること。

ウ 内容のAについては，次のとおり取り扱うものとすること。

(ｱ) (1)においては，日本の政治・経済の現状について触れること。

(ｲ) (1)のアの(ｱ)については，日本国憲法における基本的人権の尊重，国民主権，天皇の地位と役割，国会，内閣，裁判所などの政治機構に関する小・中学校社会科及び「公共」の学習との関連性に留意して指導すること。

(ｳ) (1)のアの(ｱ)の「政治と法の意義と機能，基本的人権の保障と法の支配，権利と義務との関係」については関連させて取り扱うこと。その際，裁判員制度を扱うこと。また，私法に関する基本的な考え方についても理解を深めることができるよう指導すること。

(ｴ) (1)のアの(ｲ)については，分業と交換，希少性などに関する小・中学校社会科及び「公共」の学習との関連性に留意して指導すること。また，事項の全体を通して日本経済のグローバル化をはじめとする経済生活の変化，現代経済の仕組みや機能について扱うとともに，その特質を捉え，経済についての概念や理論についての理解を深めることができるよう指導すること。

(ｵ) (1)のイの(ｱ)の「民主政治の本質」については，世界の主な政治体制と関連させて取り扱うこと。

(ｶ) (1)のイの(ｲ)の「望ましい政治の在り方及び主権者としての政治参加の在り方」については，(1)のイの(ｱ)の「現代政治の在り方」との関連性に留意して，世論の形成などについて具体的な事例を取り上げて扱い，主権者としての政治に対する関心を高め，主体的に社会に参画する意欲をもたせるよう指導すること。

(ｷ) (1)のイの(ｴ)の「市場経済の機能と限界」については，市場経済の効率性とともに，市場の失敗の補完の観点から，公害防止と環境保全，消費者に関する問題も扱うこと。また，「金融を通した経済活動の活性化」については，金融に関する技術変革と企業経営における金融の役割にも触れること。

(ｸ) (2)における課題の探究に当たっては，日本社会の動向に着目したり，国内の諸地域や諸外国における取組などを参考にしたりできるよう指導すること。「産業構造の変化と起業」を取り上げる際には，中小企業の在り方についても触れるよう指導すること。

エ 内容のBについては，次のとおり取り扱うものとすること。

(ｱ) (1)においては，国際政治及び国際経済の現状についても扱うこと。

(イ) (1)のアの(ア)の「国家主権，領土（領海，領空を含む。）などに関する国際法の意義，国際連合をはじめとする国際機構の役割」については関連させて取り扱い，我が国が，固有の領土である竹島や北方領土に関し残されている問題の平和的な手段による解決に向けて努力していることや，尖閣諸島をめぐり解決すべき領有権の問題は存在していないことなどを取り上げること。
(ウ) (1)のイの(ア)の「国際紛争の諸要因」については，多様な角度から考察させるとともに，軍縮や核兵器廃絶などに関する国際的な取組についても扱うこと。
(エ) (2)における課題の探究に当たっては，国際社会の動向に着目したり，諸外国における取組などを参考にしたりできるよう指導すること。その際，文化や宗教の多様性を踏まえるとともに，国際連合における持続可能な開発のための取組についても扱うこと。

第3款 各科目にわたる指導計画の作成と内容の取扱い
1 指導計画の作成に当たっては，次の事項に配慮するものとする。
(1) 単元など内容や時間のまとまりを見通して，その中で育む資質・能力の育成に向けて，生徒の主体的・対話的で深い学びの実現を図るようにすること。その際，科目の特質に応じた見方・考え方を働かせ，社会的事象等の意味や意義などを考察し，概念などに関する知識を獲得したり，社会との関わりを意識した課題を追究したり解決したりする活動の充実を図ること。
(2) 各科目の履修については，全ての生徒に履修させる科目である「公共」を履修した後に選択科目である「倫理」及び「政治・経済」を履修できるという，この教科の基本的な構造に留意し，各学校で創意工夫して適切な指導計画を作成すること。その際，「公共」は，原則として入学年次及びその次の年次の2か年のうちに履修させること。
(3) 障害のある生徒などについては，学習活動を行う場合に生じる困難さに応じた指導内容や指導方法の工夫を計画的，組織的に行うこと。
2 内容の取扱いに当たっては，次の事項に配慮するものとする。

(1) 社会的な見方・考え方を働かせることをより一層重視する観点に立って，社会的事象等の意味や意義，事象の特色や事象間の関連，現実社会に見られる課題などについて，考察したことや構想したことを論理的に説明したり，立場や根拠を明確にして議論したりするなどの言語活動に関わる学習を一層重視すること。
(2) 諸資料から，社会的事象等に関する様々な情報を効果的に収集し，読み取り，まとめる技能を身に付ける学習活動を重視するとともに，具体的な体験を伴う学習の充実を図るようにすること。その際，現代の諸課題を捉え，多面的・多角的に考察，構想するに当たっては，関連する各種の統計，年鑑，白書，新聞，読み物，地図その他の資料の出典などを確認し，その信頼性を踏まえつつ適切に活用したり，考察，構想の過程と結果を整理し報告書にまとめ，発表したりするなどの活動を取り入れるようにすること。
(3) 社会的事象等については，生徒の考えが深まるよう様々な見解を提示するよう配慮し，多様な見解のある事柄，未確定な事柄を取り上げる場合には，有益適切な教材に基づいて指導するとともに，特定の事柄を強調し過ぎたり，一面的な見解を十分な配慮なく取り上げたりするなどの偏った取扱いにより，生徒が多面的・多角的に考察したり，事実を客観的に捉え，公正に判断したりすることを妨げることのないよう留意すること。
(4) 情報の収集，処理や発表などに当たっては，学校図書館や地域の公共施設などを活用するとともに，コンピュータや情報通信ネットワークなどの情報手段を積極的に活用し，指導に生かすことで，生徒が主体的に学習に取り組めるようにすること。その際，課題の追究や解決の見通しをもって生徒が主体的に情報手段を活用できるようにするとともに，情報モラルの指導にも配慮すること。
3 内容の指導に当たっては，教育基本法第14条及び第15条の規定に基づき，適切に行うよう特に慎重に配慮して，政治及び宗教に関する教育を行うものとする。

253

〈執筆者一覧〉

(◎編集委員長　○編集責任者　□編集委員)

○栗原　　久（東洋大学）　　　　　　　まえがき　第1章-1
　樋口　雅夫（玉川大学）　　　　　　　第1章-2
　釜本　健司（新潟大学）　　　　　　　第1章-3
□磯山　恭子（静岡大学）　　　　　　　第1章-4（1）
　土屋　直人（岩手大学）　　　　　　　第1章-4（2）
　福田　喜彦（兵庫教育大学）　　　　　第1章-4（3）
　吉田　　剛（宮城教育大学）　　　　　第1章-4（4）
□小松　伸之（清和大学）　　　　　　　第1章-4（5）
○桐谷　正信（埼玉大学）　　　　　　　第2章-1
　長田　健一（就実大学）　　　　　　　第2章-2
　鈴木　正行（香川大学）　　　　　　　第2章-3（1）ア
　真島　聖子（愛知教育大学）　　　　　第2章-3（1）イ
□升野　伸子（筑波大学附属中学校）　　第2章-3（2）ア
　井上　昌善（愛媛大学）　　　　　　　第2章-3（2）イ
　中平　一義（上越教育大学）　　　　　第2章-3（3）ア
　土肥大次郎（長崎大学）　　　　　　　第2章-3（3）イ
　鴛原　　進（愛媛大学）　　　　　　　第2章-3（4）ア
　竹澤　伸一（名古屋産業大学）　　　　第2章-3（4）イ
　桑原　敏典（岡山大学）　　　　　　　第3章-1
　田本　正一（山口大学）　　　　　　　第3章-2
　髙田　敏尚（京都教育大学附属高等学校）第3章-3（1）ア
　吉村功太郎（宮崎大学）　　　　　　　第3章-3（1）イ
　中原　朋生（環太平洋大学）　　　　　第3章-3（1）ウ
□小貫　　篤（筑波大学附属駒場中・高等学校）第3章-3（2）ア
　堂徳　将人（北海商科大学）　　　　　第3章-3（2）イ
　田村　徳至（信州大学）　　　　　　　第3章-3（2）ウ
　橋本　祥夫（京都文教大学）　　　　　第3章-3（2）エ
◎唐木　清志（筑波大学）　　　　　　　第3章-3（3）
　原　　宏史（東海学園大学）　　　　　第4章-1
○渥美　利文（東京都立農芸高等学校）　第4章-2
　山本　智也（筑波大学附属駒場中・高等学校）第4章-3（1）ア
　西尾　　理（都留文科大学）　　　　　第4章-3（1）イ

小泉　　博明（文京学院大学）　　　　　　　第4章－3（2）ア
　胤森　　裕暢（広島経済大学）　　　　　　　第4章－3（2）イ
□太田　　正行（慶應義塾大学）　　　　　　　第5章－1
□宮崎三喜男（東京都立国際高等学校）　　　　第5章－2
　藤井　　剛（明治大学）　　　　　　　　　　第5章－3（1）ア①
　新井　　明（上智大学）　　　　　　　　　　第5章－3（1）ア②
　松井　　克行（西九州大学）　　　　　　　　第5章－3（1）イ
　岩井　　省一（立命館大学）　　　　　　　　第5章－3（2）ア①
○保立　　雅紀（東京工業大学附属科学技術高等学校）第5章－3（2）ア②
　橋本　　康弘（福井大学）　　　　　　　　　第5章－3（2）イ
　峯　　　明秀（大阪教育大学）　　　　　　　第6章－1
　五十嵐卓司（帝京大学）　　　　　　　　　　第6章－2
□大澤　　克美（東京学芸大学）　　　　　　　第6章－3
　白井　　克尚（愛知東邦大学）　　　　　　　第6章－4
□川﨑　　誠司（東京学芸大学）　　　　　　　第6章－5
○鈴木　　隆弘（高千穂大学）　　　　　　　　第6章－6
　藤本　　将人（宮崎大学）　　　　　　　　　第6章－7

◆◇日本公民教育学会◇◆

〒168-8508　東京都杉並区大宮2-19-1
高千穂大学内　日本公民教育学会事務局
E-mail：komingakkai@gmail.com
http://www.komingakkai.jp/index.html

| 新版 テキストブック公民教育 | 税込価格1,760円(1,600円＋税) |

2019年12月1日　初版発行

編　者　日本公民教育学会

発行者　松　本　洋　介
発行所　株式会社 第一学習社

東　京：〒113-0021	東京都文京区本駒込5丁目16番7号	TEL代表03-5834-2530
大　阪：〒564-0052	吹田市広芝町8番24号	TEL代表06-6380-1391
広　島：〒733-8521	広島市西区横川新町7番14号	TEL代表082-234-6800
札　幌：TEL011-811-1848	仙　台：TEL022-271-5313	新　潟：TEL025-290-6077
つくば：TEL029-853-1080	横　浜：TEL045-953-6191	名古屋：TEL052-769-1339
神　戸：TEL078-937-0255	広　島：TEL082-222-8565	福　岡：TEL092-771-1651

書籍コード　77316-01＊　　　　＊落丁，乱丁本はおとりかえいたします。

ISBN978-4-8040-7731-4　　　ホームページ　http://www.daiichi-g.co.jp